桥隧维护

主　编　田建德
副主编　侯　茜
主　审　李武斌

重庆大学出版社

内容提要

本书共6个项目,项目1主要针对桥隧工的职业进行描述,项目2对桥隧工专业知识进行介绍,项目3、4、5主要针对初、中、高三级人员的理论知识及实操技能进行详述,项目6是经典故障案例分析。本书在内容方面力求全面、完整,注重实操技能培养。

本书的主要服务对象为轨道交通行业工作人员和轨道交通专业在校学生,同时也为热爱轨道交通事业的广大社会人员提供参考。

图书在版编目(CIP)数据

桥隧维护/田建德主编. -- 重庆:重庆大学出版社,2021.9
ISBN 978-7-5689-2182-4

Ⅰ.①桥… Ⅱ.①田… Ⅲ.①城市铁路—铁路桥—维修—高等职业教育—教材②城市铁路—铁路隧道—隧道维护—高等职业教育—教材 Ⅳ.①U448.135.7②U459.1

中国版本图书馆 CIP 数据核字(2020)第 185317 号

桥隧维护

主　编　田建德
副主编　侯　茜
主　审　李武斌
策划编辑:周　立

责任编辑:陈　力　　版式设计:周　立
责任校对:刘志刚　　责任印制:张　策

*

重庆大学出版社出版发行
出版人:饶帮华
社址:重庆市沙坪坝区大学城西路 21 号
邮编:401331
电话:(023) 88617190　88617185(中小学)
传真:(023) 88617186　88617166
网址:http://www.cqup.com.cn
邮箱:fxk@ cqup.com.cn(营销中心)
全国新华书店经销
重庆俊蒲印务有限公司印刷

*

开本:787mm×1092mm　1/16　印张:14.5　字数:337千
2021 年 9 月第 1 版　　2021 年 9 月第 1 次印刷
印数:1—3 000
ISBN 978-7-5689-2182-4　　定价:56.00 元

　　城市轨道交通凭借快捷、准时、舒适、运量等优势，日益成为城市现代化建设进程中重要的公益性基础设施项目。城市轨道交通系统设备先进、结构复杂，高新技术应用广泛，要保障这样一个庞大系统的安全和高效，必须依靠与之相匹配的高素质员工。因此，只有培养一批责任心强、业务过硬、技艺精湛的能工巧匠，才能确保安全运营，提升工作效率，从而提高非正常情况下的应急处置水平。岗位技能培训是人才培养的重要途径，是提高企业核心竞争力的重要手段，而岗位技能培训的过程和结果需要相应的培训教材作为技术支撑。

　　书稿在内容方面力求全面、完整，在注重实操技能培养的基础上，尽可能地将理论问题讲解清楚，并在文字表达上言简意赅。该系列教材既可以作为开展城市轨道交通行业特有工种职业技能鉴定的依据，又可以作为运营设备检修人员岗位技能提升的培训教材。

　　本教材共有 6 个项目，项目 1 从桥隧工职业描述进行简单介绍，项目 2 从专业知识进行介绍，项目 3、4、5 从初、中、高 3 个层面简单介绍了理论知识及实操技能，项目 6 对典型故障案例进行了分析总结。

　　本书由田建德任主编，侯茜任副主编，马辰、霍荣博、晁刚伟、张国桢、党李飞参与编写，李武斌任主审，岳海、薛小强、董文芳、马瀛、李秋莹、朱璇璇、李航参与审核。由于时间仓促，加之编写人员经验不足，本教材难免在内容与层次方面有不当之处，敬请各位专家及同行批评指正，并提出宝贵意见和建议。

编　者
2021 年 1 月

项目1　桥隧工职业描述

1.1　职业概况

1.1.1　职业定义

从事地铁运营线路中的桥梁、涵洞、隧道、其他建筑物结构设施以及生产、服务类装饰装修设施的日常普通维修人员。

1.1.2　职业等级

本职业共设3个等级,分别为初级(职业资格五级)、中级(职业资格四级)、高级(职业资格三级)。

1.1.3　职业环境条件

室外、夜间、高空、常温。

1.1.4　职业能力特征

有获取、领会和理解外界信息的能力,有语言表达以及对事物进行分析和判断的能力;手指、手臂灵活,动作协调性好;心理及身体素质较好,无职业禁忌证,适应高空作业要求;听力及辨色力正常,双眼矫正视力不低于5.0。

1.2 能力分析

1.2.1 初级工

1）理论能力

熟悉运营分公司规章制度和专业生产组织流程,能对专业常见故障进行识别判断,能对生产作业完成安全分析及重要风险源识别,具备交通土建工程的专业技术理论基础知识,熟悉岗位所使用工器具、设备的工作原理。

2）实操能力

能胜任工班各类与生产相关的辅助岗位,能完成生产类记录台账,能独立巡检并组织进行生产作业,能对检修类工器具/设备进行熟练操作,能对专业基本材料进行预拌制操作。

1.2.2 中级工

1）理论能力

熟悉运营分公司规章制度和专业生产组织流程,能熟练对专业常见故障进行识别判断、分析并提出整治方案,具备较强的生产组织能力,能对生产作业进行全面风险源识别并提出安全预控措施,能熟练运用交通土建工程的专业技术理论知识,熟知各类故障处置技术方案,了解专业设施设备中大修基础知识。

2）实操能力

能较好完成工班各类与生产相关的辅助岗位工作,能熟练独立组织进行生产作业,能对检修类工器具/设备、专业常见故障处置进行熟练操作。

1.2.3 高级工

1）理论能力

熟悉行业法律法规、公司规章制度和专业生产组织流程,能熟练对专业常见故障进行识别判断、分析并提出整治方案,能对典型疑难故障进行分析并提出建议处置方案,具备较强的生产组织能力与管理能力,能对生产作业进行全面风险源识别并提出安全预控措施,能熟练运用交通土建工程的专业技术理论知识,熟知各类故障处置技术方案,具备专业设施设备中大修理论知识。

2）实操能力

能较好完成各类与生产相关的辅助岗位工作,熟知专业技术/生产管理流程,熟练独立组织进行生产作业,对检修类工器具/设备、专业常见故障处置进行熟练操作,能对专项作业、疑难故障组织作业并动手操作。

项目2 桥隧工专业知识介绍

2.1 专业接口划分

结构专业维修设施以地铁土建工程标段实物产品为对象,同时负责建筑物、构筑物的承重圬工结构和钢结构的检修。

房建专业维修主要包括装饰装修类、辅助围护设施类、卷帘门类等三大部分维修内容,维修的主要目标为保护建筑主体结构、延长使用寿命、完善功能、美化空间、提升地铁整体形象、档次,为地铁乘客、工作人员提供更好的相关服务。

2.2 专业安全及危险源介绍

2.2.1 防护员标准化作业

防护员必须按规定身着防护服装,带齐防护信号备品,坚守岗位、精神集中、注意瞭望,持证按章防护。如因事暂时离开岗位,应有合格防护人员代替。

驻站联络员必须在与车站值班员核对确认封锁命令的令号、区间、里程、起止时间及办理有关承认手续后,方可向施工负责人发出准许施工或轻型车辆上道的通知。

驻站联络员必须随时询问车站值班员,勤看控制台的信号显示,切实掌握列车运行情况,及时准确地把列车车次及开车时分通知工地防护员。工地防护员要随时将人员、机械上道时分通知驻站联络员。通话内容双方均需及时登记在施工防护记录簿中。

防护员必须严格执行复诵、定时通话(每 3~5 min 一次)和通话三确认制度(确认对方姓名、确认对方听清、确认机具上下道完毕等)。

工地防护员必须及时准确地传达施工负责人的指示命令和驻站联络员的通知。如遇电话发生故障、工地防护员必须立即通知施工负责人将机具撤出线路,在上述工作未完成前,不得撤除停车信号防护。

防护员必须在施工前或机具下道后的时间内,经施工负责人同意才能转移和拆除电话。

2.2.2　安全防护

凡是临边作业,都要在临边处设置防护栏杆,一般上杆离地面高度为 1.0~1.2 m,下杆离地面高度为 0.5~0.6 m,防护栏杆必须自上而下用安全网封闭,或在栏杆下部设置严密固定的高度不低于 18 cm 的挡脚板或 40 cm 的挡脚笆。

对于洞口作业,可根据具体情况采取设防护栏杆、加盖板、张挂安全网与装栅门等措施。

进行攀登作业时,作业人员要从规定的通道上下,不能在阳台之间等非规定通道进行攀登,也不得任意利用吊车车臂架等施工设备进行攀登。

进行悬空作业时,要设有牢靠的作业立足处,并视具体情况设防护栏杆,搭设脚手架、操作平台,使用马凳,张挂安全网或其他安全措施;作业所用索具、脚手板、吊篮、吊笼、平台等设备,均需经技术鉴定方能使用。

进行交叉作业时,注意不得在上下同一垂直方向上操作,下层作业的位置必须处于依上层高度确定的可能坠落范围之外。不符合以上条件时,必须设置安全防护层。

结构施工自二层起,凡人员进出的通道口(包括井架、施工电梯的进出口),均应搭设安全防护棚。高度超过 24 m 时,防护棚应设双层。

建筑施工进行高处作业前,应进行安全防护设施的检查和验收。验收合格后方可进行高处作业。建筑物顶部脚手架需高于坡屋面的挑檐板 1.5 m,高于平屋面墙顶 1 m,高出部分要绑两道护身栏,并立挂安全网。特殊脚手架和高度在 20 m(含)以上的高大脚手架,应有设计方案。高度为 10~20 m 的脚手架搭设前应有防护措施和交底。

结构用的里外承重脚手架,使用时荷载不得超过 2 646 N/m²;装修用的里外脚手架使用荷载不得超过 1 960 N/m²。

脚手架具的外侧边缘与外电架空线路的边线之间因特殊情况无法保持安全操作距离时,必须采取有效可靠的防护措施。

2.2.3　施工安全

①接触网停电施工要求。

a.距离接触网小于 1 m 的施工检修作业须申请接触网停电(1~2 m 停电,1 m 以内停电挂接地线)。

b.接管行车管理权后,接触网停电施工的配合单位为维保中心具有相应资格的人员,做到持证上岗,配合人员与施工负责人之间应执行接地线挂、拆作业的书面签认制度。

c.需维保中心配合的接触网停电施工,施工负责人在得到行调同意的施工登记号后应书面通知维保人员进行相关区段的触网验电、挂接地线。

d.施工负责人在确认施工所需的触网验电、挂接地线等安全措施全部完成后方可开始施工。

e.接地线应挂在施工作业面两端施工人员可视范围内,不得超过施工区段范围。

f.施工结束后,施工负责人应及时通知维保配合人员拆除接地线,在确认所有防护措施撤除后,方可办理施工注销手续。

g.停电施工作业过程中发生跳闸短路现象,应保护现场,并立即撤离施工人员。

②施工作业过程中如要进行动火作业,必须按照相关动火管理规定办理施工动火审批,严禁在无动火证的情况下进行动火作业。

③凡需进入线路的施工必须为2人及以上,并设置专人防护,作业人员必须穿着反光背心,在作业点两端设置安全警示标志,并根据作业性质及作业要求使用其他安全防护用品。

④动车作业区域原则上不安排其他施工检修作业。两列或两列以上动车在同一线路同时作业时,相邻动车的安全防护距离至少为两站一区间或一站两区间。

⑤动车作业与人工作业在同一线路同时作业时,人工作业与动车作业的安全防护距离至少为一站一区间。

⑥在地面或地下线路中,若相邻线路间无永久性隔离设施,且人工施工作业面距离邻线动车线路中心线小于4 m,则动车作业区域邻线不安排人工作业。

⑦电客车作业与接触网停电在同一线路同时作业时,电客车作业所在的供电区段与接触网停电区段的安全防护距离至少为一个供电区段。

⑧在线路安全防护要求与接触网安全防护要求同时存在的情况下,应选取较大值。遇特殊施工需突破相关安全防护原则的,施工单位在申报计划前向主管部门提出,经批准后方可实施。

2.3　桥隧工基础知识

2.3.1　术语

1)桥梁术语
①桥梁构件:组成桥梁结构的最小单元,如一片梁、一个桥墩等。
②桥梁部件:结构中同类构件的统称,如梁、桥墩等。
③上部结构:桥梁支座以上跨越桥孔部分的总称。
④下部结构:支承桥梁上部结构并将其荷载传递至地基的桥墩、桥台和基础的总称。
⑤桥面系:上部结构中直接承受车辆、人群等荷载并将其传递到主梁(或主拱、主索)的整个桥面构造系统,包括桥面铺装、桥面板、纵梁、横梁及人行道等。

⑥桥面铺装:用水泥混凝土等材料铺装在桥面上的保护层。

⑦伸缩缝:为适应梁体胀缩变形对结构的影响而在梁端设置的间隙。

⑧跨中挠度:桥梁结构或构件在荷载作用下,跨中截面产生的竖向位移。

⑨声屏障:一种专门设计的立于噪声源和受声点之间的声学障板。

⑩普通桥梁:指跨度为 25~35 m 的简支梁桥。

⑪特殊桥梁:指除了标准简支梁以外的桥梁结构,如大跨度桥、钢梁桥、结合梁桥、系杆拱桥、斜拉桥等。

⑫梁式桥:用梁或框架梁作为主要承重结构的桥梁。多孔梁桥的梁在桥墩上不连续的称为简支梁桥;在桥墩上连续的称为连续梁桥;在桥墩上连续,在桥孔内中断,线路在桥孔内过渡到另一根梁上的称为悬臂梁桥。

⑬结合梁桥:以钢结构作为主梁,钢筋混凝土作为桥面板,通过剪力连接件连接的桥梁。

2)隧道术语

①地下防水工程:指对工业与民用地下建筑工程、市政隧道、防护工程、地下铁道等建(构)筑物进行防水设计、防水施工和维护管理等各项技术工作的工程实体。

②防水等级:根据地下工程对防水的要求,确定结构主体允许渗漏水量的等级标准。

③明挖法:从地表开挖基坑或基槽,修筑地下工程后,再用土石进行回填的施工方法。

④暗挖法:不挖开地面,采用从作业井开始在地下开挖、支护、衬砌的方式修建隧道等地下工程结构的施工方法。

⑤胶凝材料:用于配制混凝土的硅酸盐水泥与粉煤灰、磨细矿渣、硅粉等矿物掺合料的总称。

⑥水胶比:混凝土配制时的用水量与胶凝材料总量之比。

⑦初期支护:用矿山法进行暗挖法施工后,在岩体上喷射或浇筑防水混凝土所构成的第一次衬砌。

⑧复合式衬砌:由固岩初期支护与内衬或地下连续墙与内衬共同组成的衬砌结构。

⑨收敛变形:指圆形隧道成型后最大直径测量值与设计直径的差值。

⑩错台:成型圆形隧道相邻管片接缝处的高差。

⑪差异沉降:隧道建成后在整体道床上布点测量沉降,在小距离内产生不均匀沉降,对隧道结构造成损害,称为差异沉降。在实际工作中也表现为沉降曲线的斜率较大。

⑫累计沉降:以隧道建成通车前的沉降值作为初始沉降值,运营到目前为止的沉降总值称为累计沉降。

⑬盾构隧道:采用盾构掘进机全断面开挖,钢筋混凝土管片作为衬砌支护进行暗挖法施工的隧道。

⑭壁后注浆:通过注浆设备将适量的化学浆液灌入管片外侧(与土体接触面)的施工方法。

⑮双液微扰动注浆:采用注浆设备和注浆工艺,将适量的水泥、水玻璃混合注入土层中并使其对地层的扰动降到最低的一种注浆法。

⑯密封垫：由工厂加工预制，粘贴于管片密封垫沟槽内，用于管片接缝防水的密封材料。

⑰螺孔密封圈：为防止管片螺栓孔渗漏水而设置的密封垫圈。

⑱锚喷支护：锚杆和钢筋网喷射混凝土联合使用的一种围岩支护形式。

⑲地下围护结构：在地面以下用于支承建筑物荷载、截水防渗或挡土支护而构筑的临时结构。

⑳沉井：由刃脚、井壁隔墙等部分组成井筒，在筒内挖土使其下沉，达到设计高程后，进行混凝土封底。

㉑逆筑结构：主要以地下连续墙兼作墙体作围护结构，以桩基作承重结构，自上而下进行顶板、各层楼板和底板施工的地下结构主体。

㉒湿渍（渗迹）：地下混凝土结构工程背水内表面，呈现明显色泽变化的潮湿斑。

㉓渗水：水从地下混凝土结构衬砌内表面渗出，在背水的墙壁上可观察到明显的流挂水膜范围。

㉔水珠（垂珠）：悬垂在地下混凝土结构衬砌背水顶板（拱顶）的水珠，其滴落间隔时间超过 1 min 称为水珠现象。

㉕滴漏：地下混凝土结构衬砌背水顶板（拱顶）渗漏水的滴落速度，每分钟至少 1 滴称滴漏现象。

㉖线漏（连续渗流）：指渗漏成线或喷水状态。

由于列车高强度地反复作用，使得轨道结构会经常出现各类病害，因此轨道结构是工务养护的重点对象之一。

2.3.2 城市轨道交通的主体结构

城市轨道交通的主体结构工程包括地下车站、区间隧道、高架车站、高架区间和道床路基等。根据国家规定，其设计使用年限要求达到 100 年，也即在一般维护条件下保证工程正常使用的最低时段为 100 年。

隧道区间按施工方法可分为盾构法、矿山法、明挖法、暗挖法及沉管法等，按形状可分为矩形、圆形、双圆形等隧道形式。地铁中的圆形隧道多采用盾构法施工，矩形隧道多采用浅埋暗挖或明挖施工。矩形隧道内轮廓与区间隧道建筑限界接近，内部净空可以得到充分利用，圆形和双圆形隧道具有结构受力合理、线路纵向坡度、平面曲线半径变化不会改变断面形状、对内净空利用的影响少等特点。

高架桥梁可分为梁式桥、拱桥、刚构桥、缆索体系桥及组合体系桥等。梁式桥作为承重结构主要是以它的抗弯能力来承受荷载的，是在竖直平面内以拱作为上部结构主要承重构件的桥梁，刚构桥介于梁式桥和拱桥之间，它作为承重结构同时以它的抗弯和抗压能力来承受荷载；缆索体系桥主要包括斜拉桥和悬索桥，这两种桥型是大跨度桥梁优先考虑的桥型；将各种桥型进行混合，就是组合体系桥。

地铁车站可分为岛式站台和侧式站台两类。岛式站台是指两条轨道线分别铺设于乘客乘降平台两侧的车站站台形式,侧式站台是仅供一条轨道线乘客乘降平台的车站站台形式,两类站台都具有进出站的功能。另外,也有混合式站台。

2.3.3　城市轨道交通的人民防空设计

城市轨道交通兼顾人民防空应贯彻"平时交通为主,兼顾人民防空需要"的原则,必须统一规划,同步设计,轨道交通工程应纳入人民防空防护工程体系。城市轨道交通兼顾人民防空设计,应达到防护标准及技术要求,应在不影响平时使用和增加较少投资的条件下,充分利用平时已有的结构强度,对出入口、通风口等关键部位,参照现行人防工程有关设计规范和标准,增加防护设施和防护措施,包括采用防护功能平战转换技术措施。城市轨道交通战时应起到保障人员转移和物资运输的安全功能;车站是城市人民防空工程网络的结点,应能作为人员紧急掩蔽场所或临时物资库。

兼顾人民防空设计范围应包括地下车站、地下区间、地下车辆存放库、地下主变电所等相关地下设施。城市轨道交通的防核武器抗力等级不应低于 6 级,地下车站、地下区间防化等级不应低于丁级,地下车辆存放库、地下主变电所无防化要求。各地下车站和区间宜按同一级别设防,个别车站覆土较厚,在平时荷载作用下,经战时荷载作用验算,已达到更高的抗力等级,结构抗力等级可相应提高一级。

2.3.4　桥隧建筑限界

限界是指列车沿固定的轨道安全运行时,所需要的空间尺寸。城市轨道交通车辆在隧道内或高架上运行,一方面隧道或高架要有足够的空间,可供车辆通行并配置线路结构、通信、信号、电、给排水等设备,另一方面为了确保列车安全运行,凡接近城市轨道交通线路的各种建筑物及设备,必须与线路保持一定的距离。因此,地铁限界主要分为车辆限界、设备限界和建筑限界三类。受电弓限界或受流器限界是车辆限界的组成部分,接触轨限界属于设备限界的辅助限界。限界越大,安全度越高,工程量和工程投资也随之增加。合理限界的确定,既要考虑列车运行的安全,又要考虑系统建设成本。

车辆限界是车辆在正常运行状态下形成的最大动态包络线。车辆限界是根据车辆的轮廓尺寸,考虑其弹簧挠度、各项间隙、磨耗、误差等技术参数的影响,对车辆在运行中可能出现的最大横向和竖向的偏移进行分析计算确定的。直线地段车辆限界分为隧道内车辆限界和高架或地面线车辆限界,高架或地面线车辆限界应在隧道内车辆限界的基础上,另加当地最大风荷载引起的横向和竖向偏移量。

设备限界是在车辆限界的基础上,考虑轨道的轨距、水平、方向、高低等在某些地段上出现的最大容许误差,引起车辆的附加偏移量以及在设计、施工、列车运行中不可预计的因素在内的安全预留量。设备限界是一条轮廓线,所有固定设备以及土木工程的任何部分都不得侵入此轮廓线内,它是保证城市轨道交通系统中列车等移动设备在运营过程中的安全所需要的限界。

直线地段设备限界是在直线地段车辆限界外扩大一定安全间隙后形成的:车体肩部横向向外扩大 100 mm,边梁下端横向向外扩大 30 mm,接触轨横向向外扩大 185 mm,车体竖向加高 60 mm,受电弓竖向加高 50 mm,车下悬挂物下降 50 mm。

转向架部件最低设备限界离规定面净距:A 型车为 25 mm,B 型车为 15 mm。

曲线地段设备限界应在直线地段设备限界的基础上,按平面曲线不同半径、过超高或欠超高引起的横向和竖向偏移量以及车辆、轨道参数等因素计算确定。

建筑限界是指在行车隧道和高架桥等结构物的最小横断面所形成的有效轮廓线基础上,再考虑其施工误差、测量误差、结构变形等因素,为满足固定设备和管线安装的需要而必需的限界。当建筑限界侧面和顶面没有设备或管线时,建筑限界和设备限界之间的间隙不宜小于 200 mm,困难条件下不得小于 100 mm。

相邻的双线,当两线间无墙、柱及其他设备时,两设备限界之间的安全间隙不得小于 100 mm。

建筑限界中不包括测量误差、施工误差、结构沉降、位移变形等因素。

建筑限界是一个与线路中心线垂直的横断面。高度由钢轨顶面算起,横向尺寸由线路中心线算起。

1)基本建筑限界

单线直线基本建筑限界半宽为 2 440 mm,这是由于最大级超限货物装载限界半宽为 2 225 mm,加上货物横向移动 170.5 mm,再加上安全量 44.5 mm 而得出的。

基本建筑限界高度为 5 500 mm,这是由于最大级超限货物装载限界高度为 5 300 mm,加上货物向上振动偏移量 46.5 mm,再加上安全量 153.5 mm 而得出的。

进入桥隧维修时,施工机械和脚手架等均不得侵入基本建筑限界(曲线上为按规定加宽后的限界),以保证行车和人员安全。

2)曲线上的基本建筑限界

机车车辆在曲线上运行时,转向架中心点可随曲线的弯度转动,但转向架上的车体是一个刚性整体,因而车体两端突出于曲线外侧,中间部分向曲线内侧偏移,同时由于曲线内外侧都需要进行加宽。其加宽值计算公式如下:

曲线内侧加宽(mm)

$$W_1 = \frac{40\ 500}{R} + \frac{H}{1\ 500} \times h$$

曲线外侧加宽(mm)

$$W_2 = \frac{44\ 000}{R}$$

式中　　R——曲线半径,m;

　　　　H——自轨面算起的机车车辆或列车装载高度,mm;

　　　　h——外轨超高,mm。

3)桥隧建筑限界

桥隧建筑限界是桥梁、隧道建筑物不得侵入的国家规定的轮廓尺寸线,目的在于确保机车车辆和超限装载货物安全顺利地通过桥隧建筑物。

明挖法施工形成的矩形隧道,其单洞单线隧道建筑界限宽度为4 000 mm,高度为4 300 mm。

桥梁建筑限界较基本建筑限界稍大,可以在两者之间安装照明、通信以及信号设备。新建及修复、改建桥梁的净空均应满足桥梁建筑限界的要求。

位于曲线上的下承桁梁及半穿式梁,其横断面的净空,需要加宽的数值,除与前述曲线半径、外轨超高和车辆长度有关外,也与梁长有关。

2.3.5 桥梁设施一般知识

1)城轨桥梁的组成、分类及荷载

桥梁建筑物是桥梁、涵洞、明渠、天桥、地道、跨线桥和调节河流建筑物等的总称。

桥梁建筑物是城轨线路的重要组成部分,其构造复杂,技术性强,造价高,故加固和修复都比较困难。所以桥梁建筑物必须保持完好状态,保证列车按规定的速度安全、平稳和不间断地运行。

(1)桥梁的组成

桥梁由上部结构(即桥跨结构)、下部结构、防护设备和调节河流建筑物组成。

①上部结构包括桥面、梁和支座;

②下部结构包括桥墩、桥台和基础;

③防护设备包括护锥、护岸、护基和护底;

④调节河流建筑物包括导流堤、丁坝和梨形堤。

(2)桥梁的分类

①按桥梁长度分类。

a.特大桥:桥长500 m以上。

b.大桥:桥长100 m以上至500 m。

c.中桥:桥长20 m以上至100 m。

d.小桥:桥长20 m及以下。

②按桥跨材质分类。

a.钢桥:梁拱材料为钢。

b.工桥:梁拱材料为石、砖、混凝土、钢筋混凝土。

c.混合桥:一座桥上有两种以上不同的材质。一般指同时使用钢材与钢筋混凝土。

d.木桥:梁拱材料为木材。

③按桥面位置分类。

a.上承式桥桥面位于桥跨的顶部。

b.下承式桥桥面位于两主梁(桁梁或板梁)或两拱肋之间。

下承式又分为穿式桥和半穿式桥,桥面上方有横向连接系者称为穿式桥,桥面上方无横向连接系者称为半穿式桥。

c.中承式桥:桥面系设置在桥跨主要承重结构(桁架、拱肋、主梁等)中部的桥梁称为中承式桥。

④按桥梁结构的体系分类。

a.梁式桥:桥跨结构和墩台间设有支座,支座仅能传递垂直反力和水平反力。梁式桥又可分为简支梁桥、连续梁桥、悬臂梁桥。

b.拱式桥:桥跨结构为拱。拱式桥又可按结构分为无铰拱、双铰拱和三铰拱;按有无外推力分为有推力拱和无推力拱。

c.刚架桥:墩台(支柱)与桥跨连成刚性整体(不设支座)。

d.悬索桥:桥跨结构主要承载部分由柔性的主缆承担。

e.斜拉桥:斜拉索在垂直荷载下承受拉力并传至主塔上。

f.组合体系:桥跨同时具有几个体系的特征,譬如 T 型刚构、连续刚构、系杆拱等。

⑤按跨越能否活动分类。

a.固定桥:不能开合。

b.开合桥:可以开合。

⑥按跨越的障碍分类。

a.跨河桥:跨越河流、湖泊。

b.跨线桥:跨越铁路、公路。

c.高架桥:跨越深谷、低地。

（3）桥涵荷载

桥涵荷载是指桥涵结构设计所应考虑的各种可能出现的荷载统称。按照《铁路桥涵设计规范》(TB 10002—2017)的规定桥涵荷载可分为主力、附加力和特殊荷载。

①主力是正常的、经常发生的或时常重复出现的,又可分为恒载和活载。恒载一般指结构自重、土压力、静水压力及浮力、预加应力等,其大小和作用点一般是固定不变的,故称恒载。活载主要指列车及其运动引起的荷载,一般指列车质量、冲击力、离心力、人行道荷载等。

②附加力是偶然作用的荷载,其最大值并不经常出现,而各种附加力同时出现最大值的可能性就更小。

③特殊荷载是在特殊情况下作用的荷载,往往是暂时的或灾害性的,如船只或排筏撞击力等。

在进行桥涵设计时,应根据结构的特性,根据表 2-1 所列的荷载,按其可能最不利的情况进行验算。

表 2-1 桥涵荷载

荷载分类		荷载名称
主力	恒载	结构构件及附属设备自重
		预加力
		混凝土收缩和徐变的影响
		土压力
		静水压力及水浮力
		基础变位的影响

续表

荷载分类		荷载名称
主力	活载	列车竖向静活载
		公路(城市道路)活载
		列车竖向动力作用
		离心力
		横向摇摆力
		活载土压力
		人行道人行荷载
		气动力
附加力		制动力或牵引力
		支座摩擦阻力
		风力
		流水压力
		冰压力
		温度变化的作用
		冻胀力
		波浪力
特殊荷载		列车脱轨荷载
		船只或排筏的撞击力
		汽车撞击力
		施工临时荷载
		地震力
		长钢轨纵向作用力(伸缩力、挠曲力和断轨力)

注:①如杆件的主要用途为承受某种附加力,则在计算此杆件时,该附加力应按主力
　　考虑。
　　②流水压力不与冰压力组合,两者也不与制动力或牵引力组合。
　　③船只或排筏的撞击力、汽车撞击力,只计算其中的一种荷载与主力相组合,不与
　　其他附加力组合。
　　④列车脱轨荷载只与主力中恒载组合,不与主力中活载和其他附加力组合。
　　⑤地震力与其他荷载的组合应符合现行《铁路工程抗震设计规范》(GB 50111)的
　　相关规定。
　　⑥无缝线路纵向作用力不参与常规组合,其与其他荷载的组合按第 4.3.13 条的相
　　关规定执行。

2)桥梁结构类型简介

(1)梁式桥

梁式桥作为承重结构主要是以它的抗弯能力来承受荷载的。梁式桥在竖向荷载作用

下,支承处仅产生竖向反力。

梁式桥又可分为简支梁桥和连续梁桥。一段梁体只在两端有支撑物,并且一端作为固定端,另一端作为活动端,称为简支梁,简支梁属静定结构。

一段梁体连续跨越3个或3个以上的支撑物,称为连续梁。一般连续梁在中墩处布置一个固定支座,其他墩上布置活动支座。人们把每一个桥洞称为"一跨"或"一孔",而把从一端梁缝到另一端梁缝之间的若干跨称"一联"。连续梁属超静定结构。

相较于简支梁,连续梁具有伸缩缝少、噪声小、行车平稳、挠度小的特点,同时对地基不均匀沉降也较为敏感。

（2）拱桥

拱桥是我国广泛使用且历史悠久的一种桥梁形式。拱桥在竖向荷载作用下,两端支撑处除有竖向反力外,还有水平推力,正是这个水平推力使拱内产生轴向压力,并大大减小了跨中弯矩,使其主拱截面材料强度得到充分发挥,跨越能力增大。也正是这个推力,使修建拱桥时要有较庞大的墩、台和良好的地基。根据理论推算,混凝土拱桥的极限跨度可达500 m,刚构桥的极限跨度可达1 200 m。由于拱是主要承受压力的结构,因而可以充分利用抗拉性能差而抗压性能好的圬工材料（石料、混凝土、砖等）来建造拱桥,这种由圬工材料建造的拱桥,也称为圬工拱桥。这种拱桥具有就地取材、节省钢材和水泥,结构简单、有利于普及、承载潜力大、养护费用少等优点,因此在我国修建得比较多。

为了减小拱的截面尺寸,减小拱的质量,在混凝土拱中,配置有受力钢筋的,称为钢筋混凝土拱桥。在钢筋混凝土拱桥中,截面的拉应力主要由受拉钢筋承受。

这样桥跨结构的工程数量可相应减少,有效提高了拱桥的经济性能,扩大了拱桥的使用范围。同时,钢筋混凝土拱桥在建筑艺术上也容易处理,它可以通过选择合理的拱式体系及突出结构上的线条来达到美的效果。

拱桥的主要缺点:由于它是一种推力结构,支承拱的墩台和地基必须承受拱端的强大推力,因而修建拱桥要求有良好的地基;对于多孔连续拱桥,为防止其中一孔破坏而影响全桥,还要采取特殊的措施或设置单向推力墩以承受不平衡的推力,在平原区修建拱桥,由于建筑高度较大,使桥两头的接线工程量增大,也使桥面纵坡加大,对行车不利;混凝土拱桥施工需要劳动力较多,建桥时间较长等。

根据行车道的位置,拱桥的桥跨结构可以做成上承式、下承式或中承式3种类型。

（3）刚构桥

刚构桥介于梁式桥和拱桥之间,它作为承重结构同时以它的抗弯和抗压能力来承受荷载。刚构桥与梁式桥最大的区别,在于它的梁体和桥墩是直接刚接,而不是像梁式桥那样通过支座来连接。

（4）缆索体系桥

①斜拉桥。斜拉桥又称斜张桥,属组合体系桥梁,它的上部结构由主梁、拉索和索塔3种构件组成。它是一种桥面体系以主梁受轴向力（密索体系）或受弯（稀索体系）为主、支承体系以拉索受拉和索塔受压为主的桥梁。根据国内外著名桥梁专家的研究分析,混凝土斜拉桥的最大跨径可达700 m,钢斜拉桥最大跨径可达1 300 m,结合梁斜拉桥（主梁为钢混凝土结合梁）最大跨径可达1 000 m。混凝土斜拉桥经济合理的跨径为200~500 m。

斜拉桥是由上部结构的主梁、拉索、索塔及下部结构的桥墩、桥台4种基本构件组成的组合体系桥梁。斜拉桥的结构体系可根据主梁、拉索、索塔和桥墩的不同结合方式形成4种不同的结构体系,分别是塔墩固结、塔梁分离(漂浮体系);塔墩固结、塔梁分离(半漂浮体系);塔梁固结、塔墩分离(塔梁固结体系);主梁、索塔、桥墩三者互为固结(钢构体系)。

②悬索桥。悬索桥是由主缆、加劲梁、主塔、锚碇、吊索、鞍座等构件构成的柔性悬吊体系。悬索桥的主要承重构件是悬索,它主要承受拉力,一般用抗拉强度高的钢材(钢丝、钢绞线、钢缆等)制作。由于悬索桥可以充分利用材料的强度,并具有用料省、自重轻的特点,因此悬索桥是1 000 m以上几乎是唯一可选桥型;300~1 000 m采用钢加劲梁也可与斜拉桥竞争。悬索桥的主要缺点是刚度小,在荷载作用下容易产生较大的挠度和振动,需注意采取相应的措施。

(5)组合体系桥

将以上各种桥型进行混合,就是组合体系桥。在上海城市轨道交通中,目前有连续刚构和系杆拱桥两类。

3)梁跨结构概述

梁跨结构是指桥梁承担荷载横越空间的部分,它包括梁跨与支座两个部分。按材质分主要分为钢结构和圬工结构。从工务养护角度出发对钢结构梁最重要的问题是防止钢材锈蚀、防治构件裂纹及保持钉栓连接的紧密完好;对圬工梁拱的主要要求是圬工质量密实,排水设备有效完好,防止钢筋锈蚀、防治裂纹病害。

梁体的刚度是指梁跨结构受荷载后抵抗弯曲变形的能力。梁跨结构的刚度又分为竖向刚度和横向刚度两类。

竖向刚度也称挠度,是指梁跨结构在竖向荷载作用下产生弯曲的下垂度。一般所说的挠度是指梁跨的弹性挠度,即当活载离去后可以自动恢复的竖向变形,故不包括梁跨由于自身质量而产生的恒载挠度。挠度是检验桥跨结构综合技术状态的一个重要指标,工务部门应切实掌握和了解管辖范围内桥梁梁跨挠度的现状及变化。设计规范规定梁跨在承受竖向静活载(不包括冲击力)作用下所产生的弹性挠度,不应超过表2-2的规定。横向刚度为保证钢梁的横向刚度,其宽跨比不得小于1/20。

表2-2　桥梁最大容许挠度值

梁　式			最大容许挠度值
钢梁	桁梁	低碳钢	跨度的1/1 000
		低合金钢	跨度的1/900
	板梁	低碳钢	跨度的1/800
		低合金钢	跨度的1/700
混凝土梁	普通钢筋混凝土梁及预应力混凝土梁		跨度的1/800
	低高度钢筋混凝土梁及低高度预应力混凝土梁		跨度的1/1 000
	悬臂梁桥的悬臂梁端		悬臂长度的1/1 000

4)支座概述

（1）桥梁支座分类

桥梁支座是连接桥梁上部结构和下部结构的重要构件，其主要功能是将结构承受的各种荷载传递给墩台，并能适应上部结构由于荷载、温度变化、混凝土收缩等产生的变形（水平位移及转角），使上部结构的实际受力情况符合设计要求。

支座可分别按变形的可能性、所用的材料或结构形式3种方法分类，如下所述。

①按支座变形可能性分为固定支座、单向活动支座和多向活动支座。

②按支座用材料分为钢支座、聚四氟乙烯支座、橡胶支座、混凝土支座和铅支座。

③按支座的结构形式分为弧形支座、摇轴支座、辊轴支座、板式橡胶支座、盆式橡胶支座、球形支座等，其中使用最普遍的是板式橡胶支座和盆式橡胶支座。

（2）板式橡胶支座的构造

板式橡胶支座通常由多层橡胶与薄钢板镶嵌、黏合、硫化而成。支座在竖直荷载作用下，嵌入橡胶片之间的钢板将约束橡胶的侧向膨胀，使垂直变形相应减小，从而提高支座的竖向刚度，而支座的水平位移仅与支座橡胶的净厚有关。为防止薄钢板的锈蚀，在板式橡胶支座的上、下面及四周均有橡胶保护层。板式橡胶支座具有构造简单、安全方便、节省钢材、价格低廉、养护简便、易于更换等特点。板式橡胶支座有足够的竖向刚度以承受垂直荷载，且能将上部结构的压力可靠地传递给墩台，有良好的弹性以适应梁端的转动，有较大的剪切变形以满足上部构造的水平位移，有良好的防震作用，可减少动载对桥跨结构与墩台的冲击作用。板式橡胶支座按其形状可分为矩形板式橡胶支座和圆形板式橡胶支座。

为减小板式橡胶支座摩擦力，在板式橡胶支座顶面黏结一层聚四氟乙烯板，构成聚四氟乙烯滑板式橡胶支座。聚四氟乙烯滑板式橡胶支座简称四氟滑板式支座，是在普通板式橡胶支座上按照支座尺寸大小黏结一层厚2~4 mm的聚四氟乙烯板而成，除具有普通板式橡胶支座的竖向刚度与弹性变形，且能承受垂直荷载及适应梁端转动外，利用聚四氟乙烯板与梁底不锈钢板间的低摩擦系数（$\mu_f \leq 0.08$）可使桥梁上部构造水平位移不受限制。可在跨度大于30 m的大跨度桥梁、简支梁连续板桥和多跨连续梁桥作为活动支座使用。

（3）盆式橡胶支座的构造

盆式橡胶支座是由钢构件与橡胶、聚四氟乙烯板等材料组合而成的新型桥梁支座。它具有承载能力大、水平位移量大、转动灵活等特点，广泛应用在大型公路、铁路桥梁的建设上。盆式橡胶支座分为双向（多向）活动支座、单向活动支座和固定支座等，双向（多向）活动支座具有竖向承载，竖向转动和多向滑动性能，代号为SX；单向活动支座具有竖向承载，竖向转动和单一方向滑动性能，代号DX；固定支座具有竖向承载和竖向转动性能，代号GD。

双向（多向）活动支座和单向活动支座由上座板（包括顶板和不锈钢滑板）、聚四氟乙烯板、中间钢板、密封圈、底盆、地脚螺栓和防尘罩等组成。单向活动支座沿活动方向还设有导向挡块，固定支座由上座板、密封圈、橡胶板、底盆、地脚螺栓和防尘罩组成。

5)轨道梁常见截面初步知识

目前轨道梁主要采用的截面主要有 T 形截面、箱形截面和 U 形截面,矩形截面已基本弃用。

(1)T 形截面

T 形梁是我国使用最广泛的梁式。无论是公路桥还是铁路桥,以前绝大部分的梁都采用 T 形梁,当然大部分是简支梁。T 形梁材料几何分布与结构受力配合得最好,混凝土面积集中在受压区,受拉区仅是为设置预应力束的马蹄块,跨中剪力小、腹板很薄,到支座附近随着剪力增加而加厚。施工一般工厂预制,用架桥机(国内施工单位一般都有)吊装就位,非常简捷方便。其缺点是横向刚度和抗扭刚度比较差,横向整体性也差,必须加强横隔板以及梁间现浇湿接头以期改善;对平面线型的适应性差,在曲线上一般采用折线平分中矢布置,景观较差。T 形梁由于材料相对比较集中,所以刚度稍微小一点。

为增强梁的跨越能力,常常采用施加预应力的方法,若要在 T 形梁上设计施加预应力,则需加出下马蹄,以提供足够的预应力筋布置空间。为使结构的承载能力更强,预应力筋常常曲线布置,同时为了保证施工质量,预应力梁一般都在工厂预制,再运往施工现场吊装。

(2)箱形截面

箱梁是目前国内轨道交通高架采用最多的梁式之一。其特点是建筑高度适中,力学性能好(竖向刚度、横向刚度和抗扭刚度都好),整体性好,特别适用于曲线梁桥。它既可用于标准区段,也可用于变宽、道岔区段,平面上适应性比较强;既适宜做简支梁,也可做连续梁。箱梁外观线形比较流畅、美观,设计和施工经验比较成熟。其缺点是建筑高度较大,断面空间利用不佳。在箱形截面中,人们把由顶板、底板和边腹板围成的每一个闭环称为一个"箱",每一个"箱"内再由中腹板分成若干"室"。

(3)U 形截面

U 形梁是一种新颖的、非常有特点的梁,优点突出。与前述两种上承式结构相比,U 形梁可以大大降低自桥面至梁底的高度,比普通箱梁低 1.2 m 左右,其断面空间可以充分利用。当桥下净空受限制时,特别是在立交枢纽中,能有效降低线路及车站的高度,从而减少占地面积,节省大量土石方数量,取得较好的经济效益。

所以 U 形梁是在立交桥的方案比选中具有一定优势的桥梁形式,特别是在铁路干线上更为突出。

与下承式钢梁相比,U 形梁有节省钢材、养护方便等优点。随着环保要求的提高、人性化设计的提倡,在槽型梁的主梁翼缘下可以安装管线,轨道交通车辆行驶于槽型梁两腹板中间,轮轨走行系统的噪声受到两侧主梁上翼缘及腹板阻隔,在一定程度上降低了车辆噪声对周围环境的影响,两侧主梁能防止出轨列车倾覆下落,给行车安全提供了可靠的保证,顶板还可以作为紧急逃生通道,使乘客的生命安全更有保障。这些优点日益受到重视,因此 U 形梁在现代城市轨道交通中逐渐得到新应用。

U 形梁的传力体系:车辆荷载作用在桥面板上,荷载通过桥面板传给横梁,再由横梁传给主梁。主梁实际承受下端受拉荷载,对混凝土结构而言,这是不利的受力状态。荷载除引起主梁的弯曲外,还会引起主梁的扭转,存在弯扭效应,这种开口截面抗扭刚度小,受力复杂。设计一般需布置三向预应力,与上承式梁相比存在构造复杂、自重大、施工烦琐等缺点。不过随着近年来的研究与实践,这些缺点已基本被克服。

6)桥梁各部尺寸定义

(1)跨度(计算跨度)

①简支梁、连续梁、悬臂梁、双铰拱为各孔两端支座中心距。

②无铰拱、刚架桥为其净孔。

(2)梁的全长

①钢桁梁为沿纵梁(下承)或上弦(上承)的全梁长度。

②板梁、工字钢梁为上边的长度。

③圬工梁为两端外边至外边的长度。

④连续梁为相连各孔的总长。

⑤悬臂梁为锚固跨加悬臂的总长。

⑥扣轨梁和工字钢梁各为其实际长度。

(3)梁的净跨度(净孔)

计算水位量出的相邻墩台边缘之间的距离。

(4)桥梁长度(桥长)

①梁桥是指桥台挡土墙之间的长度。

②拱桥是指上侧墙与桥台侧墙间两伸缩缝外端之间的长度。

③刚架桥是指刚架顺桥方向外侧间的长度。

(5)桥梁全长

桥梁全长是指两桥台边墙外端(包括托盘及基础)间的距离,两边墙不相等时以短边计;曲线桥为中心线上墩台之间各段折线之和。

(6)桥孔总长

桥孔总长是指桥梁排水宽度,即桥梁各孔净跨度的总和。斜桥为各两墩台间的垂直距离之和,拱桥为各孔起拱线处净长之和。当锥体填土突出桥台之外时,则改沿计算水位与低水位之间的中线来量度。

(7)桥梁高度

桥梁高度是指由桥面的轨底至河床最凹点的距离。

(8)桥梁的建筑高度

桥梁的建筑高度是指桥面的轨底至桥跨结构底部的距离。

(9)桥下净空高度

桥下净空高度是桥跨结构的底部到计算水位(若为通航河流,则为计算通航水位)的距离;跨线桥为桥跨结构底部至下线路轨顶或路面的高度。

7)涵渠类型及尺寸定义

涵洞、明渠、渡槽、倒虹吸管统称为涵渠。

涵洞由洞身、基础、进出口建筑物(即端墙或翼墙等)以及导流堤、截水墙、缓流井、上下游吊沟等调节河流建筑物组成。

（1）涵洞的分类

①按结构形式分为拱涵、管涵、箱涵等。

②按水力特性分为有压涵、无压涵。

③按孔数分为单孔、双孔、多孔等。

各式涵洞的长度应视其净高（或内径）h 而定：

①h = 1.0 m，长度不宜超过 15 m；

②h = 1.25 m，长度不宜超过 25 m。

③$h \geqslant$ 1.5 m，长度不受限制。

当采用 0.75 m 孔径（仅用于无淤积地区的灌溉涵），长度不宜超过 10 m。

（2）涵渠有关尺寸定义

①涵渠的净孔。

a.拱涵为起拱线间的水平距离。

b.箱涵为涵内水平距离。

c.管涵为内径（卵形或扁圆形的为水平方向最大径）。

d.明渠为墩台间净距。

②涵渠的全长。

a.涵洞的全长即涵洞的轴长，包括端墙在内。

b.明渠的全长为边墙间横向宽度，以长边计。

③涵渠净孔高。

a.基顶至涵洞内顶面的距离，内外高度不等值时取最小值。

b.圆涵为内径。

c.明渠为轨底至基础顶面的距离。

④涵洞净空高度。涵洞净空高度指洞内顶点至计算水位的距离。

2.3.6　隧道设施一般知识

在既有运营和在建线路中，通过市区的线路大都属于地下线路，基本采用盾构法和暗挖法施工。由此，排摸隧道病害种类，分析其产生的原因，通过大量试验总结病害治理方法并形成规范性技术文件，对确保隧道结构和运营安全具有非常重要的意义。

1）盾构隧道基础知识

区间隧道是连接两个地下车站之间的建筑物，工程投资所占份额较大，是确保地铁列车在地下安全通行的重要保障。

区间隧道一般有矩形、拱形、圆形及椭圆等断面型式。

矩形断面分为单跨、双跨两种，其内轮廓与区间隧道建筑限界接近，便于顶板上敷设城市地下管网设施；圆形断面型式具有结构受力合理、线路纵向坡度，平面曲线半径变化不会改变断面形状、对内净空利用的影响少等特点。盾构法修建的圆形断面隧道衬砌结构,可分为单层和双层衬砌。单层衬砌,是在盾尾内一次拼装组成的,施工中起到支撑固岩和承受盾构推力的作用,成环后成为永久性结构;双层衬砌,包括一次衬砌和二次衬砌,一次衬砌的结构与单层衬砌相同,二次衬砌通常是用来提高结构刚度、加强管片防水和防锈的能力。

现有的西安地铁盾构隧道全部为单层管片衬砌。单层衬砌,一般采用施工迅速、安装容易的预制装配式管片结构。

管片按材料可分为钢筋混凝土、钢、铸铁以及由几种材料组合而成的复合管片。在区间隧道的特殊地段,如集水井、需要开口的衬砌环或预计将承受特殊荷载的地段,一般采用钢或铸铁管片。

我国相关规范要求,两条单线区间隧道之间,当隧道连贯长度大于 600 m 时,应设置联络通道,并在通道两端设双向开启的甲级防火门。

联络通道的位置一般处于各段区间隧道的中间段,由于地铁建设常常采用"高站位,低区间"的方法,中间段通常也为线路最低处。在实际工程中,常将其与地下泵站的建设综合起来,采用合并建设的模式。

管片类型及对比见表 2-3。

表 2-3　管片类型及对比

管片名称	特点	存在问题
钢筋混凝土管片	①成本低、使用最多; ②耐久性好	①厚度大,致使掘削面大; ②质量大,运输、组装需要手工操作,易损伤
球墨混凝土管片	①强度好、耐久性好、制作精度高; ②与混凝土管片相比,质量轻,掘削面小; ③承受特殊合作的地方可选择特殊构造; ④耐久性好	①成本高; ②焊接困难
钢管片	①质量轻,容易组装运输; ②可任意加固材,加固容易; ③中小盾构隧道中使用多	①容易变形; ②耐腐蚀性差
复合管片	管片混凝土和钢板有效复合构造,与钢筋混凝土管片相比厚度小	①钢板的抗腐蚀性差; ②接头构造复杂

2)盾构隧道结构类型

地铁盾构隧道有单圆和双圆隧道之分,按其拼装方式可分为通缝拼装和错缝拼装。就单圆隧道而言其管片厚度为 300 mm,内径为 5 400 mm,管片为 C50 高强混凝土,抗渗等级≥P10,一般隧道衬砌环由 6 块管片拼装而成,即由一块小封顶块、两块邻接块、两块标准块和一块大拱底块组成。大拱底块布置两条对称的三角肋,在靠近隧道外弧面设弹性密封垫槽,内弧面设嵌缝槽。在衬砌接缝构造设计中,考虑软土地层的特性,便于在环间传递一定的剪力,控制环间踏步,同时方便管片拼装时定位,在环缝和纵缝上均设计成凹凸榫槽;也有在管片纵缝上设置塑料定位棒的。目前,隧道常用的螺栓连接有以下 3 种形式:弯螺栓、直螺栓和斜螺栓。通常环向管片间以 2 根 M30 的环向螺栓压密相连,纵向环间以 17 根纵向螺栓相连。

错缝拼装与通缝拼装略有不同,其拼装方式是隔环相同,拱底块不设三角肋,在道床底部有一条纵缝,6 块管片所对应圆心角分别为 20°、2 ×68.75°、3×67.5°,错缝隧道的纵向刚度通常要比通缝隧道的刚度大。

盾构隧道主要依靠管片自身混凝土防水。在接缝处设置两道防水,在距离管片外侧 30 mm 处设置第一道防水弹性密封垫,有时在管片凹凸榫内侧设置第二道防水遇水膨胀橡胶或聚氨酯密封膏嵌缝(此处拱底块采用氯丁乳胶水泥嵌缝)。

无论以上哪种类型的隧道结构,都有一个共同的特点,就是拼缝多、螺栓孔及注浆孔多,这些薄弱环节在隧道沉降和变形导致管片弹性密封垫和嵌缝材料失效后,都将成为渗漏水等病害的多发部位。

3)明挖法隧道基础知识

明挖法适用于市郊施工场地开阔,软岩和土体等环境场地中,其优点是进度快、工作面大,便于机械和大量劳动力投入,但也存在破坏环境生态,影响交通,带来尘土和噪声污染等缺点。

各类维护结构的特点见表 2-4。

表 2-4　各类维护结构的特点

类型	特点
桩板式墙	1.H 钢的间距为 1.2~1.5 m; 2.造价低,施工简单,有障碍物时可改变间距; 3.止水性差,地下水位高的地方不适用,坑壁不稳的地方不适用; 4.开挖深度中国上海达到 6 m 左右,无支撑,而日本用于开挖深度 10 m 以内的基坑(有支撑)
钢板桩墙	1.成品制作,可反复使用; 2.施工简便,但有施工噪声; 3.刚度小,变形大,与多道支撑结合,在软弱土层中也可采用; 4.新的时候止水性尚好,如有漏水现象,需增加防水措施
钢管桩	1.界面刚度大于钢板桩,在软弱土层中开挖深度可大,在日本开挖深度可达 30 m; 2.需有防水措施相配合
预制混凝土板桩	1.施工简单,但有施工噪声; 2.需辅以止水措施; 3.自重大,受起吊设备限制,不适合大深度基坑,国内用 10 m 以内的基坑,法国可用到 15 m 基坑
灌注桩	1.刚度大,可用在深大基坑; 2.施工对周边地层、环境影响小; 3.需和止水措施配合使用,如搅拌桩、旋喷桩等

类型	特点
地下连续墙	1.刚度大,开挖深度大,可适用于所有地层; 2.强度大,变位小,隔水性好,同时可兼作主体结构的一部分; 3.可邻近建筑物、构筑物使用,环境影响小; 4.造价高
SMW 工法	1.强度大,止水性好; 2.内插的型钢可拔出反复使用,经济性好; 3.上海地区用得不多。"上海环球世界"使用时,开挖深度 8.65 m,具有较好的发展前景
稳定液固化墙	国内尚未使用,在日本应用较广
水泥土搅拌桩挡墙	1.无支撑,墙体止水性好,造价低; 2.墙体变位大

4)隧道防水设防要求

(1)地下结构防水要求

渗漏水会影响结构的耐久性,导致结构产生不均匀沉降,危及行车安全,影响设备的正常使用,所以防水对地下工程的功能是显而易见的。长期以来,我国地下工程防水遵循"防、排、截、堵相结合"的综合治理原则。但是,地铁工程一般处于市中心,采用上述设计原则会对城市地下水的平衡带来极为不利的影响,因此,地铁工程的防水原则为"以防为主、多道设防、因地制宜、综合治理"。而作为养护维修单位,在日常养护工作中需遵循"逢漏必堵,逢损必固,逢沉必注"的指导原则。

目前,我国地下工程的防水标准按渗漏分为一至四级(表 2-5)。地铁隧道工程应纳入二级防水要求。

表 2-5 地下工程的防水标准

防水等级	防水标准
一级	不允许漏水,结构表面无湿渍
二级	不允许漏水,结构表面可有少量湿渍; 工业与民用建筑:总湿渍面积不应大于总防水面积(包括顶板、墙面、地面)的 1/1 000;任意 100 m² 防水面积上的湿渍不超过 2 处,单个湿渍的最大面积不大于 0.1 m²; 其他地下工程:总湿渍面积不应大于总防水面积的 2/1 000;任意 100 m² 防水面积上的湿渍不超过 3 处,单个湿渍的最大面积不大于 0.2 m²;其中,隧道工程还要求平均渗漏量不大于 0.05 L/(m²·d),任意 100 m² 防水面积上的渗水量不大于 0.15 L/(m²·d)

续表

防水等级	防水标准
三级	有少量漏水点,不得有线流和漏泥沙; 任意 100 m² 防水面积上的漏水或湿渍点数不超过 7 处,单个漏水点的最大漏水量不大于 2.5 L/(m²·d),单个湿渍的最大面积不大于 0.3 m²
四级	有漏水点,不得有线流和漏泥沙; 整个工程平均漏水量不大于 2 L/(m²·d);任意 100 m² 防水面积上的平均漏水量不大于 4 L/(m²·d)

不同的场所适用不同的防水等级(表 2-6)。一般来说,地铁车站及设备集中的地方其防水等级均为一级。区间及其他隧道结构不得有线流和漏泥沙,当有少量漏水点时,昼夜的漏水量不得大于 0.5 L/m²,即介于二级和三级之间。

表 2-6 不同防水等级的适用范围

防水等级	适用范围
一级	人员长期停留的场所,因有少量湿渍会造成物品变质、失效的贮物场所及严重影响设备正常运转和危及工程安全运营的部位; 极重要的战备工程
二级	人员经常活动的场所,在有少量湿渍情况下不会使物品变质、失效的贮物场所及基本不影响设备正常运转和工程安全运营的部位; 重要的战备工程
三级	人员临时活动的场所,一般战备工程
四级	对渗漏水无严格要求的工程

(2)盾构隧道的防水体系

盾构隧道防水采用结构"自身防水为主,多道防线,综合处理"的原则。根据《地下防水工程质量验收规范》(GB 50208—2011)中的二级防水等级执行。

盾构隧道的防水体系由管片自防水、管片外防水防腐涂层和管片接缝处理组成。

①管片自防水。结构自防水是首选的防水措施,主要通过采用防水混凝土及严密的施工工艺来保证管片质量,以达到防水效果。管片混凝土强度等级为 C50—C55,抗渗标号可达 S8—S12 及以上。

②管片外防水防腐涂层。管片的外弧面均涂双组分聚氨酯涂料防水防腐。施涂工作在管片预制厂进行。技术要求如下所述。

a.涂层在盾尾密封圈钢丝刷与钢板的挤压磨损下不损坏、不渗水。

b.在管片弧面的混凝土裂缝宽度达到 0.3 mm 时,仍能抗 0.6 MPa 水压。

c.涂层的耐腐蚀性、耐侵蚀性、耐久性好。

d.涂层具有防迷流功能。

e.除管片背面外,还应涂抹于接缝环形密封圈外侧的混凝土上。

③管片接缝处理。为了使管片接缝保持永久的弹性状态和具有足够的承压能力,以适应隧道长期处于"蠕动"状态而产生接缝的张开和错动,保证管片接缝的防水效果,采取下述措施。

A.环、纵缝中设丁腈软木弹性衬垫。在管片的纵缝中各设置1.5 mm厚、宽度为75 mm的丁腈软木衬垫,环缝传力衬垫3 mm(变形缝处6 mm),宽度130 mm。环缝密封衬垫需要有足够的承压能力和弹性复原能力,以承受均布盾构千斤顶的顶力,防止管片顶碎。纵缝密封衬垫不仅有填缝隙的作用,还能对局部应力起缓解作用。

B.在环、纵缝的预留沟槽中嵌填弹性橡胶密封垫。弹性橡胶密封垫由三元乙丙橡胶与遇水膨胀橡胶条(表面需涂缓膨剂)复合而成,是接缝防水的第一道防线。遇水膨胀橡胶止水条在工厂预制成框形,在施工现场粘贴到管片环、纵缝的凹槽中。弹性密封垫应符合下列规定:

a.密封垫选型在盾构千斤顶顶力作用下必须仍保持其弹性变形能力。

b.密封垫在长期压应力的作用下,应限制其塑性变形量(永久压缩变形≤25%)。

c.密封垫在长期水压作用下,当环缝纵缝达到预定的张开量(3~10 mm)时仍能满足止水要求。

d.压应力与压缩变形的关系应是环缝张开0 mm,对密封材料的压缩力小于千斤顶最大顶力。

e.弹性密封垫应设计成框形,但如果密封垫厚度小于6 mm,应制作成卷带状。

对于管片环拼装,封顶管片拼装采用纵向插入方式时,弹性密封垫表面宜衬入限制其拉长的尼龙线或帆布。

C.嵌缝防水。在管片内侧嵌缝槽内设置构成接缝防水的第二道防线。嵌缝范围:进出洞20~30环;联络通道两侧各5~10 m;在变形量大的衬砌环进行整环嵌填,其余区段则在拱顶450 mm范围内及到封顶块接缝处嵌填。

D.注浆孔、螺孔密封。注浆孔、螺孔防水是衬砌接缝防水的一项重要措施。设计采用橡胶密封圈(遇水膨胀橡胶类),利用其压密和膨胀双重作用来满足注浆孔、螺孔的防水要求。

E.衬砌环和开挖土体之间的环向空隙注浆。施工时应向盾尾和衬砌管片间的环向空隙进行及时、连续、足量、均匀的注浆。

F.管片螺栓热浸铸防锈处理。管片螺栓、垫片等钢材在施工安装前进行热浸铸防锈处理。

(3)联络通道的防水设计

①联络通道的防水设计原则及防水等级要求。联络通道的防水设计应遵循"以防为主、因地制宜综合治理、防排结合"的原则。可允许渗漏水进行引排。确立钢筋混凝土结构自防水体系,即以结构自防为根本,加强钢筋混凝土结构的抗裂、防渗能力,改善钢混凝土结构的工作环境,进一步提高其耐久性;同时以施工缝等接缝防水为重点,辅以附加防

水层加强防水。通常将盾构隧道的联络通道视为隧道的一部分,其防水等级和盾构隧道一样均按防水等级二级标准进行防水设计。

②混凝土自防水。要求采用高性能混凝土,混凝土抗渗等级应根据联络通道的具体埋深,按《地下工程防水技术规范》(GB 50108—2008)的有关规定选定。特别需要指出的是,暗挖法施工时,通道顶部通常为拱形,而拱顶部分的混凝土浇筑困难,浇筑结束后又无法振捣,因此在工程实践中,除了通过补注浆外,施工单位多采用无振捣(或自流平)混凝土。

③联络通道附加防水层。塑料防水板加土工布(滤除泥沙)制成的外侧缓冲层与内侧保护层组成外包复合防水层。

注意在卷材内侧预留疏水盲管引流,由于塑料防水板局部破损会造成渗漏水,应避免渗漏水对塑料防水板内衬结构造成损害。当外包防水层施工困难时,也可以选择在内衬结构内侧的全包防水。内侧全包防水通常使用防水砂浆进行刚性防水。刚性防水材料通常选择可在潮湿基面施工的聚合物类、水泥基结晶渗透类等防水砂浆或涂料。

④联络通道的接缝防水。联络通道的施工缝防水关键在通道结构与隧道钢管片之间的接缝。由于通道结构的钢筋与钢管片是焊接连接的,可以不考虑结构的变形,因此可采用预埋注浆管,待结构稳定后,灌注亲水性环氧浆液止水防漏,同时也可补强结构。值得注意的是:通道的初次衬砌钢管片的接缝也要采取防水措施,一旦渗漏,会给内衬结构的施工带来不良影响,而这道防水仅为施工阶段服务,因此采用遇水膨胀止水条或密封胶即可。

5)盾构隧道主要技术标准

盾构隧道是适用于在软土和软岩土中采用盾构掘进和拼装管片方法修建的隧道结构。盾构隧道施工的主要技术要点如下:

(1)不同防水等级盾构隧道衬砌防水措施的选用

(2)钢筋混凝土管片的质量应符合规定

①混凝土抗压强度和抗渗压力以及混凝土氯离子扩散系数应符合设计要求。

②表面应平整,无缺棱、掉角、麻面和露筋。

③现场管片如产生 10 mm×15 mm 以上面积的混凝土剥落、碎裂,应采用与管片混凝土同等或以上抗压强度的早强、高强砂浆或特种混凝土修补。

(3)盾构隧道衬砌的钢筋混凝土管片接缝应符合规定

①管片至少应设置一道密封垫沟槽,粘贴密封垫前将槽内清理干净。

②密封垫应粘贴牢固、平整、粘贴位置正确,不得有起鼓、超长和缺口现象。

③管片拼装前应逐块对粘贴的密封垫进行检查,如密封垫有损坏,应进行更换。如有嵌缝防水作业工序,应在隧道基本稳定后进行。

④管片连接螺栓与螺栓孔之间应按设计设置螺栓孔密封圈。必要时,螺栓孔与螺栓间应采取封堵措施。

(4)盾构隧道衬砌的嵌缝作业应符合的规定

①根据盾构施工方法和隧道的稳定性确定嵌缝作业开始的时间。

②嵌缝槽表面应平整、干净、干燥,如有缺损应采用与管片混凝土强度等级相同的聚合物水泥砂浆修补。

③嵌缝材料嵌填应密实、连续、饱满,黏结牢固。

(5)盾构隧道工程的抽检标准

盾构隧道分项工程检验批的抽检数量,管片拼装及接缝防水应按每连续20环抽查3环,隧道与竖井及连接通道的接头应全数检查。

2.3.7 钢筋混凝土基础知识

1)混凝土概述

桥隧工程所用的混凝土是素混凝土,是以水泥、水和粗细集料(碎石或卵石、砂子)为原料,按一定的配比,经拌和捣实成型,养护硬化后得到的一种人造石材。有时为了改善或提高混凝土的某些性能,可以在拌料时加入适量的外加剂。

混凝土是现代适用范围最广的建筑材料,它具有许多优点:抗压强度高,而且随着组织成分的改变,可以使混凝土具有不同的物理力学性能,满足工程上的不同需求。新拌混凝土具有可塑性,可以制成任何形状的构件或结构物,砂、石料可就地取材,具有节约费用、耐久性好、维修费用少、耐火性好等。当然,混凝土也有自重大,干燥后容易收缩,抗拉、抗剪强度低等缺点。

2)钢筋混凝土概述

如前所述,普通混凝土的抗压强度很高,高强度混凝土抗压强度为 $60 \sim 100$ MPa,但它的抗拉强度仅为抗压强度的 $1/17 \sim 1/8$。梁、板等受弯构件或结构物承受荷载时,局部区域产生中心受拉或弯曲受拉,致使混凝土断裂。为了克服上述缺陷,在混凝土构件或结构物的受拉区,可配置一定数量的钢筋来承受拉力,使混凝土和钢筋共同受力,发挥其各自特长,从而使构件或结构物既能受压,又能受拉,这种配有钢筋的混凝土,称为钢筋混凝土。

在钢筋混凝土构件中,混凝土和钢筋是两种不同性能的材料,之所以能够共同工作,是因为两者之间存在着黏着力。

黏着力由以下因素组成:

①由于混凝土收缩将钢筋握裹而产生的摩擦作用。

②钢筋和混凝土表面分子互相胶着的作用。

③接触表面上凹凸不平的机械咬合作用。

此外,钢筋和混凝土两种材料的线膨胀系数大致相同(钢筋约为 1.18×10^{-5},混凝土约为 1×10^{-5}),当外界温度变化而引起热胀冷缩时,不会破坏两者之间的黏结。钢筋有混凝土保护层,正常情况下不会发生锈蚀,因而能与混凝土较永久地结合在一起共同工作。

3)预应力混凝土概述

①普通钢筋混凝土结构较之素混凝土结构具有很大的优越性,但仍存在两个缺点。

a.由于混凝土抗拉性能差,当每延米伸长 $0.1 \sim 0.15$ mm 时,已达到其抗拉极限强度,开始出现裂纹,此时钢筋的拉应力只有约 3 kPa。如果荷载继续增加,则裂缝宽度继续加大。当裂缝宽度超过 0.2~0.3 mm 时,水汽和雨水渗透,可使钢筋锈蚀,影响结构的耐久性,但这时钢筋的拉应力也只有 10 kPa。由于裂缝过早出现,因而在普通钢筋混凝土结构中不能有效地发挥高强度等级混凝土的作用。

b.自重大。由于不能应用高强材料,结构自重必然大。特别是结构物跨度大时,自重比例太大,使其适用范围大受限制。

由此可见,用钢筋代替混凝土承受拉力,并没有彻底解决混凝土抗拉性差的问题。

预应力混凝土结构的出现解决了上述矛盾,预应力混凝土结构就是对强度高而抗拉强度很低的混凝土结构,在承受荷载之前,预先人为地造成受压状态(所谓预应力)。当结构承受荷载后,受拉区混凝土的拉伸变形首先与压缩变形相抵消,以后随着荷载的增加,才继续被拉伸。一般情况,如果结构物或构件设计合理,不会出现裂纹或仅有很细的裂纹。

混凝土结构预加应力的主要方法:张拉钢筋使之伸长,然后把钢筋两端锚固于混凝土中,造成钢筋受拉而大部分混凝土受压的预应力状态。

②预应力混凝土结构与普通钢筋混凝土相比,大大推迟了裂纹出现的时间,而且必须使用高强材料,具有以下明显优点。

a.提高了结构的抗裂能力,同时增加了结构的耐久性和刚度。结构在使用阶段,受拉区混凝土可不发生拉应力,不产生裂纹,同时高标号混凝土抗渗性好,钢筋不易锈蚀,自然提高了结构的耐久性。预加应力通常会造成结构的反向变形,因而结构的刚度大,变形小。

b.节约材料减轻自重,由于使用了高强度钢筋和高标号混凝土,在相同荷载下,构件截面尺寸大为减小,不仅节约材料而且可减轻自重,为建造大跨度结构物提供了条件。

此外还可以提高构件的抗剪性能和耐疲劳性能等,从而扩大应用范围。由于预应力混凝土施工需要较多的机械设备和较高的操作技术,故适合于工厂化的大批量生产,对零星的、个别的构件生产是不经济的。

桥梁上使用的预应力混凝土强度等级一般不低于 C50。

4)混凝土的材料

(1)水泥

水泥的品种很多,目前在工程中大量使用的为硅酸盐水泥、普通硅酸盐水泥、矿渣硅酸盐水泥、火山灰质硅酸盐水泥、粉煤灰硅酸盐水泥等,有特殊需要时,使用特种水泥。

①硅酸盐水泥。硅酸盐水泥俗称纯熟料水泥,国际上称为波特兰水泥。我国目前生产的标号有 C40.5、C40.5R、C50.5、C50.5R、C60.5R、C70.5R 等。其特点如下所述。

a.强度等级高。

b.快硬、早强。一般 3 d 的抗压强度可达 28 d 强度的 50%~57%,7 d 的抗压强度可达 28 d 强度的 73%~78%。

c.抗冻性好,耐磨性和不透水性强。

d.水化热高,耐腐蚀性差。

②普通硅酸盐水泥。普通硅酸盐水泥简称普通水泥,其特点与硅酸盐水泥无根本区别,但性能有改变。普通水泥适应性比较好,无特殊要求的工程都可使用。我国生产的普通水泥标号有 C25.5、C30.5、C40.5、C50.5、C50.5R、C60.5、C60.5R、C70.5R 等。

其特点相较硅酸盐水泥有:

a.早期强度增进率略有减少。

b.抗冻性、耐磨性少有下降。

c.低温凝结时间有延长。

d.抗硫酸盐侵蚀能力有提高。

③矿渣硅酸盐水泥。矿渣硅酸盐水泥简称矿渣水泥。其特点有:

a.抗硫酸盐侵蚀性好。

b.水化热低、耐热性好。

c.早期强度低,后期强度增加快。

d.抗冻性和保水性差。

e.干缩率及泌水性大。

f.蒸汽养护效果好。

④火山灰质硅酸盐水泥。火山灰质硅酸盐水泥简称火山灰水泥。目前我国生产的火山灰水泥标号有 225、275、325、425、525 等。

⑤粉煤灰硅酸盐水泥。粉煤灰硅酸盐水泥简称粉煤灰水泥。目前其强度等级有 C25.5、C30.5、C35.5、C40.5、C40.5R、C50.5、C50.5R 等。粉煤灰水泥的特点有:

a.水化热低。

b.干缩率小,流动性好。

c.抗硫酸盐侵蚀性好。

d.早期强度低,抗冻性差,后期强度发展快。

e.抗碳化性能差。

常见的特种水泥有快硬硅酸盐水泥(简称"快硬水泥")。快硬水泥的标号有 C30.5、C35.5、C40.5 三种。这种水泥适用于要求早期强度高的工程、紧急抢修工程、低温施工的工程和制作高强度等级混凝土预制构件等。快硬水泥须特别注意防潮,出厂至使用时间不宜超过 1 个月,否则应重新进行检验,合格者方能使用。

硫铝酸盐早强水泥也是一种常见的特种水泥。它是我国 20 世纪 70 年代末开发的一种新品种水泥。其强度等级以 3 d 抗压强度表示,分为 C40.5、C50.5、C60.5 三种。其特点有:

①早期强度高,增进率远超过快硬硅酸盐水泥,在标准条件下,水泥抗压强度 12 h 可达 30~40 MPa,3 d 达到等级标准,特别适用于抢修工程。

②有微膨胀和低收缩性能,有良好的抗裂性和抗渗性。

③适合冬季和负温施工,有较好的抗冻性。

④缺点是凝结时间快、耐热性差。

水泥品种应根据混凝土建筑物所处的环境条件和工程需要使用,具体见表 2-7。

表 2-7　常用水泥使用范围

水泥品种＼适用环境	硅酸盐水泥	普通水泥	矿渣水泥	火山灰水泥	粉煤灰水泥	快硬水泥	硫铝酸盐早强水泥
一般环境	★	★	○	○	○	○	○
干燥环境	★	★	○	×	×	○	★
潮湿或水下	○	○	★	★	★	○	★
浇筑体积大	▽	○	★	★	★	×	×
快硬高强	★	○	▽	▽	▽	★	★
要求耐冻	★	★	○	×	▽	★	★
要求抗渗	○	★	▽	★	★	○	★
要求耐磨	★	★	○	×	▽	★	★
要求耐腐蚀	根据侵蚀性介质种类浓度等具体条件,按有关规定或通过实验选用						

注:★优选使用;○可以使用;▽不宜使用;×不得使用。

（2）水泥的主要技术特性

①强度（标号）。水泥的强度是其最重要的技术特性之一,是确定水泥标号的指标,也是选用水泥的主要依据。决定水泥强度的因素很多,主要有水泥的矿物成分、颗粒细度、硬化时的温度湿度、硬化龄期、水灰比等。测定水泥强度采用软练法:将水泥和标准砂按1:2.5的比例混合,加入规定数量的水,按规定方法做成 4 cm×4 cm×16 cm 的试件,在标准条件下养护,分别测定 3 d、7 d 和 28 d 的抗压和抗折强度。当 3 d 和 7 d 强度满足规定要求时,就以其 28 d 的抗压强度来确定水泥的标号。快硬水泥、硫铝酸盐早强水泥测定 1 d 和 3 d 的强度,并以 3 d 强度来测定标号。

②细度。水泥粉磨的细度对水泥的性质有很大影响。一般来说,水泥颗粒越细,水化作用越快,凝结硬化越快,强度,特别是早期强度越高。但是,水泥颗粒越细,越会因容易吸收空气中的水分而预先水化,在储存时活性下降。水泥越细,在大气中风化变质也越快,在运输、贮存过程中容易受潮而降低强度。

③凝结时间。水泥的凝结时间对混凝土的施工有重要意义,分为初凝和终凝。初凝为水泥加水拌和至水泥浆失去可塑性的时间,终凝为水泥加水拌和至水泥浆完全失去可塑性开始具有强度的时间。为了保证混凝土或砂浆的搅拌、运输、浇灌或砌筑有足够的时间,水泥的初凝时间不能过快;施工结束后,要求混凝土或砂浆尽快硬结具有强度,故水泥的终凝时间不能太迟。现行国家标准规定硅酸盐水泥初凝时间不得早于 45 min,终凝时间不得迟于 12 h。

④水化热。在水泥凝结硬化中,会放出大量的热,称为水化热。放热过程持续时间长,但大部分热量是在早期,特别是在最初 3 d 释放。在水泥的矿物成分中,铝酸三钙放热

量最多也最快,硅酸三钙次之,硅酸二钙放热量最少也最慢。冬季或低温施工的混凝土,水化热可以减缓混凝土温度降低的速度,有利于混凝土硬化。对桥梁墩台基础等大体积混凝土施工,由于水化热积聚在内部不易散发,内外温差所引起的力可使混凝土产生裂纹,应采取降温措施或使用低水化热水泥来解决。

⑤体积安定性。水泥在硬化过程中,体积变化是否均匀的性质称为体积安定性。引起安定性不良的主要原因是水泥中含有过多的游离石灰和氧化镁,遇水化极缓慢,当水泥浆具有强度后它能在其中继续熟化,产生剧烈的、不均匀的体膨胀,引起硬化水泥浆体开裂。此外,若水泥中的石膏过多,在水泥硬化后,可能生成水化硫铝酸钙,体积膨胀,也会造成硬化水泥体开裂。体积变化的安定性,是水泥的重要性质,因此在水泥使用前,必须按国家标准进行该项鉴定。

⑥耐腐蚀性。水泥经水化作用后生成的氢氧化钙以及各种硅酸钙、铝酸钙等化合物,都在一定程度上溶于水,使水泥受到溶蚀。同时氢氧化钙是碱性物质,一切酸类和能溶于水的盐类等,都对水泥有腐蚀作用。一般动水比静水腐蚀性大,软水比硬水腐蚀性大,水温高时腐蚀性大。此外,糖类、油脂类和强碱等对水泥的使用都是有害的。

⑦硬化收缩。水泥拌和后在空气中硬化,体积会产生收缩,其收缩大小与水泥的矿物细度、水灰比等因素有关。熟料中铝酸三钙的收缩最大。颗粒越细,收缩越大,水灰比大,收缩也大。干燥过程越快,收缩越严重。湿胀值约为干缩值的1/2。因此,在硬化初期必须加强养护,保持湿度和温度,使其不致干燥过快,以减少干裂。

(3)选用水泥标号的原则

①水泥标号应根据所配制混凝土的强度等级选定。一般来说,对于 C28 等级的混凝土,水泥标号与混凝土之比可为 1.2~2.2,对于 C28 及以上等级的混凝土,则以 1.0~1.5 为宜。

②钢筋混凝土和有耐冻、抗磨、抗渗要求的混凝土,不应采用低于 C30.5 的水泥。

③大体积混凝土如不掺用活性或填充性的混合材料时,不宜使用高于 C30.5 的普通水泥。

④混凝土冬季施工宜选用标号较高、硬化较快、水化热较高、耐冻性硫铝酸盐水泥、硅酸盐水泥或普通水泥。混凝土夏季施工应采用水化热较低的水泥。

⑤水下混凝土用水泥,其标号与混凝土等级之比不宜小于 1.5,并不得低于 C25.5。

⑥预应力混凝土应优先采用不低于 C30.5 的快硬水泥,或不低于 C40.5 的硅酸盐水泥或普通水泥。不得使用火山灰水泥及粉煤灰水泥。

⑦防水混凝土宜优先选用普通水泥、火山灰或粉煤灰水泥及硫铝酸盐水泥;采用矿渣水泥时,应加入减小其泌水性的外加剂。如需掺用混合材料,水泥标号不得低于 C40.5。

⑧喷射混凝土宜采用硅酸盐水泥、普通水泥和硫铝酸盐水泥;条件不具备时,也可采用矿渣水泥,水泥标号不得低于 C30.5。

⑨特细砂混凝土宜采用标号高于 C40.5 的硅酸盐水泥、普通水泥或矿渣水泥。

（4）水泥的运输、储存及逾期处理的注意事项

①水泥在运输、贮存过程中，须妥善保管，不得受潮。装运水泥的车船，应有棚盖。

②运到工地（厂）的水泥，应有供应单位提供的出厂试验报告单，并按水泥品种、标号和出厂编号进行检查验收。

③储存水泥的仓库，应设在地势较高处，周围应设排水沟。

水泥应按品种、标号、批号等合理分堆存放，其堆垛高度，不宜超过 1.5~2 m。堆垛应架离地面 20 cm 以上，距离墙壁也应保持 20~30 cm 的距离，或留一过道。

水泥不得露天堆放，如临时隔夜堆放，也必须上盖下垫。袋装水泥在装卸、搬移过程中，严禁抛掷。

④使用水泥应做到先到先用，防止长期积压。

⑤根据试验，一般硅酸盐水泥，在正常干燥环境中存放 3 个月，强度降低 10%~20%；存放 6 个月，强度降低 15%~30%；存放一年强度降低 40% 左右。对出厂逾 3 个月的水泥或受潮结块者，均应经过鉴定，按鉴定结果降低标号使用或完全报废。

（5）水

拌制和养护混凝土用的水应符合下列规定：

①水中不应含有影响水泥正常凝结与硬化的有害杂质或油脂、糖类等。

②污水、pH 值小于 4 的酸性水和含硫酸盐量（按硫酸根计）超过水重 1% 的水，均不得使用。

③海水不得用以拌制、养护钢筋混凝土和预应力混凝土，以免对钢筋造成腐蚀。

④饮用水可作拌制和养护混凝土之用。

（6）细骨料（砂）

拌和混凝土用的砂大多是天然砂，主要用来填充混凝土中石子的空隙，河砂、海砂颗粒比较圆滑，拌制混凝土时和易性较好，但与水泥浆的黏结力不如山砂。但山砂的和易性差且颗粒中常含有黏土、有机杂质及粉末，故不如河砂、海砂洁净。

按照平均颗粒直径（简称"粒径"）的大小，可将细骨料分为粗、中、细（细、特细）三级，见表 2-8。混凝土用砂的颗粒直径为 0.15~0.5 mm。

表 2-8　砂的粗细分类

类别	平均粒径/mm	类别	平均粒径/mm
粗砂	> 0.5	细砂	0.25~0.35
中砂	0.35~0.5	特细砂	< 0.25

人们把砂石中各粒径大小颗粒的分布混合情况称为砂石级配。一般来说，较好的级配应当是空隙率小，总表面积小，有较适宜的细颗粒以满足和易性的要求。好的级配可以节约水泥用量并有利于配置出质量较高的混凝土。砂石级配一般是按规定方法用标准筛进行筛分试验确定的。

（7）粗骨料（石子）

混凝土中凡粒径大于 5 mm 的骨料称为粗骨料。一般采用质地坚硬耐久的碎石或卵石，或者两者的混合物。

碎石颗粒多棱角，表面粗糙，与水泥砂浆的黏结力较强，但表面积大、空隙率较大，水泥浆用量较多。卵石表面光滑，空隙率小，不透水性好，制成混凝土和易性较好，但与水泥砂浆黏结力稍差，故高等级混凝土宜用碎石。

混凝土用粗骨料的技术条件主要有以下内容：

①碎石或卵石的岩石强度（边长等于或大于 5 cm 的立方体或直径与高均等于 5 cm 的圆柱体岩石试件，在饱和含水状态下的抗压极限强度）与混凝土设计强度等级之比，当混凝土大于或等于 C28 时，不应小于 200%；当混凝土小于 C28 时，不应小于 150%，并不应小于 30 MPa。

②粗骨料的最低冻融循环次数应符合规定。严寒地区是指最冷月份里的月平均气温低于 −15 ℃的地区，温和地区是指最冷月份里的月平均气温在 −5 ℃以上的地区；寒冷地区则介于上述两地区之间。

③粗骨料中的有害物质含量应符合规定。

④粗骨料的颗粒级配。

大于或等于 C28 的混凝土或有耐冻、抗渗等要求的混凝土，以及混凝土数量较大的工程，宜将粗骨料按粒径尺寸适当分为 2~3 级，施工时按级配要求分别计量，拌制混凝土。

⑤粗骨料的最大粒径不得超过板厚的 1/2 和结构截面最小尺寸的 1/4；同时也不得大于钢筋间最小净距的 3/4，最大粒径不得超过 100 mm。

水下混凝土用的粗骨料最大粒径不应大于导管内径的 1/4 或钢筋净距的 1/4（仅有单层钢筋时则最大粒径可等于钢筋净距的 1/3），也不宜大于 60 mm。

喷射混凝土和砌体工程用的小石子混凝土，粗骨料粒径不得大于 20 mm。

防水混凝土使用的粗骨料粒径不宜大于 40 mm。

5）混凝土的配合比

混凝土的配合比（质量比）是指混凝土各组成材料之间用量的比例关系。一般以水泥砂石表示，以水泥为基数 1，同时必须注明水灰比。若掺用外加剂，其含量以水泥质量的百分率表示。

6）混凝土的外加剂

为改善混凝土的技术性能，满足工程某方面的特殊需要，提高质量，加速工程进度，节约水泥，可以在拌制混凝土或砂浆时适当掺入各种类型的化学外加剂或混合材料。

外加剂按其对混凝土的不同作用分为减水剂、早强剂、速凝剂、缓凝剂、防冻剂、加气剂等。

各种外加剂都必须是经过鉴定的产品。无论是固体、液体或者黏膏状态的外加剂，在到达工地时均应有适当的包装或容器，并标明其名称、用途、有效物质含量和产品合格证书。

各种外加剂在工地应分类分批妥善存放,防止变质。使用前应进行试验,确定其性质、溶液配置方法和最佳产量。

(1)减水剂

减水剂的作用是可以使水泥颗粒均匀分散在混凝土中,使水泥水化作业完全,减少用水量,增加混凝土流动性,改善和易性,大幅度提高混凝土强度,节约水泥。减水剂按其减水用水量,增加混凝土流动性,改善和易性,大幅度提高混凝土强度,节约水泥。

最常用的减水剂有木质素磺酸钙(M型)、磺化酸焦油(TRB)、糖蜜类(ST)等。

(2)早强剂

早强剂的作用是加快混凝土的凝结硬化,提高混凝土的早期强度,以满足提前拆模、缩短养护周期、加快工程进度以及寒冷地区冬季施工等需要。

常用的早强剂有氯化钠($NaCl$)、氯化钙($CaCl_2$)、硫酸钠(Na_2SO_4)、硫酸钙($CaSO_4$)、三乙醇胺(TEA)等。

氯盐类早强剂的另一个作用是能降低水的冰点,有利于冬季施工。但氯盐掺得过多,会引起钢筋锈蚀。硫酸盐类早强剂和三乙醇胺均对钢筋无腐蚀作用。

(3)速凝剂

速凝剂(或称促凝剂)与早强剂的区别在于能更快地使水泥凝结硬化。主要用于喷射混凝土或喷射砂浆工程。在工程的堵漏、修补等急需尽快凝结的条件下,也常使用速凝剂。速凝剂的掺量必须严格控制。过量掺用会导致凝结延缓和大幅降低混凝土的后期强度。

常用的速凝剂有711型速凝剂、红星1型速凝剂、782型速凝剂、TS速凝剂。

(4)缓凝剂

缓凝剂的作用是推迟混凝土的凝结时间。如在大体积混凝土施工中,为了减少水化热,降低混凝土温度,需要缓凝;夏季施工中为满足工程的某些工艺要求也需要缓凝。缓凝剂分为有减水效果的减水缓凝剂和无减水效果的、只起推迟凝结时间的缓凝剂两种。

(5)防冻剂

防冻剂的主要作用是可以降低冰点,使水泥在负温下仍能继续水化,从而提高混凝土的早期强度,抵抗水结冰产生的膨胀应力,减少混凝土拌和用水量等。

常用的防冻剂有亚硝酸钠、氯化钙、氯化钠、碳酸钙、硫酸钠、氯化铵、氨水、尿素等。

(6)加气剂

在混凝土中掺入加气剂,能使其内部产生无数的微小气泡,以增加水泥浆体积和减少砂石之间的摩擦力,从而改善混凝土的和易性,减少拌和用水量,提高混凝土抗渗和抗冻融循环的能力,适用于灌筑配筋较密的构件以及水工结构。

目前使用的加气剂有松香热聚物加气剂、松香皂加气剂、铝粉加气剂等。使用加气剂要严格控制掺量,使混凝土含气量控制在3%~5%,过多则会降低混凝土的强度。

7)混凝土基本性质

(1)和易性

和易性是指混凝土拌合物的流动性、黏聚性。和易性好的混凝土拌合物在运输过程中不容易发生离析现象，而且便于灌筑捣实，分布均匀，易于充满模板的各部分，牢固地黏结着钢筋，稠稀适度，不产生蜂窝麻面等不良现象。因此，和易性是混凝土工程施工的重要指标之一。测定混凝土和易性的方法有两种，对塑性混凝土拌合物用坍落度测定，对于半干硬性或干硬性混凝土拌合物，用工作度来测定。

影响混凝土和易性的主要是水泥浆含量多少及其稠度，以及与此有关的因素，如水灰比、水泥品种、细度、含砂率、粗骨料表面光滑与否等。此外，在拌合物中，掺某些外加剂也能显著改善混凝土的和易性。

(2)密实度与耐久性

①混凝土的密实度。混凝土的密实度是指在一定体积混凝土中，固体物质填充的程度。施工中可以通过恰当的用水量、水灰比、良好的砂石级配，正确有效的施工法，获得密实度高的混凝土，它是混凝土质量优劣的又一项衡量标准。混凝土密实度几乎与混凝土所有主要技术性能，如强度、抗渗性、抗冻性、耐久性、传热性都有密切的关系。

②混凝土的耐久性。耐久性是指混凝土在周围环境长期的物理化学作用侵蚀下，保持其强度的能力。耐久性包括抗渗性、抗化学侵蚀性、抗冻性、碳化等。

a.抗渗性直接影响着混凝土的抗侵蚀性、抗冻性和对钢筋的锈蚀，因而直接影响建筑物的耐久性。

b.抗化学侵蚀性：混凝土受侵蚀性介质的侵害，因介质的化学性质而异。常见的有硫酸盐侵蚀、水和酸性水侵蚀、海水侵蚀、碱类侵蚀。

c.抗冻性：混凝土在饱和水状态下能够经受多次冻融交替作用而不破坏，同时也不严重降低强度的性能。抗冻性的强弱，主要取决于混凝土的密实度、孔隙的形状和分布。

d.碳化：空气中的二氧化碳和混凝土中的水泥水化生成物发生作用，生成碳酸钙和水，并使混凝土收缩，甚至表面产生裂纹。

影响混凝土耐久性的因素很多，如水泥品种和用量、水灰比、掺和的附加剂、骨料的质量和级配、施工方法等。如前所述，主要与其本身的密实度有关。

(3)强度

混凝土强度的主要指标是混凝土的抗压强度。混凝土的其他强度如抗拉、抗弯、抗剪都不大，而且都随其抗压强度的不同而不同。所以混凝土是一种脆性材料，耐压不耐拉。

抗压强度是将混凝土拌合物制成边长为 20 cm 的立方体试件，在标准条件下［温度（20±3）℃，相对湿度在 90% 以上］，养护 28 d，进行抗压试验测定的。以其抗压极限强度为标准。如采用非标准尺寸的试件时，应换算成标准试件的强度。换算系数分别是：

边长为 10 cm 的立方体试件为 0.90；边长为 15 cm 的立方体试件为 0.95；尺寸为 $\phi15\times30$ cm 的圆柱体试件为 1.20。

混凝土的抗压强度主要取决于水泥标号与水灰比。水泥标号越高、水灰比越小，混凝土的强度就越高。而骨料的强度与级配、砂石比率、混凝土的施工条件（拌和与捣固）以及混凝土硬化时的温度、湿度（养护条件）等都对混凝土的抗压强度有直接关系。

（4）变形

混凝土有两种变形，一种是由温度和湿度变化而引起的变形，如湿胀干缩、热胀冷缩的体积变形；另一种是在荷载作用下的变形，如徐变、弹塑性变形等。

①混凝土收缩。混凝土收缩主要是由于硬化水泥浆中的凝胶体逐渐干燥引起的。它与水泥品种、水泥用量和单位用水量有关。矿渣水泥收缩大、高标号水泥收缩大，水泥用量多或单位用水量多收缩大。混凝土收缩有利于裹紧钢筋，但在预应力混凝土中会造成钢筋应力损失。有些构件由于内外收缩差别大，会引起裂缝或翘曲。

②热胀冷缩：混凝土的温度膨胀系数为 0.000 01，即温度升高或降低 1 ℃，每米膨胀或收缩 0.001 mm，温度变化对大体积混凝土极为不利。在混凝土硬化初期，水泥会释放出大量的水化热，在大体积混凝土中，如无降温措施，混凝土内部温度增高甚至可达 50～70 ℃，同时混凝土外部随气温降低而收缩，外部混凝土产生很大的拉应力，使混凝土表面产生裂缝。所以灌筑大体积混凝土应采用水化热低的水泥，同时采取内部降温外部保温的措施，以减小温度变形，防止裂缝的产生。

考虑到混凝土干燥收缩和温度胀缩的危害，所以纵长的结构物如涵洞、挡土墙等，都应设置伸缩缝。

③混凝土徐变：混凝土在恒载作用下产生随时间而增长的塑性变形称为混凝土徐变。发生徐变的原因很复杂，它与水泥中残留水分和凝胶体在混凝土受力时缓慢在孔隙中流动有关。一般情况是应力越大，徐变越大；水泥用量越大，徐变越大；用水越多，徐变越大；硬化时湿度越小，徐变越大，硬化初期徐变大，随着龄期延长逐渐减小。为了减小徐变，应采取在设计时尽量避免出现过高压应力，施工中避免过早承受荷载，尽可能降低水灰比，减少水泥用量等。

8）混凝土的拌制

混凝土应使用机械拌制。对坍落度大于 5 cm 的零小工程，经施工负责人同意，也可用人工拌制。

（1）机械拌制

①工作前应仔细检查和保养拌制机械及供水计量，保证状态良好。使用时，先开动空车试运转，搅拌筒达到正常转速后，才能向筒中投料。

②对砂、石应分别过磅，不能用装车容积来换算质量。水泥以整袋为准，如用散装水泥，则应每次称量，严格掌握配合比。砂、石的含水率要经常测量，并根据含水率变化来调整配合比。混凝土材料按质量的配量偏差不得超过表 2-9 的规定。

表 2-9　混凝土材料的配量偏差（%）

材料名称	拌制方式	
	工地	工地工厂或搅拌站
水泥和干燥状态的混合料	±2	±1
粗、细骨料	±3	±2
水、外加溶剂液	±1	±1

③投料顺序及方法。投料顺序应以提高混凝土质量为前提,同时要注意减少扬尘改善环境,减少集料对叶片的磨损以及减少混凝土拌合物与搅拌筒的黏结等要求。投料顺序有一次投料法及两次投料法两种。

一次投料法是将各种材料和水几乎同时投放到搅拌筒内的方法。通常是先装砂,再装水泥,最后是石子、水和外加剂,这样使水泥夹在砂石中间,减少扬尘,且不易过多地黏附在筒壁上。二次投料法是先将砂、水泥、水、减水剂投入搅拌筒内拌和成砂浆,再加入石子拌制成混凝土拌合物的方法,也称水泥裹砂法。一开始就使水泥颗粒充分分散,并使砂浆拌和均匀,投入石子后易被砂浆包裹,有利于提高混凝土强度,减少搅拌机叶片磨损。但此法工艺复杂,砂浆易粘筒壁。

此外,每次装料应符合搅拌机容量,不宜超装,考虑到拌和第一盘时搅拌筒壁上会黏附一些水泥浆,因此应多装一些水泥和水或少装一些石子。

④混凝土应搅拌均匀,颜色一致。自全部材料装入搅拌筒起,至开始卸料止,搅拌的最短时间不得小于表 2-10 的规定。

表 2-10　混凝土的最短搅拌时间(min)

坍落度	自落式搅拌机容积/L				强制式搅拌机容积≤1 500/L
	≤400	≤800	≤1 200	≤2 400	
<1	2.0	2.5	—	1	2.5
1~7	1.0	1.5	2.0	2.5	1.5
>7	1.0	1.0	1.5	2.0	11.5

注:用自落式搅拌机拌制细砂、机制砂的混凝土时,应酌量延长拌和时间。

(2)人工拌制

用人工拌制混凝土时,应在铁板或其他不渗水的平板上,先将水泥和砂干拌至少两遍再倒入石子干拌一遍,然后逐渐加入定量的水,湿拌 3 遍,拌到颜色完全一致为止。

9)混凝土的运输

①混凝土搅拌好后,应尽快送往灌筑地点。在运输过程中不应发生离析、漏浆、严重泌水及坍落度损失过多等现象。如运至灌筑地点的混凝土有离析现象时,必须在灌筑前进行二次搅拌,但不得再次加水。

②运送混凝土工具的内壁应平整光滑,不吸水、漏水、黏附的混凝土结块应经常清除。冬季施工,为保证混凝土不受冻,必要时应对运送工具加盖保温。

③混凝土的运输能力应与拌制和灌筑能力相适应。混凝土的运输延续时间不宜超过表 2-11 的规定。当运输时间过长时,应采取措施使混凝土灌筑时的坍落度仍能满足灌筑和振捣的需要。

表 2-11　混凝土的允许延续运输时间

从搅拌机倾出时的混凝土温度/℃	允许延续运输时间/min	从搅拌机倾出时的混凝土温度/℃	允许延续运输时间/min
20~30	45	5~9	90
10~19	60		

注:①本表适用于初凝时间不早于 1 h 的水泥拌制的混凝土。如果是快硬水泥,其允许延续运输时间应根据水泥性能及施工条件另定。

②如掺用外加剂与混合材料,延续运输时间应根据试验确定。

③运输混凝土的行车道轨应求平整,在模板、支架上铺设轨道时,必须保证其发生变形和位移。

④运输混凝土最常用工具是手推铁斗车、手推翻斗车、机动小翻斗车等。用手推车运输混凝土时,路面或车道板面的纵坡不宜大于 15%,并应随时清扫保持平整。

⑤用吊斗(罐)运输混凝土时,吊斗(罐)出口到承接面间的高度以 1.5 m 为宜,且不得超过 2 m。吊斗(罐)底部的卸料活门,应开启方便,并不得漏浆。

⑥混凝土在倒装、分配或倾注时,应采用漏斗、串筒或滑槽等类器具(木制器具需内衬铁皮)。

10)混凝土的灌筑

(1)灌筑前的检查

①检查施工组织,包括人力、材料、机具设备等的配备情况以及工作台、道、脚手架等的安全情况。

②检查基底处理情况,并按照规定填写好检查记录。

③检查钢筋、预埋铁件等。

④消除模板内和钢筋上的泥污、木屑等,清除积水,嵌塞模板缝隙,对木模板做好充分湿润。

(2)灌筑时的自由倾落高度

为保证混凝土不发生离析,应尽量降低灌筑时的自由倾落高度,一般不宜超过 2 m。超过时应采用溜槽、串筒、漏斗等器具或通过模板上预留的孔口灌筑。

(3)混凝土应分层进行灌筑

灌层厚度应根据拌制能力、运输条件、灌筑速度、振捣能力等决定,但不宜超过表 2-12 的规定。

表 2-12　混凝土灌筑层厚度

振捣方法	灌筑层厚度/cm	振捣方法	灌筑层厚度/cm
插入式振动器	振动器作用部分长度的 1.25 倍	附着式振动器	30
表面振动器 ①无筋或配筋稀疏的结构 ②配紧密列的结构	25 15	人工捣实	20

注:混凝土灌筑层的厚度,系数捣实后的厚度。

（4）间歇灌筑

混凝土的灌筑宜连续进行，如必须间断，间断时间应根据环境温度、水泥品种、水灰比、外加剂类型等条件通过试验确定。当无试验资料时，对不掺外加剂的混凝土，间歇时间不宜超过 2 h；当温度高到 30 ℃ 左右时，可减到 1.5 h，当温度低到 10 ℃ 左右时，可延至 2.5 h。否则应按施工接缝（中断）处理。

灌筑工作中断时，应在前层接缝面上根据需要埋入接茬的片石、钢筋或型钢，并使其体积露出混凝土外一半。

（5）施工缝的处理

当混凝土灌筑的间歇时间超过规定时，需待前层混凝土获得不少于 1.2 MPa 的抗压强度后，才允许在其表面继续灌筑新混凝土。首先应凿除施工接缝面上的水泥砂浆薄膜和松动的石子或松动的混凝土层，并以压力水冲洗干净，充分湿润而不存积水。接续灌筑前，宜在施工缝表面先铺一层厚约 1.5 cm 且与混凝土灰砂比相同而水灰比略小的水泥砂浆，或铺一层 30 cm 较新灌混凝土少 10% 粗骨料的混凝土后，再浇筑新层混凝土（竖向结合可涂刷一层水灰比为 0.3 左右的纯水泥浆）。

施工接缝处的混凝土应加强振捣，使新旧层紧密结合。在旧混凝土的施工接缝面上灌筑混凝土时，处理方法与以上相同。

（6）竖向结构的灌筑

对墙或柱、墩等竖向结构灌筑混凝土时，灌筑速度不宜过快。在灌筑与柱、墩或墙整体连接（即不设施工接缝）的梁或板时，应待柱、墩或墙的混凝土灌完并初步沉实 1~2 h（但不得超过允许间歇时间）后，再灌筑梁或板。

（7）灌筑中的注意事项

①在混凝土灌筑过程中，如表面出现析水时，应采取减少混凝土用水量、降低混凝土坍落度量等措施予以消除。对已析出的浮水（清水），应在不扰动已灌筑混凝土的条件下及时排除，但不得将水引向横板边缘或从横板缝隙中放出。

②混凝土灌筑施工中应设专人检查横板、支架、钢筋、预埋件（如预留孔）等的状态，如发现变形，应及时予以整修。

11）混凝土的振捣

混凝土的振捣方式有机械振捣和人工振捣两种，有条件时应一律采用机械振捣。

（1）振捣操作要求

①整个振捣应做到上、下、左、右没有遗漏的地方，对模板拐角和钢筋密集的地方，尤应注意捣好。

②分层水平灌筑时，振捣新的一层，均应插入已灌的混凝土，力求上下层次紧密结合。

③振动器在一个位置的振捣延续时间，应保证混凝土获得足够的密实度，但又不能振动过量，以免产生粗粒石子下沉，灰浆上升和离析等现象。掌握合适的振动时间，可获得最佳的密实度。其主要象征是拌合物不再下沉，顶面摊平，并在表面开始泛浆。

④在无条件使用振动器时，方可使用人工捣固密实。应用足够的人员和齐全的捣插工具，如钢针、钢铲等。在钢筋密集的地方，还应左右摆动，使混凝土填充钢筋周围。靠近

横板的地方,用钢铲插捣,将灰浆捣出,以获得光洁的混凝土表面。

（2）振捣机械简介

最常用的振捣机械为插入式振动器、表面振动器及外部振动器,预制场地有振动台。

①插入式振动器。普遍使用的是软轴棒式振动器。操作时振动器应一次垂直地插入混凝土内,拔出时速度要缓慢,使混凝土填满振动棒所造成的孔洞,相邻两个插入位置的距离不得大于作用半径(R)的1.5倍。

作用半径应根据各种拌合物的实际情况而定,大体上对于塑性混凝土,为30~40 cm,对于干硬性混凝土,为20~30 cm。

②表面振动器。表面振动器也称平板振动器,适用振捣大块面层或板的混凝土。依次进行振捣,定时定向移动,前后左右位置要搭接3~5 cm。

③外部振动器。外部振动器也称附着式振动器,适用于断面较小、钢筋密集的结构。使用时附在模板外面,模板支架须有足够的坚固性。

④振动台。适用于装配式混凝土构件,具有较高的生产能力。振捣时,应尽可能地将模板放在振动台中央,这样能使各部分振捣均匀。当构件厚度大于20 cm时,宜将混凝土分层装入,每层厚不大于20 cm。一般当模型内混凝土成一水平面,出现一层薄灰浆并不再冒气泡时即振捣好了。

12）混凝土的养护

混凝土灌筑后,其硬结和增长强度的过程就是水和水泥产生水化作用的过程。而水化作用必须在适当的温度和湿度条件下才能完成。如果空气干燥,气候炎热,就会使混凝土中的水分蒸发过快,出现脱水现象,表面脱皮或起砂,甚至内部也会松散、干缩和裂纹,降低强度,破坏耐久性。因此,混凝土的养护对保证其强度的正常发展具有非常重要的作用。

（1）浇水养护

①混凝土灌筑完毕10~12 h内,就要加以覆盖并浇水,遇炎热或风干天气或灌筑干硬性、半干硬性混凝土以及快硬性混凝土时,则应在灌筑后1~2 h即行覆盖并浇水。

②混凝土的外露面可用清洁的草帘（袋）、混砂等覆盖,但不得污染或损伤混凝土表面。

③木模的外露面,应经常浇水,保持湿润,拆模后也应立即覆盖并浇水,使用钢模板时应浇水降温。

④当气温低于5 ℃时,混凝土应严密覆盖,保温保湿,但不得浇水,气温保持在5 ℃以上时,仍应及时浇水养护。

⑤浇水养护期限:根据水泥品种和空气的相对湿度而定。

⑥浇水次数:以能保持混凝土湿润为度。一般条件下当气温高于15 ℃时,最初3天,白天每隔2 h浇水一次,夜间至少浇水两次;3天以后每昼夜至少浇水4次;如气候干燥,还应适当增加浇水次数。

⑦防止水流影响:当混凝土结构与流动的地表水或地下水接触时,为防止水流冲刷,应采取防水措施,如临时排水、堵塞水流、设置围堰等。一般情况下,此项措施至少应延续

到混凝土达到设计强度50%以上,并不应少于7 d;当环境水具有侵蚀性作用时,至少应延续到混凝土达到设计强度70%以上,并不应少于10 d。

（2）喷洒塑料薄膜养护

喷洒塑料薄膜养护是将塑料养护液喷洒在混凝土表面上,几分钟后便可结成一层塑料薄膜,使被养护的混凝土与空气隔绝,有效地防止混凝土中水分蒸发,在不覆盖不浇水的情况下,达到养护的目的。这种方法适用于大面积混凝土施工或缺水养护的地带。

塑料养护液有LP-37养护液、过氯乙烯养护液等。喷涂养护液的设备为空压机、储存养护液的钢容罐、软管及喷枪等,也有用电动喷涂机的。每千克养护液喷2.5 m² 为宜。当空压机的工作压力为0.4～0.5 MPa,钢容罐工作压力为0.2 ～0.3 MPa时,每分钟可喷洒15～20 m²。

必须保护薄膜完整,不得损坏破裂,禁止在养护构件上行走或硬物碰撞,发现损坏应及时修补。塑料薄膜养护,28 d混凝土强度偏低8%左右,由于塑料养护液成膜很薄,起不到隔热防寒作用,故夏季要采取不少于24 h的防晒措施,否则容易发生丝状裂纹。冬季施工则不宜采用此法。

13）混凝土的拆模

混凝土必须在达到一定强度后才能拆模。拆模过早,混凝土没有达到足够的强度,在自重或外力作用下会发生裂纹、变形或断裂,拆模过迟,则会影响模板的周转。因此拆模工作应按下述规定进行。

①不承重的侧面模板,一般宜在使混凝土强度达到2.5 MPa以上时方可拆模,见表2-13,以保证其表面及棱角不因拆模而受损。

表2-13　混凝土强度达到2.5 MPa所需时间(d)

水泥品种	水泥标号	混凝土标号 （28 d强度）	混凝土平均硬化温度/℃					
			5	10	15	20	25	30
普通水泥	≥225	≤150	4.5	3	2.5	2	1.5	1
	≥325	≥200	3	2.5	2	1.5	1	1
	≥425	≥250	2	2	1.5	1.5	1	1
矿渣水泥或火山灰水泥	≥225	≤150	6	4.5	3.5	2.5	2	1.5
	≥425	≥200	4	3	2.5	2	1.5	1

②承重的底面模板应在混凝土强度足以安全地承受其结构自身重力和外加施工荷载时方可拆模。拆模时混凝土按设计强度的百分率不得低于下列规定:

a.跨度 $L \leq 2$ m 的板或拱50%。

b.跨度 $2 < L \leq 8$ m 的板或拱70%。

c.跨度 $L \leq 8$ m 的梁70%。

d.跨度 $L > 8$ m 的各种结构(梁、板、拱)100%。

e.悬臂梁、悬臂板跨度 $L \leq 2$ m,70%; $L > 2$ m,100%。

混凝土达到设计强度50%、70%、100%所需时间见表2-14。采用加快混凝土硬化措施进行快速脱模时,不受表2-14限制,但混凝土不得低于规定强度。

表2-14 混凝土达到设计强度50%、70%、100%所需时间(d)

水泥品种	水泥编号	需达到混凝土强度/%	混凝土平均硬化温度/℃					
			5	10	15	20	25	30
			混凝土达到强度所需天数					
普通水泥	225~325	50%	12	8	7	6	5	4
	425~525		9	6	5.5	4.5	4	3
矿渣水泥或火山灰水泥	225~325		22	14	10	8	7	6
	425以上		18	12	9	7	6	5
普通水泥	225~325	70%	24	16	12	10	9	8
	425~525		20	12	9	7.5	7	6
矿渣水泥或火山灰水泥	225~325		36	22	15	14	11	9
	425以上		30	20	14	13	10	8
普通水泥	225~325	100%	40	35	28	27	22	20
	425~525		40	35	28	24	20	16
矿渣水泥或火山灰水泥	225~325		60	40	28	26	25	21
	425以上		66	40	28	25	24	19

③跨度大于8 m的不承受施工荷载的预制梁,拆除底面承重模板时的混凝土强度可减至设计强度的70%。

④拆除拱架、拱圈及跨度大于8 m的梁式结构的模板时,应根据设计要求的程序和技术措施进行。整个结构状态应事先进行检查,确认一切正常后,方可拆除。

⑤拆模工作应自上而下进行,不应使混凝土受损伤,并减少模板破损。利用吊车拆卸模板时,必须使模板与混凝土完全脱落后方可吊运。

⑥拆除临时埋设在混凝土中的木塞和其他部件时,应采取措施防止混凝土受到损伤。

⑦拆除模板时,不应影响混凝土的继续养护工作。拆模后的建筑物应在混凝土获得100%设计强度后,方可承受全部设计荷载。

⑧模板及支架的拆除情况和混凝土构件的检查情况应记录在工程日志簿中。

14)冬季混凝土施工概述

混凝土的强度增长,是由于水泥的水化作用,而温度对水化作用影响很大。温度高,水化热作用进展迅速,混凝土的强度增长就快。而在低温下混凝土强度增长较常温下慢得多。当温度降到0 ℃以下时,水泥的水化作用就基本停止;当温度低于-3 ℃时,混凝土中90%以上的水结冰,这时混凝土的砂、石、水泥和冰就成为一种互不起作用的混合物,强度无法增长。同时由于冻冰后体积膨胀,混凝土将发生不同程度的破坏(注意:硫铝酸盐水泥混凝土情况不同,在负温下强度仍不断增长,但速度减缓)。

试验证明,混凝土受冻后的危害程度,与受冻的时间早晚及混凝土的水灰比有关。受冻的时间越早,水灰比越大,其强度损失越大,反之则损失小。混凝土强度达到某一数值后,混凝土再受冻时,其后期强度损失在5%以内,这时的强度就是临界抗冻强度,掌握临界抗冻强度对防止混凝土早期受冻、制订冬期施工措施是很必要的。

（1）一般规定

当工地昼夜平均气温低于5℃(每天6 h,14 h及21 h测定室外温度的平均值)或最低气温低于3℃时,混凝土工程应按冬期施工办理。

冬期施工的混凝土,在遭受冻结之前,其强度(临界抗冻强度)不应低于设计标号的30%,也不得低于5 MPa。在充水冻融条件下使用的混凝土,开始受冻时的强度不得低于设计标号的70%。有条件时,桥隧及其附属工程宜避免在冬期施工。必须进行冬期施工的工程,应在事前做好准备,如掌握工地的冬季气象资料、备好砂石料并保持干燥以及备好防寒材料、机具等。

（2）混凝土养护或施工方法选择

混凝土冬期施工的养护方法较多,桥隧大维修工程常用的方法有蓄热法、低温早强混凝土法及暖棚法等。

①蓄热法是以保温覆盖为主,利用水泥水化热,并根据需要适当满足热工计算要求的养护方法。当建筑物体积较小,或气温较低时可采用模板内加保温材料的措施。

②低温早强混凝土法包括掺氯盐、亚硝酸钠和硫酸钠复合早强剂等措施。

③暖棚法指对结构物采取加盖,设帐篷、铺篾席等方法使其与外部环境有一定程度上的隔绝,从而达到保暖效果。

（3）混凝土的配合比

一般优先采用快硬和水化热较高的水泥。对大体积混凝土应注意避免因水化热过高而产生裂缝。

宜选用较小的水灰比和较低的坍落度,以减少拌和用水。

（4）混凝土的拌制及运输

在冬季条件下拌制混凝土,砂石骨料的温度均应保持在0℃以上,拌和用水应不低于5℃。必要时,应先将拌和水加热。当加热水不能满足拌和温度时,可再将砂、石均匀加热。片石混凝土用的片石也应预热,水泥不得直接加热,可以运入室内,以提高其温度。

水及砂石骨料的加热温度可根据灌筑温度及混凝土在拌和、运输、灌筑时的热量散失综合考虑,通过实际试拌结果确定。当混凝土坍落度因加热影响而减小,或发生水泥速凝现象时,材料加热温度和混凝土拌合物的温度应适当降低。

水可用蒸汽或其他方式加热,砂石料可用热炕、地炉或封闭的蒸汽进行加热,当直接通蒸汽加热时,应注意含水量变化。

拌和设备均应适当防寒,宜设置在温度不低于10℃的厂房或暖棚内。拌制混凝土前应用热水洗刷搅拌机鼓筒,并应注意将残留的水或冰块排净。

拌和时间应较常温施工适当延长,一般延长50%。

混凝土的运输时间应缩短。运输的盛器应有适当防寒措施。

（5）混凝土的灌筑

冬期施工混凝土的灌筑温度应根据具体保温方法通过热工计算确定,但在任何情况下均不得低于 5 ℃。细部截面结构的灌筑温度不宜低于 10 ℃。

混凝土灌筑面(接合面)的清理准备工作应按新旧混凝土接缝或在间歇时间超过规定的已硬化的混凝土表面上继续灌筑新混凝土的规定处理。接合面的状态和温度应与混凝土施工方法相适应。当用蓄热法、低温早强混凝土法或其他不对混凝土加热的方法施工时,如在计算的养护期内混凝土不致冻结,对于非冻胀性土壤或旧混凝土可以不加热直接灌筑混凝土。当混凝土进行加热养护时,加热开始后混凝土和地基接触处的温度不得低于 2 ℃。

采用冻结法开挖的基底要防止灌筑混凝土中途基底融化沉落或漏水,视具体情况采用隔热处理(如超挖 0.2 m,换填干砂或卵石或再加铺油毡等),如基底在冻结线以下,也可采用灌筑一层冷混凝土(掺盐量较大)的办法。

混凝土层尽量连续灌筑,避免间断。分层厚度应不少于 20 cm,并应采用机械振捣。混凝土相邻两层的灌筑间隙时间,不应超过水泥的初凝时间。

当环境温度低于-10 ℃时,在灌筑混凝土前,应将直径大于或等于 25 cm 的钢筋和大型金属埋件加热至正温。模板及钢筋上附着的冰雪须全部清除。

用人工加热养护的整个结构,当混凝土的加热温度在 40 ℃以上时,应适当安排混凝土的灌筑顺序及结构中施工接缝位置,以防止在结构中产生有害的温度应力。

（6）混凝土的养护

所采用的保温措施,应能保证混凝土在温度下降到 0 ℃以前,获得规定的临界抗冻强度。养护期间,如遇气温意外下降,必须及时采用防冻措施。

模板必须严密拼合,模板外面宜铺贴防水层如塑料薄膜等,以免保温材料受潮。

对建筑物的隅角及边棱部分应加强覆盖保温;对建筑物的迎风面,应采取适当的防风措施。

与新灌筑混凝土接触的旧混凝土部分暴露在冷空气中时,应对距接灌面 1.5 m 范围内的外露表面进行适当防寒保温。对于从混凝土中伸出的外露钢筋或其他钢铁预埋件,应在长为 1.0 m 的范围内防寒保温。

混凝土灌筑完毕后,应立即防寒保温。在铺设保温材料时,应先铺设防水隔离层,以免损伤或污染新灌筑的混凝土表面。

位于基坑中的混凝土,如地下水位较高,待顶面混凝土初凝后,可用放水养护的方法作为保温措施。但当基坑水位超出混凝土面的高度小于结冰的厚度时,不得采用此法。

解冻回暖后,如低温早强水泥未达到设计强度,应在气温升至 5 ℃后进行浇水养护。

（7）混凝土的拆模

当混凝土已达到拆模强度要求,并符合临界抗冻强度的规定后,方可进行拆模。

混凝土与外界空气的温差在 10 ℃以上时,拆模后应暂时覆盖混凝土的外露面。此项温差在任何情况下均不得大于 15 ℃。

人工加热养护的混凝土,养护完毕后,外界气温如尚在零下,应在混凝土冷却至 5 ℃

以下后,方可拆除模板和保温层。

（8）混凝土的质量检查

冬季施工时,除按一般混凝土的质量检查进行检查外,尚须作下述检测。

①在混凝土拌制和灌筑期间,应测定水和砂、石装入搅拌机时搅拌和灌筑的温度。每个工作班至少检测 4 次。同时还应记录气温、风力、雨雪、晴阴等情况,以备查考。

②在混凝土养护期间,采用蓄热法养护或低温早强混凝土时,在灌筑 3 天内应随时检测混凝土的温度,以后可根据气温及结构情况定时检测,每昼夜不少于 2 次。室外温度及环境温度,每昼夜至少检测 3 次。

③在结构的隔角、细薄部分、突出及迎风部分,均需留置测温孔,测温孔均应编号并绘制测温孔布置图。

测量混凝土温度时,温度计不应受外界气温影响,并应在测温孔内至少留置 3 min。

冬期施工养护的混凝土温度,应在保温条件最差的部分观测,采用蓄热法养护或低温早强混凝土时,测温孔可设在与模板相接触的混凝土层中,深度为 5~10 cm。采用人工加热时,应设在离热源较远处或出气口附近。厚大结构中,应在表面孔及深孔内分别测温。

④冬期施工的试件,除按规定制作标准养护试件外,还应根据建筑物养护、拆模和承受荷载的需要,制作施工检查试件,据以查明强度发展情况,施工的养护条件应与建筑物相同。

⑤混凝土冬期施工的各项检测、检查结果以及养护方法、时间、温度、保温情况等资料,均应有详细记录。

15）喷射混凝土概述

喷射混凝土是借助喷射机,利用压缩空气,将按一定比例配合的混凝土干料或湿料与速凝剂,以高速通过管道和喷嘴,喷射到受喷面(岩石壁面、旧建筑物、模板)上凝结硬化而成的一种混凝土。

喷射混凝土具有速凝、早强、黏结力强和抗渗力好等特点。施工时不用模板。它能与岩层或旧建筑物紧密结合,与岩层或旧建筑物连成整体,提高其稳定性和强度,防止岩层风化坍塌,因而可减薄衬砌厚度,减少岩石挖掘量,加速施工进度。

此项技术在我国修筑铁路隧道、矿山井巷,以及地下工程中已大量采用。20 世纪 80 年代以后又广泛应用于轨道桥梁、隧道的加固和修理工作。

喷射混凝土的原材料如下所述。

①水泥:常用普通硅酸盐水泥、快硬硫铝酸盐水泥。

②细骨料:中砂或粗、中混合砂,含水量宜控制在 5%~7%,过小时混合料会产生分离,喷出粉尘大,过大时混合料易堵塞管路。

③粗骨料:坚硬耐久的卵石和碎石均可,以卵石为好。粒径应小于输料管道内径的 1/3~2/5。颗粒级配应控制在大于 15 m 的不超过 15%,5~7 mm 的 25%~40%,使用前应进行筛洗。

④外加剂有速凝剂、减水剂、早强剂等。但应注意与所用水泥相适应。普通硅酸盐水泥掺红星 1 号、711 型、78 型速凝剂 2%~4%;硫铝酸盐快硬水泥掺用 TS 速凝剂。该速凝

剂对硫铝酸盐水泥具有很好的速凝效果。

喷射混凝土的配合比,应符合强度和喷射工艺要求,可按经验选择后通过试验确定。一般可取:灰骨比1:4~1:5;水灰比0.4~0.5;砂率45%~60%。

速凝剂掺量应通过实验确定,一般为水泥质量的2%~4%。锚杆灌浆用的水泥砂浆配合比,宜为灰骨比1:0.5~1:1;水灰比0.38~0.45也可用铁道部科学研究院研制的吸水式锚固包来锚固锚杆。

喷射混凝土中水泥与水接触的时间短,为使水泥充分水化,需加强养护。在混凝土终凝后2 h,应开始洒水养护。养护日期不得少于14 d,每日洒水次数以能保持混凝土充分湿润为度。

在锚杆及钢筋网施工中应注意:

①锚杆宜采用16锰或5号钢钢筋,也可采用3号钢钢筋,直径为16~22 mm,长度一般为2.0~3.5 m,系统布置的锚杆,间距不宜超过锚杆长度的1/2。锚杆眼孔宜比铺杆直径大15~20 mm。

②钢筋网一般采用3号钢钢筋,直径10~12 mm,网格间距一般为15~25 cm,保护层厚度不小于2 cm。

③灌筑锚杆用的砂浆应拌和均匀,随拌随用,孔眼在灌浆前应用风吹净;灌浆时应从孔底开始,连续均匀地进行。用吸水式锚固包来锚固锚杆将更为方便迅速。

④作锚杆用的钢筋,应在安装前除锈矫直;安装位置宜居孔眼中心,钢筋插入深度不得小于设计要求的90%,安装后不得敲击、碰撞。

⑤当岩层面有可能松动脱落时,宜先喷一层混凝土后,再进行铺杆施工。

2.4 桥梁作业

2.4.1 桥梁常见病害分析

1)水泥混凝土桥面铺装的病害及成因

温度应力和荷载应力超过混凝土的抗拉强度,水泥混凝土桥面板就会产生裂断。铺装的裂断有在施工期间由于混凝土的初期收缩受到阻碍而产生的拉应力超过了混凝土的抗拉强度而引起的横向裂缝,或由于板块尺寸过大所产生的温度翘曲应力超过了混凝土的抗弯强度而引起的横向裂缝,同时,由于交通荷载的复杂性、环境等因素作用,桥面板也存在表面坑槽、起沙、平整度不良等缺陷。

2）伸缩装置的病害及成因

（1）损坏原因

桥面伸缩缝由于设置在梁端部构造薄弱部位，直接承受车辆荷载的反复作用，又暴露于自然条件下，受到各种自然因素的影响，因此，伸缩缝是易损坏和难以修补的部位，其原因可以分为设计原因、施工原因和外部原因，在此不多作介绍。

（2）伸缩缝的缺陷与损坏

①伸缩缝组件的退化。伸缩缝的损坏具体应归结于每个组件产生的老化和破坏。这些组件包括伸缩缝伸缩块、伸缩缝锚具、填缝料、盖板和梳齿板、柔性排水管等。

②伸缩缝锚固破坏。使用了防护角钢、防护钢板或氯丁橡胶垫板的伸缩缝是通过锚固件锚固的。防护角钢或钢板以及垫板都是用焊接在角钢钢板上的钢筋锚固在混凝土中。在荷载的反复冲击作用下，焊接会因疲劳而开裂。

另一种破坏模式是因锚固钢筋的黏结长度不够造成的，通常在浇筑混凝土时角钢下存有一部分密闭空气而导致此处混凝土的密实度不够，从而增加作用在钢铁上的力而加大失效的可能性。锚固一旦破坏，防护角钢就会松动甚至断掉，现在通常用防护钢板代替角钢。

许多伸缩缝都是通过螺栓锚固的。由于螺栓的数量或尺寸不够，或由于螺栓的锚固力不够，都会导致锚固件在车轮荷载作用下的破坏，而膨胀的楔形圬工铺固件在不拧紧的情况下遭受荷载的冲击作用时仍能正常工作。

③填缝料破坏。在使用过的各种类型的填缝料中，都出现了一定程度的损坏，1~5年后填缝料就不能正常发挥其作用，其典型问题有：

a.氯丁橡胶压力填缝料在一段时间后失去了它最初的压力，在极端寒冷的条件下，可能无法膨胀而使接缝密封。这样接缝就会漏水，甚至可能脱落，碎石也可能进入填缝料与梁端伸缩块间的缝隙内，并阻止填缝料重新密封接缝。

b.氯丁橡胶带状接缝可能会被落入缝内的碎石刺穿，导致接缝漏水。

c.多硫化物和聚氨酯类填缝料会被碾压进其软表面的碎石所损坏。这类填缝料因受到反复拉应力的作用，使填缝料从接缝的一端或两端撕裂，同时也因为受到反复的压应力作用，填缝料从接缝处被挤出。一般来说，聚氨酯类填缝料比多硫化物填缝料的工作性能更好。

填缝料可能受到化学物质、桥面板上的沙石或紫外线照射的损害。填缝料的早期损坏可能是因其与砾石及其他外部物质间的热量、压力和摩擦所造成。

3）支座的病害及成因

桥梁支座的病害包括支座本身的病害和支座垫块（板）的病害。

（1）桥梁支座本身的病害

各种形式的支座，其本身状况不同，病害也不相同：

①钢支座的滑动面磨耗大、不平整，钢轴承有裂纹或切口，滚轴有偏移和下降。

②支座螺母松动或螺栓脱落，支座地脚螺栓剪断。

③固定支座的固定锚栓剪断。

④活动支座不灵活或实际位移不正确。

⑤钢辊轴式支座辊轴的实际纵向位移偏大或发生横向位移。

⑥橡胶支座出现橡胶老化、变质现象,梁丧失自由伸缩能力。

⑦橡胶支座纵向剪切变形或转角位移过大,超出最大规定值,支座损坏。

⑧支座脱空,尤其是板梁或异性板的橡胶支座脱空,造成脱空支座的偏移和梁体受力不均。

⑨聚四氟乙烯支座或盆式橡胶支座的聚四氟乙烯板滑出支座,支座滑动干涩。

（2）桥梁支座垫块（板）的病害

①桥梁支座的底板翘起、扭曲或者断裂。

②支座砂浆垫块裂缝。

③桥梁支座座板混凝土已压坏、剥离、掉角等。

桥梁支座损坏的原因是多方面的,既有设计方面的原因,也有施工缺陷、维修养护不够等原因。

4）混凝土梁体的病害及成因

（1）概述

混凝土梁式桥在其建造和使用过程中,由于环境因素的影响和使用条件的变化,在桥梁的不同部位会出现不同形式的损伤和病害,表现为材料退化引起的耐久性损伤和外部作用引起的结构性损伤。根据桥梁结构类型、构造形式、建造条件、使用条件、运营条件的不同,损伤产生的种类、部位和程度不同,对结构的影响程度也不相同。

混凝土梁式桥的主要病害表现为混凝土梁体裂缝和钢筋锈蚀两大主要方面。混凝土的缺陷最主要的是裂缝,同时还包括蜂窝、孔洞、露筋、剥落、白化、层析、保护层厚度不够等表层缺陷。钢筋锈蚀则主要是普通钢筋锈蚀、预应力钢筋锈蚀和预应力锚具锈蚀等。

混凝土梁式桥长期暴露在自然环境中,受各种因素的影响,病害是逐步产生和发展的。人为因素主要是超高车辆或船只撞击主梁、超载造成主梁产生裂缝;自然环境中的酸性废气、二氧化碳、较大的湿度和过多的雨水等也可能造成混凝土的退化和钢筋的锈蚀。

导致混凝土梁式桥产生缺陷的原因不是一一对应的,而是由一个因素诱发,多个因素促进发展的过程。同时,各种病害相互影响、相互促进、共同伴生。为了做到对症下药,在发现混凝土桥出现缺陷后,必须及时对缺陷进行调查研究,分析缺陷产生的原因、现状、发展趋势,以及桥梁遭受破坏的程度、对运营使用的影响等,以便及时采取相应措施。

钢筋混凝土及预应力混凝土桥的各种病害表现和原因有：

①裂缝。

②钢筋及预应力筋锈蚀。

③混凝土剥落、剥离。

④混凝土层析。

⑤混凝土蜂窝。

⑥混凝土白化（钙化）。

⑦保护层厚度不足。

⑧混凝土碳化。

⑨膨胀性集料反应。

⑩构件撞损。

⑪梁体变位与变形。

在上述病害现象中,目视检测以裂缝及钢筋锈蚀为主,其中,裂缝是导致构件失效的主要特征。检测时依据裂缝类型及尺寸(结合历史记录的对比结果),可大略了解构件退化的原因及程度。当难以用目视判断原因时,可利用非破坏性检测或其他方法进一步诊断。钢筋锈蚀将造成钢筋断面减少、强度降低并伴随混凝土体积膨胀,最终导致混凝土产生裂缝并将减少钢筋与混凝土间的握裹力。

(2)混凝土梁式桥的典型裂缝

混凝土梁式桥损伤开裂的原因复杂多样,主要观点认为一是混凝土材料退化损伤引起的裂缝,如混凝土碳化、有害物质的侵蚀、碱集料反应、钢筋锈蚀等原因引起混凝土开裂。二是施工过程中引起的裂缝,如混凝土水化热产生的温度应力,混凝土结硬过程中的收缩、干缩,支架不均匀沉降,模板变形,原材料质量及施工质量问题引起混凝土开裂。三是设计方法及构造上的不合理引起的裂缝,如结构计算内力与实际内力不符,构造设计不合理,计算荷载考虑不全面,设计与施工方法综合考虑不周等原因引起混凝土的开裂。四是使用阶段引起的裂缝,如由于超载运营,车辆撞击、桥梁维护不当等原因引起混凝土的开裂。各种因素往往是共同作用于混凝土桥梁结构上,没有特别的主次之分。

混凝土开裂原因总结归纳如下:

①车辆超载而产生梁体底部弯曲开裂和剪切开裂。

②墩台的不均匀沉陷所引起的裂缝。

③支座失效,引起梁的附加应力,由此产生裂缝。

④混凝土施工养护不善而引起的干缩开裂或层裂。

⑤水灰比和振捣不实而产生的梁体收缩裂缝。

⑥温度变化或者冻融效应产生的裂缝。

⑦大体积混凝土浇筑时,水泥水化反应导致的自体收缩裂缝。

⑧施工接缝处混凝土龄期不同产生的裂缝。

⑨强风或地震等外在环境冲击力导致的裂缝。

⑩钢筋锈蚀膨胀导致的裂缝。

⑪预应力锚固区或牛腿部位的局部高应力产生的裂缝。

⑫在徐变等材料本质特性的共同作用下,混凝土的拉力与剪力和钢筋握裹力抵消后的净拉力或剪切作用力大于混凝土材料的抗拉力或抗剪强度所致。

⑬梁刚度不足,产生过大挠度,引起裂缝。裂缝类型可以分为结构裂缝与非结构裂缝两种。

A.结构裂缝。由静荷载及活荷载所造成。结构裂缝的类型包括弯曲裂缝及剪力裂缝。剪力裂缝一般发生于主梁支点附近的梁腹底部;弯曲裂缝发生于构件最大拉应力区,呈垂直状,往压力区发展,一般在构件跨中底部,如梁底或桥面板底,构件重或连续梁在桥墩处的梁体上部,最易发现弯曲裂缝。

B.非结构裂缝:虽不影响构件的安全,但如果裂缝深入构件内部,也可能损及构件。非结构裂缝类型有:

a.温度裂缝。温度高低变化引起的热胀冷缩裂缝。

b.干缩裂缝。混凝土养护期间造成的收缩,一般发生于预应力梁的梁腹。

c.大体积裂缝。浇筑大体积混凝土后,混凝土内外部温差造成的裂缝。

d.施工缝的裂缝。施工缝是混凝土施工无法避免的情形,施工缝处裂缝将随时间增加而使钢筋锈蚀,并扩大裂缝。施工缝附近,因混凝土龄期不同或不等量收缩,使此处密实性较差,腐蚀因子较易侵入,扩大缝隙。施工缝裂缝一般为应力裂缝,造成钢筋锈蚀范围也较广,也可能造成构件退化,检测时应特别注意。常见施工缝裂缝之处,有预应力梁与现浇桥面板间,桥梁护栏与桥面板间,箱型梁底板与腹板间,预制预应力梁与现浇横隔梁间。

e.钢筋锈蚀裂缝。钢筋生锈后体积膨胀,推挤混凝土,产生裂缝或扩大裂缝。

混凝土板桥常在跨中出现横向裂缝,支点附近出现斜向裂缝,板底出现纵向裂缝。产生裂缝的原因是正应力、剪应力和横向应力过大。整体式板桥横向配筋少是导致板底出现纵向裂缝的主要原因。装配式空心板桥由于横向铰缝构造薄弱,在车辆荷载反复作用下造成铰缝破坏,形成单板受力状态。由于板的跨中正应力和支点附近的剪应力过大,导致混凝土开裂。

装配式混凝土肋梁桥常在跨中梁端出现横向裂缝和支点附近斜向裂缝,而梁片间横向连接薄弱导致单梁受力是出现受力裂缝的主要原因。

混凝土箱梁桥常在桥跨跨中梁端附近,腹板出现竖向裂缝并沿底板横向扩展,在桥跨支点附近,腹板出现45°方向的斜裂缝并沿顶板横向扩展。在跨中梁段范围内,顶板底面出现相互平行的纵向裂缝;底板内侧靠近腹板处出现纵向裂缝并向腹板斜向扩展。引起箱梁各部位开裂的主要原因就是箱梁空间应力状态分析不准确、设计存在缺点,箱梁受载过程中局部应力过大引起混凝土开裂。

裂缝对钢筋混凝土梁桥的影响表现为,在潮湿的环境中,有害介质的侵蚀会加速混凝土的碳化。当碳化至钢筋位置时,钢筋开始锈蚀,钢筋锈蚀加剧了微裂缝的扩展,长期作用下,降低了梁的强度、刚度及耐久性。锈蚀膨胀的恶性循环造成梁体保护层剥落,最终导致梁体的彻底破坏。

裂缝对预应力混凝土桥梁危害更大,我国相关规范规定,全预应力混凝土桥梁不允许带裂缝工作。其原因是预应力混凝土梁桥中的预应力钢筋处于高应力工作状态,长期暴露于大气环境中,在一定的温度、湿度及有害介质的作用下,极易在钢筋的表面发生电化学反应,在一定环境条件下可能发生应力腐蚀,在有氢离子的参与下发生氢脆现象,其结果是导致预应力钢筋在低应力状态下发生脆断,造成混凝土桥梁结构突然破坏,且破坏前无任何征兆,危害性极大。

因此,裂缝对混凝土梁式桥的影响体现在两个方面:一是对桥梁使用性能的影响。开裂使桥梁刚度降低,变形增大,跨中挠度超标,继而影响桥梁的正常使用,严重的开裂问题将导致桥梁承载力下降,直至影响桥梁的安全使用。二是对桥梁的耐久性及使用寿命的影响。裂缝会加速混凝土碳化和钢筋锈蚀,钢筋锈蚀又加速了裂缝的进一步扩展,造成桥梁使用性能趋于恶化,耐久性下降,缩短桥梁的使用寿命。

（3）钢筋及预应力筋的锈蚀病害

对于预应力混凝土构件,一般要求在正常运营状态下不出现裂缝,钢筋和预应力钢筋一般不易锈蚀,但是由于施工和严重超载,锈蚀也会发生,但不易发现,一旦发现锈蚀,则表明该构件已呈严重损坏状态。所以在桥梁检测时,钢筋锈蚀为检测重点之一,需要进行较为详细的记录。

钢筋锈蚀使混凝土承受拉力而裂开,使钢筋暴露于大气中,加速生锈,并造成外层混凝土的剥落。受力主筋锈蚀后,钢筋横断面积减少,主梁的承载能力急剧下降,严重影响结构物的安全性。

综上所述,造成钢筋锈蚀的主要内在原因有:一是钢筋受湿气及氧气的作用;二是混凝土中性化;三是钢筋表面氯离子含量高。造成钢筋锈蚀的主要外在原因有:一是混凝土构件开裂;二是主梁受损,混凝土剥落;三是施工时预留保护层太薄,混凝土碳化深度较大;四是后张预应力的灌浆和封锚不合格,导致锚下积水或空洞。

钢筋锈蚀可分为两种情况,一种是混凝土开裂后导致的钢筋锈蚀,即先裂后锈,一种是因为保护层太薄或露筋而引起的钢筋锈蚀。钢筋锈蚀体积膨胀导致混凝土开裂或表面混凝土成块脱落,即先锈后裂。主梁中的钢筋和预应力筋主要是先裂后锈,混凝土保护层保护作用失去后,锈蚀就很容易发展。而先锈后裂的情况较少,主要是保护层太薄或混凝土意外受损露筋,附属结构上比较多见,如防撞墙等。调查显示,有的防撞墙内侧钢筋网几乎无保护层,在大气环境作用下钢筋锈蚀得相当严重。由于钢筋锈蚀,导致表面混凝土开裂甚至成块脱落,混凝土开裂或脱落又使原来处于混凝土保护层下的钢筋暴露于空气中,如此恶性循环,如不加以维修养护,此种病害对桥梁的危害也是不容忽视的。保护层太薄或露筋,在桥梁竣工后几年内问题并不是太突出,甚至一直处于被忽视的状态,直到长期的大气作用导致钢筋严重锈蚀后才引起注意,要花费大量人力物力进行维修养护。梁体混凝土在空气中的二氧化碳,氧气,湿度、温度,有害气体,化学侵蚀,物理作用等因素的影响下,首先使混凝土发生碳化,导致保护层破坏,水汽侵入,进而造成钢筋的锈蚀,而钢筋锈蚀又会造成混凝土的劣化与开裂,使梁体结构产生病害,影响桥梁结构的耐久性和使用寿命。随着桥梁结构损伤程度的不断发展,最终导致桥梁结构的整体破坏。因此,混凝土耐久性设计概念在混凝土桥梁结构设计中越来越受到重视。

（4）其他病害

对于钢筋混凝土和预应力混凝土梁式桥上部结构中的基本构件,其他病害主要为混凝土的表面缺陷,主要有蜂窝,混凝土局部疏松,砂浆少,石子多,石子之间出现空隙,形成蜂窝状孔洞。

①麻面:混凝土表面局部缺浆、粗糙,或有许多小凹坑,但无钢筋外露现象。

②孔洞:混凝土内部有空隙,局部没有混凝土,蜂窝特别大的现象常发生在钢筋密集处或预留孔洞和预埋件处。

③露筋:主要是主梁受到意外撞击造成混凝土的崩落,使得钢筋外露。

④剥落:混凝土表面水泥砂浆流失,造成粗集料外露的现象,严重者将造成粗集料松脱,一般发生在混凝土表层品质较差的部位,通常不会很深。

⑤白化:又称为游离石灰,是由内部渗出、附在混凝土构件表面的附着物,通常为呈白色的石灰类附着物。

⑥层析:因构件受氯气或盐水侵袭,构件内的钢筋锈蚀体积膨胀,导致钢筋与外出钢筋附近的混凝土分离。

对混凝土桥梁而言,由于某一缺陷日积月累的变化,加上环境的影响,有扩大的危险。例如蜂窝麻面,由于水的渗入,出事混凝土材料恶化,会引起钢筋锈蚀,钢筋锈蚀物的产生过程伴随体积膨胀,又会导致混凝土表面产生锈蚀裂缝,形成恶性循环。

2.4.2 桥面作业

1)桥面检查

检查制度主要为定期检查。

各工区应建立检查记录簿,并按规定认真填写,保证数据准确可靠,为状态分析评定和编制维护工作计划提供依据。

为保证检查的精度,应配备必要的检查工具和仪器。

对普通桥梁桥面进行检查,每季度一次,主要检查桥面铺装是否完好;泄水孔有无堵塞;钢梁上盖板是否锈蚀;电缆沟盖板是否损坏缺失;栏杆是否锈蚀或损坏;桥面伸缩缝止水带是否脱落破损,声屏障有无锈蚀或损坏,装饰板有无锈蚀、损坏、脱落等。

对特殊桥梁(如钢梁桥、结合梁桥、系杆拱桥、斜拉桥、经常被社会车辆撞击的桥梁等)的桥面每月均应检查一遍。

对桥面设备进行添乘巡视,每月一遍,及时发现不安全因素。

在秋季应对桥梁进行全面检查,据以拟订病害整治措施,安排设施改善计划,确保行车安全。

2)桥面抄平

桥面找平作业,适用于轨道交通桥梁混凝土结构基面上的找坡施工。对于每平方米的桥面找平作业,大约需要界面剂 0.25 kg、42.5R 硅酸盐水泥 50 kg、中砂 100 kg 和铁丝网 1.1 m²。所需的工器具主要有高压风机和高压水枪。

桥面找平作业的操作程序如下所述。

(1)定坡设计

①根据积水面积、现场既有坡度情况确定找坡坡度。

②现场进行坡度标记。

(2)基面凿毛处理

①维修部分边缘位置垂直切剖,使垂直边缘至少有 1 cm 的接触边界。

②维修区域表面凿毛。

③用高压风机冲洗凿毛界面。基层应坚硬、清洁、干燥、无油脂。

（3）布设钢钉、铁丝网

①在处理清洁的界面上布设钢钉、用锤子直接将 2.5 cm 长的钢钉打入 1.5 cm,钢钉横竖间隔 10 cm。

②待基层彻底干燥后,用滚筒在界面上涂刷界面剂,对高吸收的基层可以涂刷两遍。

③立即铺设钢丝网,铺设面积大于找坡面积的 3/5,使其与界面剂充分接触。

④待表面风干即可进行下一道工序的施工。

（4）找坡施工

①配制 1∶2 水泥砂浆。

②用泥刀将修补砂浆涂抹到已处理完毕的待修界面上,施工时应用力压抹,确保完全黏结,防止出现蜂窝和孔洞。

③对垂直边缘的边角用泥刀将砂浆批往中心,并在初凝时,用干净的泥刀按要求获得相应的排水坡度。

（5）成品养护

确保在 3 天内进行适当的浇水养护。

桥面找平作业的质量控制要求有:

①施工最低气温不得低于 5 ℃。

②界面清洁凿毛时,应确保基层坚硬、清洁、干燥、无油脂。

③适当进行成品浇水养护。

④避免在雨天、烈日下施工。

（6）常见的防水涂料

在大规模地桥面铺装时,常见的防水涂料有 JBS 环保型桥梁防水涂料,SBS 改性沥青桥面防水涂料和 FYT-1 改进型沥青防水涂料等。

这类涂料在施工时的注意事项有:

①施工前应将棕刷、毛刷充分浸润,使其柔软涂刷流畅。

②气温低于 0 ℃ 以下或高于 35 ℃ 不得施工(应避免高温施工)。

③储运温度以 5~35 ℃ 为宜。

④应选择 4 h 内无雨雪天气施工。

⑤涂膜未干燥或未铺装沥青混凝土前,严禁踩踏和汽车行驶。

⑥施工工具用完后马上用水冲洗干净,以备再用。

在桥梁的日常维修中,常用双组分水泥基防水涂料。双组分水泥基防水涂料是由专门合成的树脂乳液与掺和优级填料的水泥组成,有弹性,可涂布在任何一种基面上。其独特的化学结构使得涂层具有呼吸性,即水蒸气可透过涂层,而水不能透过。本产品可桥接发丝状裂纹,防水,耐磨,耐气候老化,无毒,可在潮湿基面上施工,可作背水面防水层。

双组分水泥基防水涂料主要应用在:

◆ 阳台,花坛。

◆ 厨房,卫生间。

◆ 地下室墙面,电梯通道。

◆ 新旧建筑物室内外防水。

◆ 车库地面,停车场及屋顶。

◆ 靠海地区混凝土结构的防护。

◆ 可覆盖护墙板与板条之间的接缝。

◆ 大理石、瓷砖、花岗石等背面及侧面。

◆ 阳台,露天平台及路面,桥梁等混凝土的防水及维修。

◆ 饮用水箱、水库、贮藏室、水槽、水池、游泳池等处的防水层。

3)各类盖板安装标准

钢板按厚薄一般可分为薄板、中板、厚板和特厚板 4 种。一般将厚度为 0.2~4 mm 的钢板称为薄板,厚度为 4~20 mm 的钢板称为中板,厚度为 20~60 mm 的钢板称为厚板,厚度大于 60 mm 的钢板则需在专门的特厚板轧机上轧制,故称特厚板。

盖板主要分为电缆槽盖板和窨井盖板。安装盖板时要注重安装质量,要特别注意尺寸准确,并做到安装坚固、开启方便、外表清洁美观。

4)桥面铺装层的养护维修

(1)桥面铺装概述

桥面铺装层,也称桥面保护层。其主要功能是保护主梁免受雨水侵蚀,防止车辆轮胎或履带直接磨耗桥面板和分布车轮的集中荷载。桥面铺装的好坏直接影响行车的舒适、畅通与安全,是桥梁日常养护工作的重点,必须认真做好桥面铺装的日常养护工作。

桥面铺装常采用水泥混凝土或沥青混凝土。随着科学技术的发展,最近几年也出现了钢纤维混凝土铺装和改性沥青与 SMA 铺装。水泥混凝土铺装层从上至下主要由水泥混凝土(厚 6~8 cm)、钢筋网、防水层(总厚 1~2 cm)、混凝土整平层等几部分组成。沥青铺装层从上至下主要由沥青混凝土(厚 5~8 cm)、带钢筋网的混凝土保护层(厚 3~5 cm),防水层(总厚 1~2 cm)、混凝土找平层等组成。钢纤维混凝土铺装层从上至下主要由钢纤维混凝土、钢筋网、防水层、混凝土找平层等组成。常用的改性沥青可分为两类合成橡胶类和塑性体类。SMA 是一种由沥青、纤维稳定剂、矿粉和少量的细集料组成的沥青玛蹄脂填充间断级配的粗集料骨架间隙而组成的沥青混合料。以钢桥面铺装为例,改性沥青与 SMA 铺装从上至下主要由铺装层上面层、粘层油、铺装层下面层、粘层油、防水层、黏结层、钢板防锈层等几部分组成。其中,最重要的是铺装层、防水层和防锈层。粘层油和黏结层不是独立的层次。

桥面铺装一般不作受力计算。为使铺装层具有足够的强度和良好的整体性(能起联系各主梁共同受力的作用),一般宜在混凝土中设置直径为 4~6 mm 的钢筋网,受力钢筋的保护层厚度为 3~5 cm。

铁路桥隧建筑在 20 世纪 50 至 70 年代普遍采用热沥青麻布防水层。20 世纪 80 年代以后,丰台桥梁厂和有关单位研制的"二布三涂"和"薄膜加筋"冷作防水层,已得到了广泛的应用,并纳入了相关标准。

热沥青防水层分为甲种防水层和乙种防水层。

冷作防水层通常有两种结构的规格，一种为"二布三涂"，另一种为"薄膜加筋"。"二布三涂"为由两层中碱玻璃纤维布和三层再生橡胶沥青防水涂料组合而成，"薄膜加筋"为由聚乙烯薄膜、中碱平纹玻璃纤维布、再生橡胶沥青防水涂料经专用设备热粘复合而成的一膜一布两涂柔性防水卷材。冷作防水层最大优点是使施工现场减少了熬制沥青的工序，在改善环境的同时，也改善了工人的劳动条件，加快了施工进度。

在城轨桥隧建筑上，水泥混凝土铺装较为普遍，其耐磨性能好，适合重载交通，但也有养生期长，修补麻烦的缺点。

（2）水泥混凝土铺装层的主要缺陷及维修方法

水泥混凝土铺装层的主要缺陷有：

①裂缝有网裂、纵横缝等。

②脱皮、露骨：表层脱皮或局部破损露骨。

③高低不平：在接头部位与沥青铺装层相同。

④磨光：铺装层被行驶的车辆磨耗，形成平滑状态。

其中，裂纹最为常见。可将裂纹分为大面积裂纹和局部裂纹两类，如下所述。

①大面积裂纹一般呈均匀分布的龟状细裂缝，通常是在水泥混凝土板铺装过程中，由于表面整修收水不当、气温较高、养护不周等，导致混凝土板表面因失水过快而引起的表面收缩裂缝，这种裂缝一般只是深入混凝土表面几毫米，不会随时间延长而发展。另外，由于混凝土材料的不稳定，如采用的材料产生了碱集料反应等原因，也会引起铺装层大面积的开裂，裂缝呈不规则状况，甚至有些会引起翘曲等。

②局部裂缝一般分为施工时产生的初期裂缝和使用后产生的纵横向裂缝、板角裂缝及结构附近裂缝等几种。纵横方向和板角处的裂缝均为贯通裂缝。初期裂缝产生的原因一般是水泥混凝土硬化过程中表面砂浆沉降开裂及早期混凝土塑性收缩而产生的开裂，其长度一般为数厘米到数十厘米。

当水泥混凝土铺装层出现磨光、脱皮、筋骨或破裂等缺陷时，通常可用下述方法进行维修。

①原结构凿补。将原水泥混凝土铺装层的表面凿毛，并尽可能深一些，使骨料露出，用清水冲洗干净并充分湿润，再涂刷上同强度等级的水泥砂浆（或其他黏结材料）。最后铺筑一层 4～5 cm 厚的水泥混凝土铺装层（在桥梁荷载能力容许的前提下）。

②全部凿除，重筑铺装层。桥面铺装层如已严重损坏，可采用全部凿除，重筑铺装层的方法进行修补。新铺的面层可采用普通水泥混凝土，也可采用钢筋混凝土等其他材料。对于钢筋混凝土桥，一般宜用标号为 C30 的混凝土；对于预应力桥，一般宜用标号为 C40 的混凝土。桥面重新铺装的铺装层厚度宜为 10～12 cm。

5）桥面伸缩缝的养护维修

（1）桥面伸缩缝概述

伸缩缝是为解决圬工结构热胀冷缩而设置，可保证上部结构自由伸缩，并能承受车辆荷载作用。同时，伸缩缝应具有经久耐用、良好的平整度、防水、防尘等功能，便于养护更换。

伸缩缝的构造形式主要按跨缝材料的不同来分,目前常用的有锌钢板伸缩缝、钢板伸缩缝和橡胶伸缩缝3种。

①锌钢板伸缩缝是以锌铁皮为跨缝材料。施工时锌铁皮弯制成断面呈U形的长条,锌铁皮可以是单层也可以是双层,沿桥的横向嵌设于缝内,其两边与两侧混凝土梁或梁与桥台矮墙顶面固定在一起。U形槽内用软性防水材料如沥青胶等填充。该伸缩缝构造简单,一般适应于中等跨径的桥梁。

②钢板伸缩缝又称钢制支撑式伸缩缝,因为是用钢材装配制成的,所以能直接承受车轮荷载。钢板伸缩缝的形状、尺寸和种类较多。对于梁变形量较小的桥梁,常采用钢板叠合型,即用一块厚度约为10 mm的钢板覆盖在断缝上,钢板的一边焊在锚固于桥面的角钢上,另一边可沿着对面的角钢自由滑动。该伸缩缝适用于梁失水变形量较小的桥梁。当变形量大,交通量更大时,可采用梳形钢板伸缩缝。这种装置结构本身刚度较大,抗冲击力强,因此在工程中被广泛采用。

③橡胶伸缩缝是利用橡胶材料剪切模量低的原理设计制造而成的。即剪切型橡胶伸缩体设有上、下凹槽,橡胶体内埋设承重钢板和锚固板,并设有预留螺栓孔,通过螺栓与梁端连成整体。它是依靠上下凹槽之间的橡胶体剪切变形来满足梁体结构的相对位移,橡胶伸缩体内预埋钢板,跨越梁端间隙,承受车辆荷载;另外在橡胶伸缩体内两侧预埋两块锚固钢板,通过螺栓与梁端连接的受力原理形成的结构构造。这类伸缩装置是一种具有刚柔结合的装置。它承受荷载之后,有一定的竖向刚度,所以具有跨越间隙能力大(伸缩量大),行车平稳的优点,国外产品最大伸缩量已做到330 mm,因此均被国内外广泛采用。目前华东地区轨道交通高架桥梁的设计伸缩量为2~6 cm。

人们在认识桥梁伸缩缝的同时,应当注意其与沉降缝的区别。伸缩缝解决因热胀冷缩而发生的伸缩问题,沉降缝解决圬工结构因基础不均匀沉降而发生的上下错动问题。所以沉降缝自墙身至基础都是直通的,留缝的距离也与基础地质有密切关系,如土石分界处,必须设置沉降缝。

伸缩缝和沉降缝的设置要求有:

①伸缩缝和沉降缝的宽度,一般为1~2 cm,中间填塞沥青浸制的麻筋、木板或其他具有弹性的材料。

②沉降缝和伸缩缝的位置和构造必须符合设计要求。

③缝口要直,不能歪斜扭曲。否则,将起不到应有的沉降作用和伸缩作用。

④沉降缝和伸缩缝应具有较好的防水作用,不应有漏水或漏土现象发生。

(2)桥面伸缩缝的常见缺陷

伸缩缝的常见缺陷根据采用形式的不同而有所区别。

①锌铁皮伸缩缝使用多年后均有损坏现象,其形式有:

a.软性防水材料,如沥青砂或聚氯乙烯胶泥等老化、脱落。

b.伸缩缝凹槽填入其他硬物,不能自由变形。

c.锌铁皮上压填的铺装层,如水泥混凝土或沥青混凝土等断裂、剥离。

d.伸缩缝上后铺压填部分发生沉陷,高低不平。

e.由于墩台下沉,出现异常的伸缩,车辆行驶时出现冲击及噪声。

②钢板伸缩缝(包括梳形钢板伸缩缝)的常见缺陷有:

a.角钢与钢筋混凝土锚固不牢,使钢板松动,在车辆行驶时受到冲击振动,更加速了它的破损。

b.缝内塞进石块或铁夹物,使伸缩缝接头活动异常,不能自由变形。

c.排水管发生损坏或被土砂堵塞。

d.表面钢板焊接部位破坏损伤。

e.梳形钢板伸缩缝在梳齿与承托板的焊接处出现裂缝,更严重者出现剪断现象。

③橡胶伸缩缝是近年来在国外广泛采用的构造。国内采用的橡胶伸缩缝构造虽不复杂,但还不适应较大变形量的要求。这类伸缩缝的常见缺陷有:

a.橡胶条破坏损伤。

b.橡胶条剥离。

c.在橡胶嵌条连接部位漏水。

d.锚固构件破损、锚固螺栓松脱。

e.伸缩缝构造部位下陷或凸出。

f.车辆行驶时不适,发生噪声。

(3)桥面伸缩缝缺陷产生的原因

伸缩缝产生缺陷的原因是多方面的,但其主要原因是:

①交通量增大,车辆对伸缩缝的冲击次数也显著增大,因此设计、施工上即使稍有缺陷也就成了破坏的原因。

②设计方面的原因。

a.有些桥梁结构、桥面板的刚度不足,当桥面板受到汽车荷载作用时,因翼板较薄,横向联系较弱,导致桥面板变形过大。

b.很多设计是将伸缩装置的锚固件置于桥面铺装层中,与主梁(板)连接的部分很少,这些锚固方法在荷载作用下容易造成开焊、脱落,而且力的分布不容易传递,微小的变形可能演变成大的位移,最终导致混凝土黏结力的失效。

c.伸缩量计算不准确,没有考虑到安装伸缩装置时的实际温度对伸缩装置的影响等,在伸缩装置本身不具备或很难具备调整初始位移量,以适应于安装温度对位移的要求时,选型不当是造成伸缩装置破坏的重要原因。

d.设计上未对伸缩装置两侧的后浇混凝土和铺装层材料选择、配合比、密实度和强度提出严格要求或规定。

e.在大跨桥、斜桥、弯桥等设计时没有形成与一般的梁(板)结构相符合的构造形式和锚固方法。

f.使用黏结材料、橡胶材料等新形式的伸缩装置,错误地选定构造和材料,且防水、排水设施不完善,由于漏水,锚固件受腐蚀,梁端和支座侵蚀严重,多成为破坏的原因。

③施工方面的原因。

a.对桥梁伸缩缝装置施工工艺要求重视程度不够,未能严格按照施工工艺标准和安装工序进行施工。

b.锚固件焊接质量不能保证,只注意表面,忽视内部质量标准要求。

c.后浇混凝土(或其他填充料)浇筑不密实,达不到设计的强度要求,时常出现蜂窝、空洞等,难以承受车辆荷载的强烈冲击。

d.为了赶工期,草率从事,放松伸缩装置的施工质量,甚至不按设计图纸要求施工。

e.伸缩装置两侧混凝土和沥青混凝土铺装层结合不好,碾压不密实,形成两张皮,容易产生开裂、脱落,最终引起伸缩装置的破坏。

f.缺乏统一的质量验收标准。

④管理维护的原因。

a.平常对在伸缩装置的砂土、杂物未能及时认真地清扫,不能保证原设计的伸缩量。

b.原有桥梁逐渐老化,维修又不充分,因此破坏不断扩展。

c.桥梁超载情况不能得到有效控制,特别是夜间缺乏管理,车辆不按规定行驶,超载车辆自行上桥,对桥梁伸缩装置的有效使用和耐久性也常带来严重威胁。

(4)桥面伸缩缝的养护维修

①伸缩缝的日常检查。桥面伸缩缝是最容易遭到破坏而又相对难以加强和修复的部位。如果置小破损于不顾,势必会发展成严重的破坏,就会严重影响交通,甚至会危及行车安全,这时就得进行修补或彻底更换。所以,注意做好日常检查、养护等工作,及时进行修补,是非常重要的。

有计划地、有组织地做好经常性的检查工作可以尽早地避免小的损坏演变成大的破坏。日常检查工作主要包括:伸缩缝是否堵塞、挤死、失效;各部分的构件是否完好,锚固连接是否牢固,连接件是否松动;有无局部破损;密封橡胶带是否老化、失去弹性、异常变形或开裂;伸缩缝是否有不正常的响声或异常的伸缩量;伸缩缝各基本单元间隙是否均匀;钢构件是否锈蚀、变形;伸缩缝处是否平整等。为便于养护维修,对检查应做好记录,建立检查记录档案。

②伸缩缝的养护。桥面伸缩缝要经常养护,使其发挥正常作用。其日常养护工作的主要内容有清除碎石、泥土杂物,拧紧螺栓,并加油保护,修理个别损坏部分等。若有损坏或功能失效要及时修理或更换。U形锌铁皮伸缩缝,要防止杂物嵌入,若锌铁皮老化、开裂、断裂,应拆除并更换为新型伸缩缝。

钢板伸缩缝或钢梳齿板伸缩缝则应及时清理梳齿的杂物,拧紧连接螺栓。若钢板变形、螺栓脱落、伸缩不能正常进行时应及时拆除更换。

橡胶条伸缩缝,若橡胶条老化、脱落、固定角钢变形、松动,则应及时拆除更换。

板式橡胶伸缩缝,若橡胶板老化、预埋螺栓松脱、伸缩失效则应及时拆除更换。

③伸缩缝的维修。修补前应查明原因,采用行之有效的、与之相适应的修补方法。修补工作要根据缺陷的程度,或部分修补,或部分乃致全部更换。

对于锌铁皮伸缩缝,当其软性填料老化脱落时,在充分扫清原缝泥土后,应重新注入新的填缝料。当铺装层破坏时,要凿除重新铺筑。凿除破损部位要画线切割。清扫旧料后再铺筑新面层,当采用混凝土浇筑时,要采用快硬水泥并注意新旧接缝要保持平整,对铺筑部分要加以初期养护。

对于钢板伸缩缝,当钢板与角钢焊接破裂时,应清除污垢后重新焊牢;当梳齿断裂或出现裂缝后,也要采取焊接方法进行修补。排水沟堵塞后应及时予以清除。

伸缩缝的更换要选型合理,以满足桥跨结构对于温度、混凝土收缩和混凝土徐变的需要,使行车平稳,不漏水。对于中小跨径桥梁,当位移量小于 80 mm 时,可选用浅埋式单缘型钢伸缩缝或弹塑体伸缩缝;位移小于 50 mm 时,可选用弹塑体填充式伸缩缝,对于大位移量桥跨结构,可选用结构性能好的大位移组合伸缩缝(如毛勒缝)。

6)桥面排水设施的养护维修

(1)桥面排水设施的设置概况及要求

为了迅速排除桥面上的雨水,防止雨水渗入梁体引起锈蚀而影响桥梁的耐久性、稳固性,确保道路桥梁的正常运营,除了在桥面铺装内设置防水层外,还应设置排水设施。

桥面排水设施主要包括桥面纵横坡和一定数量的泄水管。通常当桥面纵坡大于 2% 而桥长小于 50 m 时,一般能保证雨水从桥头引道上排水,桥上就可以不设泄水管。此时可在引道两侧设置流水槽,以免雨水冲刷引道路基。

当桥面纵坡大于 2% 而桥长大于 50 m 时,为防止雨水积滞桥面就需要设置泄水管,每隔桥长 12~15 m 设置 1 个。

当桥面纵坡小于 2% 时,泄水管就需要设置得更密一些,一般每隔桥长 6~8 m 设置 1 个。

桥面一般应保持 1.5%~3% 的横坡,以利于桥面排水。

泄水管的过水面积通常按每平方米桥面上不小于 2~3 cm^2。泄水管可沿车行道两侧左右对称排列,也可交错排列。泄水管离缘石的距离为 10~50 cm。泄水管下端应露出结构底面 5~10 cm。轨道交通高架桥梁的泄水管管径一般不小于 110 cm。

桥梁上常用的泄水管有竖向泄水管道、横向泄水管道和封闭式泄水管道等形式。制造泄水管道的材料一般为铸铁、钢、钢筋混凝土以及塑料等。当桥长较短时,纵向排水管的出水口,可以设在桥梁两端的桥台处,对于长大桥,除了在桥台处设置出水口外,还需在某些桥墩处布置出水口,并利用竖向管道将水引到地面。纵向排水管道一般可设在箱梁中或梁肋内侧,竖向排水管道应尽可能布置在墩台壁的预留槽中或布置在桥台内部预留孔道中。

(2)桥面排水设施的常见缺陷

桥面排水设施的常见缺陷有桥面积水管、泄水管堵塞、泄水管被截断导致水流方向改变等。对于钢筋混凝土桥梁,桥面积水将使雨水渗入混凝土的细小裂缝中,会使混凝土产生破坏而缩短使用寿命,同时水分还会使钢筋锈蚀,对于钢桥,桥面积水将会加速梁体表面的侵蚀,使钢梁表面锈蚀。

①排水设施的检查。应经常检查桥面是否有坑槽,是否有积水;泄水管是否完好、畅通;泄水管的盖板是否损坏、丢失,管口是否被杂草或石块堵塞,管体有无脱落,管口处有无泥石杂物堆积,出水口是否畅通;桥头排水功能是否完好等。

②排水设施的养护。

a.桥面要经常清扫,使其保持整洁。桥面不得有凹凸不平,如发现桥面有坑槽,应及时进行修补,避免积水。

b.泄水管盖板(进水管口处)上的杂物应及时消除,避免杂物拌入管内堵塞管道而影响排水。

c.若发现泄水管出水口处有泥石杂物堆积,应及时清除。

d.泄水管应经常进行疏通。

e.当发现泄水管损坏时要及时修补,接头不牢已掉落的要重新安装接上,损坏严重的要予以更换。

7)桥面排水作业

桥面排水作业一般采用"排管引流法",该法主要适用于轨道交通桥梁道床积水整治的施工作业,是通过在桥面上开洞并排设引流管将水引至既有落水管的一种排水作业方法。对于每一个作业点,需要长 4 m、直径为 110 mm 的 PVC 管 2~4 根、抱箍 4 个、束接 10 只、90°弯头 4~6 只、45°弯头 3~5 只、落水斗 2~4 只和 PVC 胶水若干。所需的工器具主要有金刚石钻孔机和电锤。"排管引流法"的操作程序如下所述。

(1)钻孔位置确定

①分析积水现场,寻找积水最深区域或找平层放坡最低点。

②根据梁体外侧落水口具体位置,在先前选定区域确定钻孔泄水位置。

(2)桥下脚手架搭设

①结合桥面所确定的钻孔位置,进行桥下脚手架的搭设。

②脚手架搭设需安全牢固。

(3)钻孔泄水

①结合桥面所确定的钻孔位置,用金刚石钻孔机进行梁体钻孔,开孔在直径 110 mm 左右,方便后续落水管埋设。

②钻孔时,利用钢筋探测器探测钻孔处钢筋位置,钻孔尽量避免损坏梁体钢筋。

③钻孔后进行桥面泄水,清空桥面积水。

(4)引流管排设

①钻孔后,进行洞口接管密封处理。洞口埋设直径为 110 mm PVC 管。

②朝着既有落水管的方向排设引流管道。PVC 抱箍固定于梁体上,固定时尽量避开梁体钢筋位置。

③将引流管接入既有落水管,并做好管口密封处理,排管时要注意适当放坡,引流管放坡坡度应大于3‰。"排管引流法"的质量控制要求有:

a.桥面钻孔区域确定时,先利用积水深浅判别坡度方向,若积水不明显可用水平尺测量,推断找平层放坡方向并确定一个或多个钻孔区域。区域选择必须满足桥面积水排放的需求,尽量做到开孔后可完全排空积水。

b.桥下钻孔时,注意钻孔位置的选择,避免因钻孔导致梁体产生裂缝。

c.PVC 管道排设时,洞口处与接头处应注意密封处理,防止在泄水过程中产生滴漏,影响效果。

d. 钻孔洞口密封后,对洞口周边做适当养护,提高洞口密封效果。

8)站线内伸缩缝防水作业

伸缩缝防水作业,主要有适用于站线内轨道梁的"表贴式"止水带作业法和适用于区间内桥梁的"表贴—注浆式"止水带作业法。

(1)"表贴式"止水带作业法

"表贴式"止水带作业法适用于车站内站线轨道梁的窄型伸缩缝(间隙小于 2 cm)。对于每米伸缩缝需要渗透结晶型防水涂料 2.5 kg 和玻璃纤维网格布 0.5 m^2。

渗透结晶型防水涂料是一种浓缩型防水涂料。它以水泥、石英砂等为基材,掺入多种活性化学物质和辅助材料,是一种无气、无味、无毒、无公害的绿色环保材料。渗透结晶型防水材料中含有的活性化学物质在潮湿的基面上,利用混凝土结构的多孔性,通过毛细管现象,并运用它的"亲水性"本领,以水作为载体渗入混凝土结构中,一直到达混凝土内有裂缝和渗漏的地方。遇水后,它能催化硅酸钙与水泥水化反应过程中析出的 $Ca(OH)_2$,与硅酸钙相互反应,形成不溶于水的枝蔓状纤维结晶物,在混凝土结构内部水膨胀,使结构中的毛细孔和裂缝得到充盈密实,从而把水堵住,达到防水的目的,提高混凝土的自防水能力。

玻璃纤维网格布是以玻璃纤维机织物为基材,经高分子抗乳液浸泡涂层而成的一种防水材料。它具有良好的抗碱性、柔韧性以及经纬向高度抗拉力,可被广泛用于建筑物内外墙体保温、防水和抗裂等。

"表贴式"止水带作业法所需的工器具主要有料桶 1 个、抹布 2 块、滚筒 2 把、油灰刀 2 把、凿子 1 个、剪刀 1 把和长毛刷 2 把。

"表贴式"止水带作业法的操作程序如下所述。

①施工材料准备。准备好渗透结晶型防 7.K 涂料、玻璃纤维网格布、料桶、抹布、滚筒、油灰刀、凿子、剪刀、长毛刷等必要的施工器具。施工前先用剪刀把网格布按伸缩缝制作需要剪成相应尺寸,一般长为 11 m,宽为 25 cm。

②伸缩缝基面清理和润湿。

a. 施工前应对混凝土基面进行质量检查。混凝土表面的油渍、漆渍和灰尘等杂物都须清除干净。

b. 新浇筑未干透的混凝土基面上可以直接施工,而干燥的混凝土基面应先将基面浇水润湿后施工,但不得有明水。

③保持潮湿无流水状态下涂第一层涂料。

A. 水泥基渗透结晶型防水涂料的调配:

a. 水泥基渗透结晶型防水涂料的调配溶剂为洁净水,涂刷调配比例为水与粉料之比为 2∶5(质量比);喷涂的比例为(3~3.5)∶5。

b. 水泥基渗透结晶型防水涂料调配方法是将粉料慢慢倒入洁净水中,同时不停地搅拌到浆膏状,搅拌好的材料中不得有干粉料球。

c. 混凝土堵漏时要用堵漏型半干料团,半干料团的调配比例为水与粉料之比为 1∶8

（质量比）。

B.平面部分以滚涂为主,立面、阴角及小面积、形状复杂处以涂刷为主。同一遍涂刷时要朝同一方向进行,各遍之间涂刷方向相互垂直以利于成型厚度均匀。

C.渗透结晶型防水涂料调配好后可直接涂刷在湿润的混凝土基面上,材料用量为 $0.8\sim1.2$ kg/m²,特殊部位用量为 1.5 kg/m²,涂刷应分两遍完成,涂层厚度一般 0.8 mm。

D.注意涂抹范围应扩大至伸缩缝旁的侧沟处。

④铺摊玻璃纤维网格布。

a.于第一层涂料快干时铺摊玻璃纤维网格布,玻璃纤维网格布应均匀平整地铺摊在涂料上,不得有皱起、翻起等情况。

b.注意铺摊范围同样需扩大至伸缩缝旁的侧沟处以及承轨台处的泛起铺摊。

⑤涂第二层涂料。将第二层涂料均匀涂抹在之前铺摊的玻璃纤维网格布上,范围同上。

⑥施工完毕现场清理。第二层涂料施工完成后,应对现场应进行清理以及对现场施工人员及其携带的工器具进行清点。完毕后离开施工现场。

⑦养护。

a.渗透结晶型防水涂料涂层终凝呈半干状态时开始用雾状水养护,并始终保持涂层面潮湿,一般每天养护 $4\sim5$ 次(可视具体情况而定),连续 $2\sim3$ 天,如果水分挥发较快,可在表面覆盖湿草帘养护。

b.渗透结晶型防水涂料完成后要注意保护,避免涂层受到破坏,工后 48 h 内涂层应避免雨淋、暴晒、霜冻等。在涂层外施工 20 mm 厚 1∶2.5 水泥砂浆保护层。

"表贴式"止水带作业法的质量控制要求有:

①配制涂料时须按比例加入粉料,且需边加粉料边搅拌,以形成性能均匀的涂料。

②搅拌涂料要充分,不得有结块,根据用量随配随用,拌制成品涂料须在 30 min 内用完。30 ℃以上高温条件下施工,搅拌好的料必须在 20 min 内用完。

③渗透结晶型防水涂料应按每平方米用料量和总面积用量进行控制,这是保证施工质量的关键。涂层应薄厚均匀一致,无漏涂。

④玻璃纤维网格布应均匀平整地铺摊在涂料上,切不可有皱起、翻起、泛水等情况。

⑤涂料涂抹及玻璃纤维网格布铺摊范围应扩散至伸缩缝旁的侧沟处,使其在遇水状态下,水能从一旁的侧沟排出。以避免水从侧面流进伸缩缝内。

（2）"表贴—注浆式"止水带作业法

"表贴—注浆式"止水带作业法适用于伸缩缝间隙在 4 cm 以上或伸缩缝止水带为中埋式橡胶止水带的桥梁。对于每米伸缩缝所需材料主要有厚 $3\sim6$ mm 的平板式止水带 1.1 m、注浆管 0.5 m、18 mm×3 mm 的镀锌扁铁 2.1 m 和聚氨酯浆液 2.5 kg。该作业法所需的工器具有气钉枪 1 把、打磨机 1 台、手枪钻 1 台和手动注浆泵 1 台。

"表贴—注浆式"止水带作业法的操作程序为:

①基面清洗。将要处理伸缩缝表面的灰尘和油污等清理干净。

②预埋注浆管。

a.在预埋管四周填充适量的麻絮材料,使之成为注浆浆液的骨架。注浆管应尽量布满整个接缝,不必搭接和固定。

b.与预埋注浆管配套的PVC增强注浆导管必须露头于接缝外,以便后期注浆。

③钻孔和校对孔位。

a.用辅助板标定钢面和防水带上的孔位,孔中心距型钢内边缘20 mm,孔径为8 mm,孔间距暂定为200 mm。

b.在钢面上钻孔,钻孔应垂直于钢面,孔深20 mm。

c.钢板和止水带上的孔位与固定螺栓须准确一致,确保止水带安装时无褶皱或变形。

④清洗型钢表面。

a.先采用电动打磨机和钢丝刷初步清除刚表面的锈蚀层。

b.再采用专用清洗剂彻底清除钢锈。

⑤注入黏结剂。

a.于迎水方向打建筑胶(宽5 mm,高3 mm)。

b.于背水方向打环氧类胶泥(宽5 mm,高3 mm)。

⑥止水带钻孔安装。

a.在安装防水带时,边铺边钻孔,以避免出现较大误差。

b.安装时应旋紧,到收头部位时应先用黏结王固定并填充,再安装止水带。

⑦接口收头处理。

a.第一道:特定形状的填充物+黏结王;第二道:橡胶界面处理剂和聚氨酯材料封闭(填充)止水带端头部位。

b.第一道特定形状的填充物+黏结王(规格为宽40 mm,中心距止水带端头230 mm)。在最后两个螺栓安装前,布置该道应预留足够高度,使之同外贴式止水带充分接触。

c.固定最后一个螺栓。

d.用打磨机磨砂止水带端头黏合部位,以提高和密闭材料的黏合力。

e.布置第二道防水:先涂刷橡胶黏合界面胶于待封闭部位,范围在现场确定。再用聚氨酯材料封闭并填充止水带端头部位的腔体。

⑧注入聚氨酯浆液。

注浆时机:如果外贴式止水带失效,水渗入中埋式注浆管所在的空腔内,则可以注入聚氨酯浆液,固化后形成闭孔弹性体。预埋好的注浆管将保持永久畅通,可以安排任何时间注浆。

"表贴—注浆式"止水带作业法的质量控制要求有:

a.注入聚氨酯浆液时的最低温度不得低于5 ℃。

b.因现场高架两侧的电缆等因素限制,注浆管的端点可以设在方便施工的位置,但应尽量延伸到整条接缝。

c.由于锈蚀面严重影响到防水系统的密封性能,所以必须彻底清理,直至露出坚实钢基面。

d.注浆压力应控制在15~20 kg内。

e.两层防水应分别达到防水标准要求。

9)作业验收

（1）铺装层维修作业验收标准

①桥面找平层应无纵横裂缝、剥落。

②垫层抹平无坑洼，与原圬工联牢。

③桥面防水层平顺密实，与边墙及泄水孔衔接严密，无渗漏现象，失效面积不大于10 m^2。

④保护层厚度不小于 30 mm，坡度不小于 3%，压实抹平，无裂损和空响。

⑤泄水孔畅通、周围无渗水。

（2）声屏障维修作业验收标准

①声屏障螺栓或立柱锈蚀不超过 10%。

②螺栓齐全、无松动。

③屏体表面或玻璃无破损。

（3）栏杆维修作业验收标准

栏杆维修作业验收标准为栏杆无锈蚀。

（4）防撞墙维修作业验收标准

防撞墙维修作业验收标准为墙体无露筋掉块、裂纹。

（5）伸缩缝维修作业验收标准

伸缩缝维修作业验收标准为缝内尘土消除干净，填塞密实，表面平整，无漏水断裂或挤出。

2.4.3 桥跨作业

1)桥下检查

桥下检查制度主要为定期检查。

各工区应建立检查记录簿，并按规定认真填写，保证数据准确可靠，为状态分析评定和编制维护工作计划提供依据。

为保证检查的精度，应配备必要的检查工具和仪器。

对普通桥梁桥下部进行检查，每半年一次，主要检查圬工梁体或墩台有无裂纹或裂纹有无发展；钢梁是否锈蚀；跨路跨河桥的限高防护架或防撞设施是否变形或损坏；泄水管有无损坏缺失；外装饰板有无损坏、脱落等。

对特殊桥梁(如钢梁桥、结合梁桥、系杆拱桥、斜拉桥、经常被社会车辆撞击的桥梁等)的桥下每月均应检查一遍。

在秋季应对桥梁进行全面检查，据以拟订病害整治措施，安排设施改善计划，确保行车安全。

2)钢结构表面清理

钢梁、钢塔架、人行道支架、吊篮、围栏等都应进行保护涂装，防止钢结构锈蚀，延长桥梁使用寿命。钢结构保护涂装在钢桥维修中占有重要地位，特大桥钢梁的保护涂装工作，一般要占全部维修工作量的 50% 左右。做好钢结构保护涂装，要抓好钢表面、涂料选择和涂装工艺 3 个环节。

（1）钢结构锈蚀的危害性

其危害性主要表现在下述几个方面。

①造成钢梁杆件断面削弱。

②造成钢结构联结松弛。

③降低钢结构的承载能力。

④缩短钢结构的使用年限。

⑤钢结构锈蚀严重者，将危及行车安全。

（2）钢梁容易锈蚀的部位

①有氧化皮处。氧化皮常被人们所忽视，实际上危害很大。众所周知，钢梁上使用的钢材，一般都是热轧钢，其表面都附着一层很薄的氧化铁皮（下称氧化皮）。一般氧化皮由 3 层不同的氧化铁所组成，从钢铁表面开始，越往外，含氧化量越多。最外层氧化物疏松多孔，易吸附水分及其他有害物质而加剧钢材锈蚀，最内层，即氧化铁和钢层之间，是含少量氧的混合层。如果较厚的氧化皮固着在钢材表面而不脱落，将对钢材表面起到保护作用。然而，由于钢桥的各部杆件都需经过截断、焊接、弯曲、矫正、拼装以及长期暴露在大气中使用，因此容易发生物理变化（温度变化、体积变化、塑性变化等）和化学变化（组成变化等）。氧化皮发生松弛而逐渐剥落，露出钢料表面。氧化皮剥落所露出的钢料表面和剩余的氧化皮之间发生电位差，会加速钢料锈蚀。

另外，氧化皮对钢梁油漆也不利，它会降低漆膜的附着力，使漆膜大块剥落。所以钢梁在喷涂前，一定要把氧化皮除尽。

②钢梁上盖板。钢梁上盖板通风不良，经常积水，不易干燥，还经常受机车车辆上洒下的各种油、酸、碱、盐等有害物质的反复侵蚀；加之车轮通过桥枕对盖板产生冲击和摩擦，使漆膜损坏，过早地失去防护能力；同时桥枕防腐油中的萘酸也会侵蚀漆膜。由于以上原因，上盖板很容易锈蚀。所以钢桥，尤其是长大的钢桥，经常保持桥面及上盖板的清洁是很重要的。

③缝隙及角落隐藏处所。板束缝隙及角落隐藏处所由于排水不良、通风不好、积尘积水、施工困难等原因，容易造成锈蚀。

④有害气体及电解溶液反复侵蚀处。钢桁梁的上平纵联及桥门架的顶部，常受机动车排出的废气侵袭，钢梁下翼缘易受河水蒸发的有害气体的侵袭而发生化学腐蚀；纵横梁下翼缘、肋板及下平纵联联结板等处，最易受到列车洒下的污物侵蚀而发生电化学腐蚀。

⑤易积水和污物处。钢桁梁 H 形杆件、所有梁的上盖板及下翼缘朝天面与节点平面等处所，容易积水和积污物，因而也容易腐蚀。

⑥已有锈蚀处。由于锈块疏松、多孔，易于吸附水分，当锈层未除尽或已有锈蚀的处所遭受介质侵蚀时，锈蚀力加速并向内层和四周扩展。

⑦施工不良处。钢料表面漆膜厚度不足或漏涂处所。例如钢料表面凹凸不平处所

（凸处漆膜较厚，凹处不易涂实）和边缘、棱角等处漏涂或深膜过薄处所都易锈蚀。

（3）钢梁锈蚀的原因

钢铁锈蚀主要是钢铁受到大气中所含的氧气、水分、盐类、二氧化碳、二氧化硫、氮的氧化物等酸性物质及具有化学活泼性物质的作用，发生化学的或电化学的作用的结果。这种现象，人们称为钢铁的腐蚀。这些变化在钢铁表面产生的松散堆积物（氢氧化三铁），通常称为铁锈。

钢铁腐蚀分为两种，如下所述。

①化学性腐蚀。所谓化学性腐蚀，就是大气和工业废气中所含的氧气、硫酸气、碳酸气或非电解质的液体与钢铁表面作用而引起的变化。它是在没有电流产生的情况下发生的腐蚀。

②电化学腐蚀。在钢铁内部，都含有不同程度的其他金属杂质，不同的金属具有不同的电极电位，它们互相接触，在有水分和电解质存在时，就会产生电位差，由于电位差的不同而出现电流，这时失去正电荷离子的金属便被腐蚀。这种伴有电流的腐蚀过程，称为电化学腐蚀。

（4）防止钢梁锈蚀的主要方法

防止钢梁锈蚀的方法，目前广泛采用的是喷涂油漆。有时也配合以喷镀金属（如喷锌）或磷化处理（磷酸盐保护膜）等，以增强其防护能力。油漆防锈的基本原理，是使钢料与气体和水分等介质隔绝，避免化学腐蚀和电化学腐蚀的产生，从而达到防锈的目的。

油漆除有防止钢梁锈蚀的功能外，还具有下述特点。

①能在任何形状的钢梁表面上形成薄膜，而且附着牢固。

②能随钢梁因温度变化的胀缩而胀缩。

③漆膜不会给钢梁增加很大的质量。

④使用方便，既可机械喷涂，也可手工涂刷。

⑤能给钢梁表面增添协调、大方的色彩。

此外，防止钢梁锈蚀的方法还有选择耐候、耐腐蚀的合金钢；钢料表面喷镀锡、铬、铝等金属；用化学处理钢料表面，如氧化、铬化等；钢料表面喷镀塑料、搪瓷或采用阳极保护等。但这些方法有的价格昂贵，有的施工复杂，对桥梁这样的大型建筑物是不适宜的。

（5）漆膜失效状态及检查鉴定方法

漆膜粉化、露底、裂纹、剥落、吐锈等都是漆膜失效的现象。漆膜失效的检查鉴定方法如下所述。

①肉眼观察。明显的面漆粉化、露底或龟裂、起泡、剥落、锈蚀等是容易发现的，但细小的裂纹及针尖状的点锈等不容易被发现，可借助放大镜检查。另外，如漆膜表面有不正常的鼓起（角落部位用光照射有凹凸不平时），下面可能有锈蚀。

②用手触摸。用手指指擦漆膜表面，如有粉末沾手，表示漆膜粉化。对角落隐蔽部位如手摸感到粗糙，凹凸不平，可能有锈蚀存在。

③刮膜检验。对有怀疑的部位，铲除表面漆膜检查钢料是否锈蚀，对有脱皮处所，可用刮刀检查其失效范围，如用刮刀铲起漆膜，漆膜成刨花状卷起、底漆色泽鲜艳为良好，如

漆膜用刮刀一触即碎或呈粉末状，底深色泽暗淡，或一并带起，说明漆膜已经失效或接近失效。

④滴水检验。在漆膜表面喷水，如水珠很快流淌，无渗透现象，则漆膜完好，如水很快往里渗透或扩散，则表示漆膜粉化，渗水的深度即为漆膜失效的厚度。

（6）手工除锈与喷砂除锈

涂装前钢表面处理是涂装体系中非常重要的环节，只有钢表面处理达到标准，才能保证涂料与钢表面有良好的附着力，保证涂层与钢表面的整体性。根据《铁路钢桥保护涂装及涂料供货技术条件》（Q/CR 730—2019）要求，在喷涂油漆前，对钢梁进行彻底除锈是很重要的，目前常用的方法有手工除锈和喷砂除锈两种。

①手工除锈。常用工具及操作方法：

a.刮刀。用弹簧钢、工具钢或金刚头加工锻制而成。两端成一端弯成直角，薄刃。其长度、宽窄根据需要而确定。

使用时，手持刮刀腰部，刀刃与工作物成 30°～50°角。当使用一端弯成半圆形的刮刀时，手稍许放平些，由前方向胸前拉或一手压住刮刀前端，一手向胸前拉（刮铆钉头时用）。

b.除锈锤。用弹簧钢或普通钢加工锻制。一头尖形，另一头平形，或两头均为平形。尖头为敲除表面不平凹处，平头为敲除平面锈层严重处所。敲击锈块的尖头以钝为宜，防治击伤钢板。

c.钢丝刷。一般购置 4～6 行的钢丝刷。钢丝刷有平把、翘把、直把等形式，使用翘把钢丝刷最为方便。在除锈和铲除漆皮或氧化皮后，用钢丝刷清除钢板上残留杂质和氧化皮，直到除尽为止。

②喷砂除锈。喷砂除锈方法是目前采用的钢梁除锈方法中使用比较多、比较好的一种。

干喷砂作用压缩空气将砂粒送至专用喷嘴，以高速喷射于钢板表面，借助砂粒的冲击和摩擦，将旧漆膜、污垢、铁锈、氧化皮等全部除去。

喷砂常用机具如下所述。

a.动力设备：空气压缩机（内燃或电动，3 m³/min 以上）、贮风桶（风包或分配器）、送风管路（将风送到喷砂器）。

b.备砂机具：筛砂机、运砂小车、储砂库。

c.喷砂机具：φ25 mm 压力橡胶皮管、油水分离器、贮风桶、盛砂设备、喷砂器、喷砂嘴及连接器、喷砂衣及其他劳动防护用品、φ8 mm 供风管（供工人呼吸用）、工具袋（内装面罩用备用玻璃、喷嘴、铁线、电工刀、活口扳手、克丝钳）等。

d.喷砂用砂子的技术条件。喷砂用的砂子以洁净干燥、呈锐角颗粒的石英河砂为最好，加工筛选后颗粒为 0.5～2.5 mm 的河砂，因为这种砂在喷射时尘雾少且效率高。

喷砂操作方法如下所述。

①准备工作：为了提高喷砂效率，每个喷砂嘴供风量不小于 3～4 m³/min，风压 0.4～0.6 MPa。将经筛选加工过的河砂装满喷砂桶内（每立方米河砂可喷 20～30 m² 的钢梁表面）。连接好管路及喷砂机具，检查其性能是否良好，连接是否牢固。高空作业搭好脚手

架。为了防止喷砂损坏已做好的油漆应加以防护。

②喷砂操作在风压达到 0.4 MPa 以上时,应先打开喷砂器风阀,再开砂阀(直通旋塞)即可进行喷砂作业。喷砂完毕应先关闭砂阀再关闭风阀以防堵塞。钢梁喷砂顺序一般应自上而下,由一端向另一端推进,从而减少干扰。对杆件喷砂时应先喷角落及窄缝处,后喷宽敞部分,先喷边缘后喷中间;先喷铆钉头后喷平面。喷嘴与钢料表面距离以 150～250 mm、喷射角 45°～80°为宜,移动速度要均匀,使之恰好除去锈蚀和氧化皮而不伤钢板。喷砂嘴以采用 $\phi5\sim7$ mm 的高氧化铝陶瓷者为好。使用新嘴时,喷砂器砂阀应开小一些,随着喷砂工作的不断进行,喷砂嘴口径逐渐磨大,风压也要求高一些,风、砂阀都要开得大一些。一个喷嘴约可清除钢梁旧漆膜及锈蚀的钢梁表面 30～60 m^2。如喷砂处所在桥梁上部或离喷砂器较远时,负责调整喷砂器风、砂阀的工人与喷砂工人之间要加强联系,固定联络信号,以便及时调整风、砂量。采用双室喷砂器或将两个单室喷砂器串联可使喷砂工作连续不断,不致因装砂而中断喷砂,可提高工效。喷砂完毕应用压缩空气清除钢梁表面尘埃和积砂,必要时用手工工具进行一次找细,同时检查钢梁有无裂纹。

③故障处理:当喷砂过程中发现堵塞时,可用 $\phi3\sim5$ mm 铁线弯成的钩插入喷砂嘴数次,如在砂嘴与胶管连接处堵塞即能消除,否则应检查喷砂器砂阀,再次检查喷砂管接头,一般通过上述检查处理,堵塞定能消除。

④施工注意事项。

a.施工人员在喷砂开始前,要穿好工作服,戴好手套,接好防护头罩内输送新鲜空气的管路,喷砂衣要有密闭,使衣内砂尘在空气内不超过 2 mg/m^3。

湿喷砂即水喷砂,能消除砂尘对环境的污染和对人体的危害。一般在水中加入少量的防锈剂(如 0.6% 碳酸钠及 0.5%～3% 的亚硝酸钠)使金属表面钝化,保持短期内不生锈。但效率不及干喷砂,由于极少使用故不详细介绍。

b.不准带风修理喷砂设备或更换零件。

c.喷砂时喷嘴不能对人、对车和对船。

d.喷砂胶管应避免弯折过剧,要加强检查,防止个别部分管壁被磨损过薄而发生炸裂。

(7)注意钢材的锈蚀等级和除锈等级

本部分节选了中华人民共和国国家标准《涂覆涂料前钢材表面处理 表面清洁度的目视评定 第 1 部分:未涂覆过的钢材表面和全面清除原有涂层后的钢材表面的锈蚀等级和处理等级》(GB/T 8923.1—2011)的内容。详细内容和典型照片请查阅该标准。

①锈蚀等级。钢材表面的 4 个锈蚀等级分别以 A、B、C 和 D 表示。文字叙述如下:

a.全面地覆盖着氧化皮而几乎没有铁锈的钢材表面。

b.已发生锈蚀,并且部分氧化皮已经剥落的钢材表面。

c.氧化皮已因锈蚀而剥落,或者可以刮除,并且有少量点蚀的钢材表面。

d.氧化皮已因锈蚀而全面剥离,并且已普遍发生点蚀的钢材表面。

②除锈等级。钢材表面除锈等级以代表所采用的除锈方法的字母"Sa""St"或"Fl"表示。

如果字母后面有阿拉伯零数字,则其表示清除氧化皮、铁锈和油漆涂层等附着物的程度等级。

a.喷射或抛射除锈。喷射或抛射除锈以字母"Sa"表示。

喷射或抛射除锈前,厚的涂层应铲除。可见的油脂和污垢也应清除。喷射或抛射除锈后,钢材表面应清除浮灰和碎屑。

对于喷射或抛射除锈过的钢材表面,本标准订有4个除锈等级。其文字叙述如下:

◆ 轻度的喷射或抛射除锈。钢材表面应无可见的油脂和污垢,并且没有附着不牢的氧化皮、铁锈和油漆涂层等附着物。

◆ 彻底地喷射或抛射除锈。钢材表面应无可见的油脂和污垢,并且氧化皮、铁锈和油漆涂层等附着物已基本清除,其残留物应是牢固附着的。

◆ 非常彻底地喷射或抛射除锈。钢材表面应无可见的油脂、污垢、氧化皮、铁锈和油漆涂层等附着物,任何残留的痕迹应仅是点状或条纹状的轻微色斑。

◆ 使钢材表现洁净的喷射或抛射除锈。钢材表面应无可见的油脂、污垢、氧化皮、铁锈和油漆涂层等附着物,该表面应显示均匀的金属色泽。

b.手工或动力除锈。用手工和动力工具,如用铲刀、手工或动力钢丝刷、动力砂纸盘或砂轮等工具除锈,以字母"St"表示。

手工或动力工具除锈前,厚的涂层应铲除,可见的油脂和污垢也应清除。手工或动力工具除锈后,钢材表面应清除去浮灰和碎屑。

对手工或动力工具除锈过的钢材表面,本标准订有两个除锈等级。其文字叙述如下:

◆ 钢材表面应无可见的油脂和污垢,并且没有附着不牢的氧化皮、铁锈和油漆涂层等附着物。

◆ 钢材表面应无可见的油脂和污垢,并且没有附着不牢的氧化皮、铁锈和油漆涂层等附着物。除锈应比St更为彻底,底材显露部分的表面应具有金属光泽。

3)钢结构保护涂装

桥梁钢梁架设在江河之上,钢铁在水面较高湿度下,加上不同自然环境条件,例如湿热霉菌、梅雨、盐雾、干寒低温、低洼盐碱、风霜雨雪以及工业区化学气体腐蚀等影响,会使桥梁钢梁迎受侵蚀锈毁。为选择钢梁涂料,首先应根据桥址环境加以研究,不能千篇一律采用某一种漆。因为涂料的性能多种多样,只有考虑涂料的一般用途和特殊用途,才能达到防止钢铁锈蚀和户外耐久性能的目的。

钢梁使用底漆、中间漆和面漆三者关系要配合好才能达到涂装效果。例如桥门架经常接触火车煤烟中的硫化氢气体;铁路纵横梁上盖板终年在阴湿之下,常年承受车辆通过时桥枕的摩擦;有些钢梁构件长期泡在水中;还有公路、铁路两用桥或混凝土与钢梁的结合梁,水泥被水溶化成碱性液体将被涂的油漆皂化等。对于上述钢料只涂一种漆是不行的,例如单纯涂上环氧树脂漆或过氯乙烯漆,层次之间附着力不好,应采用中间层漆加以解决。配套漆的目的是使涂料取长补短,解决漆与漆之间互容性、漆与物体之间的附着力和耐久性。

(1)底漆(防锈漆)

防锈漆种类很多,它们由漆料、防锈颜料、体质颜料和一定辅助成膜物质组成。不同的防锈颜料制成的防锈漆涂到金属表面起着不同的物理和化学作用。因此,将其分为物理性防锈颜料和化学性防锈颜料。在防锈漆中,适当配合一些体制颜料(又称填充料),可以改善漆膜的附着力,调整 pH 值,抗沉降,转化某些腐蚀介质等,漆料内的一些添加剂可以改善漆膜的抗起泡性和耐候性。

常见的底漆有红丹防锈漆、云母氧化铁防锈漆(又称云铁防锈漆)、无机富锌防锈漆和有机富锌防锈漆等。

(2)面漆

钢梁经过表面处理后,预涂磷化底漆和一至三道防锈底漆,再涂中间漆或面漆,面漆是保护桥梁钢铁的第一道屏障,其遮盖力强,附着力牢,耐候性久,耐光性好,光亮度大,具有不透气性与不透水性,从而起到屏蔽保护钢铁的作用。

桥梁钢梁涂装采用的是户外用漆,要求耐大气性和耐久性强,要做人工老化试验和暴晒试验,检验观察面漆是否能耐户外各种条件。

常见的面漆有醇酸树脂磁漆、酚醛树脂磁漆、环氧树脂漆和聚氨酯耐磨漆等。

(3)面漆与底漆的搭配

在我国铁路桥梁钢梁中,对新钢梁的初始涂装或既有钢梁整孔重新涂装所采用的涂装体系有:

①钢梁大面积部位涂装体系。

a.红丹酚醛底漆或红丹醇酸底漆,锌铝醇酸面漆或云铁醇酸面漆。

b.环氧富锌底漆或无机富锌底漆、磷化底漆中间层或环氧云铁中间层,锌铝醇酸面漆或云铁醇酸面漆。

②不同腐蚀环境下,钢梁热喷锌涂装,密封锌镀层为在热喷锌后刷涂一道磷化底漆,再刷一道 C01—7 醇酸清漆。当大气环境呈酸性或碱性、金属易直接遭受化学腐蚀时,需在喷锌镀层上覆盖涂料层,即为锌黄酚醛底漆一道(也可涂装磷化底漆或环氧云铁底漆中间层,但不得使用红丹防锈漆)及锌铝醇酸面漆或云铁醇酸面漆两道。

③纵梁、上承板梁、箱梁上盖板顶面采用的涂装体系。

a.棕黄聚氨酯底漆、银灰聚氨酯面漆。

b.热喷锌,棕黄聚氨酯底漆、银灰聚氨酯面漆。

④铆接梁板层间涂红丹防锈漆一道。栓焊梁连接部位板层间应热喷镀铝涂层或喷78-2 无机富锌漆一道。栓焊梁连接处外露部位,可按钢梁大面积部位涂装体系Ⅱ进行。

⑤箱形梁内部涂装低溶剂(溶剂含量在 20%以内)环氧沥青厚浆底漆和低溶剂环氧沥青厚浆面漆各一道,每道干膜厚度 125 μm,涂层总厚度不低于 250 μm。

总之,钢梁各部涂装体系可结合实际情况选择。

(4)涂层涂装道数及厚度要求

漆膜要有一定的厚度才能具有一定的保护能力,涂一层的保护能力,没有涂多层的优良。所以目前油漆施工大多数涂装多层。现在钢梁一般采用喷涂防锈底漆两道和面漆三道,干膜总厚度为 200~250 μm,干膜厚度为 40~50 μm。个别易损部位(如上盖板)还要求增加度数,使总厚度更厚一些。某一种油漆,其干膜厚度与涂刷时为成膜前湿膜厚度之比,称为该油漆的成膜率,一般在70%。

桥梁厂新制钢梁,因制造完毕到工地架设安装通车,相隔时间有的达数年之久,故在杆件出厂以前,除进行彻底除锈涂刷两度防锈底漆和一度面漆外,对铆合杆件节点板束内面,最好在拼铆前,涂红丹底漆一度,以防锈蚀。

（5）稀释剂选用

油漆的品种不同,所使用的稀释剂也各不相同。一般来说,油性漆采用松香水或松节油,醇酸漆采用二甲苯或醇酸稀料,虫胶漆（即洋干漆）采用酒精,硝基漆（即喷漆）采用香蕉水,环氧树脂漆采用丙酮或环氧稀料,聚氨酯桥板漆采用二甲苯及无水环己酮。严禁用煤油、汽油、柴油作为桥梁用漆的稀释剂。

稀释剂只在油漆过稠时使用。使用量一般应按油漆厂对该种油漆规定的限度以下掺加。但由于气候和施工方法（热喷或冷喷）的不同而不同,须视实际情况确定。因为稀释剂仅为满足施工操作需要,所以要尽量少加或不如。除油漆厂规定允许外,一般桥梁用漆,掺加稀释剂宜不超过油漆质量的2%为好。

（6）涂装施工条件及要求

钢梁油漆涂装除要满足其技术条件外,还要达到涂装的施工条件和要求。

①温度不低于5 ℃。温度太低,油漆增稠,过多加入稀料损害漆膜质量,温度过低,钢梁表面水分潮气不易蒸发,钢梁下部及缝隙更难擦干,致使漆膜与钢梁表面或漆膜间附着不牢,造成脱皮。夏季最好避免阳光直射施工物件,可在背阴处进行。

②有雨、雾、雪和霜时,不宜涂漆;相对湿度不大于80%才能涂装。因为湿度过大,附着力不好,还容易造成漆膜失光等弊病。温度过低和过高,都会影响漆膜的干率。

③大风天气不宜涂漆。因风大喷涂困难,浪费油漆;漆膜无法喷匀且易黏附灰尘,造成油漆质量不良。

④当钢梁除锈完毕后,应在不超过8 h（湿度较大时2~4 h）内,尽快涂头度红丹底漆,并应与当日喷涂完毕。涂漆前应清扫钢梁表面,并最好用干净布蘸松节油或松香水擦拭干净。

⑤底漆充分干燥后,才允许涂次层油漆,其间隔时间,视当时施工条件和油漆性能确定。一般不应少于48 h,同时第一、第二两度红丹底漆间隔时间也不应超过7 d,第二度红丹底漆干后,应尽快涂第一度面漆,要避免红丹底漆长期暴露在大气中。

⑥进行次一度涂漆前,应用铲刀将表面上灰尘杂质铲除干净,然后用"00"号砂纸轻轻打磨后再喷,使每层油漆黏结牢固。第二皮底漆喷涂后不得露出下面的钢料,上层喷涂后不得露出底层的油漆。

⑦为了便于检查所涂油漆的质量,二度面漆也可采用深浅不同的颜色来加以区别。每度应尽量做到喷涂均匀,不得有缺漏、皱纹、流挂,更不应有脱落揭皮的现象。

⑧在经受烟熏、落煤灰和蒸汽影响的部位,涂油作业应在较长的列车间隔时间内进行,必要时,应遮挡尚未干燥的油漆。

⑨钢梁油漆完毕应将涂装日期、施工方法、漆膜厚度以及所用油漆品种等标注在显著部位,以观察其耐久性,并恢复钢梁上原有的各种标记。

（7）手工涂装与喷射涂漆

油漆的防护效果要在干燥成膜之后才能得到。因此,只有质量优良的油漆材料和细致地进行钢梁表面处理以及掌握合适的施工条件,进行良好的涂装,才能得到理想的防护效果,所以钢梁油漆的施工涂刷必须强调质量。

①手工刷涂。手工刷涂是一种比较古老而普遍的施工方法。它的特点是设备简单,操作方便,灵活性大。其缺点为手工劳动,生产效率低、慢,漆膜往往有粗粒及刷痕,对一些快干及涂刷性能差的油漆不适宜手工刷涂。

漆刷是刷漆施工的主要工具。根据不同的施工对象可以选择不同尺寸不同形状的漆刷。漆刷按形状大致可分为圆形、扁形和歪形 3 种;按制作材料可分为硬毛刷(以猪鬃制)、软毛刷(用狼毫、羊毛制)两类。

手工刷漆的施工质量,主要依靠操作者的熟练程度和施工技巧。一般手工刷涂的操作方法为先将油漆均匀地散涂在钢梁表面上(俗称墩油)或刷成 S 形,然后横刷、竖刷,自上而下、自左而右,先难后易(线脚、角落部位先刷),依次刷匀。漆刷蘸漆不宜过多,蘸漆深度以刷毛的 1/3~2/3 为宜。刷涂时操作要敏捷,厚薄要均匀合适。但是一般涂刷一次切不宜过厚,否则容易发生皱皮现象。油漆施工黏度,要根据温度变化而调节,漆液太稀易流挂,盖不住底,太稠不易刷匀,影响干燥。

对钢梁的附件也可以用丝头蘸油漆用于搓刷,对栏杆扶手等,在用丝头搓涂后,可用漆刷拉平修整。

对钢梁杆件之间的狭小间隙部位和相互交叉的隐藏处所,或同一根杆件中,由于型钢铆合组拼存在的窄缝处所,因其隐藏,施工困难,要特别注意除锈和油漆质量。该处的涂油工作要根据实际情况,自行制作各种尺寸的小麻刷进行,并要防止漏涂或露底。

②喷涂原理和常见机具。利用压缩空气在喷枪处产生的负压,将漆流带出并分散为雾状,涂覆于钢梁表面上,这是目前最常用的一种施工方法,它的最大特点是操作比较轻便,工效高(比刷涂可快 5~10 倍),漆膜平整光滑,适用于不同尺寸的钢梁表面。其缺点是油漆的利用率低,溶剂易挥发,不经济。喷漆时,漆雾大,影响工人健康。

热喷涂就是将油漆预热到一定温度(根据不同油漆温度也不同)再喷涂,由于加热升温,降低油漆黏度,减少掺入油漆的稀料,因其能提高油漆质量。

喷漆油漆除供风系统外,主要机具有:

a.喷漆枪一般使用 PQ-1 型和 PQ-2 型。由于漆罐储油量小,不适于大面积施工,可以把它除去,改由压力喷漆桶供油。喷漆枪主要可分为扁嘴式、对嘴式、压下式等 3 种。

b.压力喷漆桶利用风压将已调好黏度适合的油漆通过 $\phi 8$ mm 胶管送到喷漆枪上。

c.油水分离器能去除压缩空气中的油脂和水分,保证漆膜质量。

喷涂操作方法喷漆前,油漆要搅匀,用 140 目以上的筛子过滤去除漆皮和粗粒,根据不同品种的油漆,调整到适合的黏度,空气喷漆压力一般以 0.3~0.5 MPa 为好。喷枪与钢料表面的距离要适当,以 15~25 cm 为宜,喷枪与物面应保持正确垂直的角度。喷漆采用横喷或纵喷,每次压叠一半,喷漆速度必须前后均匀一致,不能时快时慢,每喷到两端时必须关风以防端头流挂。喷漆时要特别注意钢梁杆件边角部位及其他隐蔽处所。这些地方最易漏喷或漆膜过薄造成锈蚀产生。

4) 焊缝连接

钢桥中部件的连接方法主要有铆钉连接、螺栓连接和焊接 3 类。其中普通螺栓连接使用最早,约从 18 世纪中叶开始使用,至今仍是安装连接的一种重要方法。19 世纪 20 年代开始使用铆钉连接。19 世纪下半叶出现焊接,焊接在 20 世纪逐渐被广泛使用并取代铆钉连接,成为钢结构的主要连接方法,现已在钢桥的工地安装连接中被广泛使用。

焊接是现代钢桥最主要的连接方法,焊接的优点是对钢材从任何方位、角度和形状相交都能方便使用,一般不需要附加连接板、连接角钢等零件,也不需要在钢材上开孔,不使截面受削弱。因此,它的构造简单,节省钢材,制造方便,并易于采用自动化操作,生产效率高。此外,焊接的刚度较大,密封性较好。

焊接的缺点是焊缝附近钢材因焊接的高温作用而形成热影响区,其金相组织和机械性能发生变化,某些部位材质变脆;焊接过程中钢材受到不均匀的高温和冷却,使结构产生焊接残余应力和残余变形,影响结构的承载力、刚度和使用性能;焊缝可能出现气孔、夹渣、咬边、弧坑裂纹、根部收缩、接头不良等影响结构疲劳强度的缺陷。因此,与高强度螺栓和铆钉连接相比,焊接的组性和韧性较差,脆性较大,疲劳强度较低。此外,工地焊接的拼装定位和操作较麻烦,通常需要用螺栓或销钉定位和临时固定,焊接后拆除,而且,工地焊接操作空间和焊接姿势通常受到限制,焊接作业和质量检验、检查困难,质量不易控制。因此,构件间的工地现场安装连接常常采用高强度螺栓连接,或者在设安装螺栓定位后再焊接。

（1）焊接方法

焊接方法很多,钢桥中主要采用电弧焊和栓钉焊。电弧焊用于钢板和型钢等的连接,栓钉焊仅用于栓钉的焊接。电弧焊是利用焊条或焊丝与焊件间产生的电弧热将金属加热并熔化的焊接方法。在焊条或焊丝一端与焊件待焊部位的一定间隙间,通电激发产生高温电弧,使电弧范围内焊件边缘部位的金属迅速熔化,形成熔融金属的熔池,同时焊条或焊丝端部也不断熔化,形成球状熔滴陆续滴入熔池。这样,被连接焊件的熔化部分的金属熔融在一起,达到原子间的冶炼结合,冷却后即成为与焊件金属机械性能相近的金属焊缝,将焊件连接成整体。为保证焊缝质量,焊接过程中需要提供或产生保护气体、焊剂或熔渣将熔融金属与大气隔离。

钢桥中常采用的电弧焊有手工电弧焊、埋弧焊和气体保护焊。其中,埋弧焊和气休保护焊一般为自动或半自动焊。

①手工电弧焊。手工电弧焊是钢结构制造中最常用的焊接方法,其设备简单,操作灵活,适用性和可达性强,对各种焊接位置和分散或曲折短焊缝都可适用。缺点是生产效率比自动、半自动焊低,质量稍低并且变异性大,施焊时电弧焊较强。

手工焊采用药皮焊条,药皮厚 1~15 mm,其作用为稳定电弧;生成保护气体使熔融金属与大气隔离;形成熔渣(清理焊缝时铲除)覆盖于熔成焊缝表面,使之与大气隔离,并使焊缝冷却缓慢以便气体和有害杂质溢出表面;脱氧成分与氧结合后析出;合金成分改善焊缝性能。

②埋弧焊。埋弧焊一般为自动或半自动焊,是焊接过程机械化的一种主要方法。焊丝采用成盘连续的光焊丝,焊接时按照与熔化速度相匹配的速度自动下送。焊剂为散粒状,代替手工焊条的药皮,焊接过程中自动堆落于焊接前方,从而电弧焊在焊剂层下进行,与大气完全隔离,焊完自动回收。自动焊通常采用焊车式或悬挂式焊机按规定速度自动均匀前进,适用于有规则(直线、圆环形等)的较长焊缝。半自动焊在焊接前仍是依靠手持焊枪移动,较适用于不规则的焊缝或间断短焊缝。

埋弧焊的优点是与大气隔离,保护效果好,且无金属飞溅,弧光也不外露;可采用较大电流使熔深加大,相应可减小对接焊件间隙和坡口角度;节省材料和电能,劳动条件好,生产效率高。其焊缝表面常呈均匀鱼鳞状,质量稳定可靠,塑性和韧性也较高。

③气体保护焊。气体保护焊是近年来发展起来的先进焊接方法,一般为自动或半自动焊,在钢桥中得到广泛应用。焊接时采用成盘光焊丝,围绕焊丝由喷嘴喷出保护气体,把电弧、熔池与大气隔离。操作可为自动或半自动,后者需要手持焊枪移动。保护气体通常采用 CO_2,或 CO_2 与氩(Ar)、氦(He)等惰性气体(Inert Gas)的混合气体。传统的混合气体为 25% CO_2+75% 氩,最近逐渐采用 80% CO_2+20% 氩;当对韧性要求高时采用(4%~5%)CO_2+(25%~30%)氩+(60%~70%)氦。

这种焊接的优点是:电弧在气流压缩下热量较集中,焊速较快,熔池较小,可减小焊接层数和焊口尺寸,热影响区较窄,焊接变形较小;电弧可见,焊接对中容易,容易实现各位置焊接,焊后无熔渣或少熔渣。因而其生产率较埋弧焊高。此外,CO_2 气体保护焊采用高锰高硅型焊丝(在高温下使部分二氧化碳分解为一氧化碳和氧,起脱氧作用),具有较高的抗锈和还原能力;电弧气的含氢量较易控制,可减小冷裂缝倾向。它不仅可用于工厂焊接,而且可用于工地焊接。

其缺点是设备稍复杂,电弧光较强,金属飞溅多,焊缝表面成型不如埋弧焊平滑。

④栓钉焊。栓钉是一种特制的剪力连接件,广泛应用于组合梁桥和其他钢与混凝土组合结构中。栓钉由栓头、栓杆和焊熔端3部分组成。栓头直径比栓杆大一些,焊熔端有焊剂(焊药),采用专用的焊枪焊接。因此,栓钉也被称为焊钉或俗称为大头钉,焊接时,将焊钉插入焊枪、焊熔端套入瓷环立于被焊钢板上,栓杆通电时,焊熔端自动离开钢板表面很小的一定距离,并产生电弧使栓钉焊于钢板,焊完后将瓷环清除。栓钉焊也是电弧焊的一种,焊接瓷环的作用是保证栓钉焊缝挤出焊脚成形,虽然此焊脚不作为保证栓钉焊强度的条件,但却是焊缝内部是否熔合良好的标志。为此根据规范要求,栓钉焊缝四周360°都应均布挤出焊脚。保证挤出焊脚成形的瓷环型腔尺寸是焊接瓷环的关键技术要求。另外,焊接瓷环还应具有保护焊缝金属不被氧化,控制飞溅和遮挡弧光等作用。为此,对瓷环的强度、抗电弧特性、线膨胀系数等也有一定要求。

(2)焊缝连接的形式

按焊体钢材的连接方式可将焊缝连接分为对接接头、搭接接头、T形接头、角接接头等形式。

在对接接头中,如果左右被连接钢材的截面完全相同,通常称为拼接。例如钢板或型钢常因供应钢材的长度或宽度不够,而需用拼接予以接长或接宽。整个构件(如梁、柱等），也常因运输或吊装条件的限制，需要在车间内分段制造，运到工地后现场或高空位置再拼接成为整体。

连接或拼接尽可能在车间或工厂进行，易于保证质量，称为车间（工厂）连接或车间（工厂）拼接，其焊缝称为车间（工厂）焊缝。当需要在工地或安装位置进行时则称为工地连接或安装连接。

焊缝连接按焊缝本身的构造分为贴角焊（Fillet Welding）、全熔透坡口焊（Full Penetration Groove Weldling）和部分熔透坡口焊（Partial Penetration Groove Welding）等型式。

角焊缝仅在板件的隅角处连接，焊缝表面有凸形和凹形两种。凹形一般需要打磨，加工量较大，因此通常采用凸形角焊缝。但是，凸形角焊缝有一定程度的应力集中，要求传力较平顺和改善受力性能时可以选用凹形角焊缝。角焊缝焊脚通常做成等边长，当传力垂直于焊缝轴线方向时，也可采用不等边，其长边顺内力方向。由于应力方向垂直于焊缝轴线时（称为端焊缝），应力集中严重，疲劳强度低。因此，在钢桥中角焊缝主要用于应力方向平行于焊缝轴线（称为侧焊缝）的情况，即焊缝受剪，端焊缝很少采用。

全熔透坡口焊要求板件全厚度内完全焊透，通常简称为全熔透焊。为保证焊接质量，要求下料和装配的尺寸准确，当板件达到一定厚度（通常厚度大于9~12 mm）时，板件边缘需要加工成适当型式和尺寸的坡口，因此，制造费用较高。坡口是使焊条有足够的运转空间，保证在板件全厚度内焊透。常用的坡口形状有 I 形（即不开坡口）、V 形、U 形、X 形、单边 V 形、单边 U 形（即 J 形）、K 形等，同时也需标出手工焊时不同坡口形状的适用板厚（对于埋弧焊可以适当放宽坡口形状对板厚的适用）。在各种坡口中，沿板件厚度方向通常有高度为 p 间隙为 b（均为 1~3 mm）的一段不开坡口，称为钝边。焊接从钝边处（根部）开始。

全熔透焊的焊缝处板件完全熔合成一个整体，传力均匀平顺，没有明显的应力集中，受力性能较好。钢板对接和焊缝受拉压应力时，一般采用全熔透焊，故也被称为对接焊缝。

部分熔透坡口焊不要求板件全厚度内完全焊透，一般仅在板件的单面或双面部分适焊，通常简称为部分熔透焊。部分熔透焊受力性能与角焊缝较为类似，计算方法也与脚焊缝相同，同时板边需要加工坡口，在钢板中较少采用。在斜拉桥、悬索桥的钢塔中，板件全断面受压，并且板厚很大不易完全焊透时，可以采用部分熔透焊，但是要求接头端面进行机械加工，接缝完全密贴。

按焊缝施焊时的姿态，焊缝连接可分为平焊（flat）、横焊（horizontal）、立焊（vertical）和仰焊（overhead）等。平焊有时称为俯焊，施焊方便，焊缝质量最易保证，仰焊最为困难。设计和制造时应尽量考虑使多数焊缝能在平焊或较方便的位置焊接，尽量避免仰焊。

车间焊接时可以翻转构件，在较方便的位置进行焊接。工形或 T 形截面构件翼缘与腹板间的角焊缝，常采用的平焊位置（习称船形位置）施焊，并尽量采用自动焊。这样易于使熔深对称，焊缝成形和质量好。

（3）焊接符号及其表示方法

焊接符号在设计与施工图中的表示方法由基线、箭头线、基本焊接符号、辅助焊接符号、焊缝尺寸和特注符号等组成。

①角焊缝的符号表示法。钢结构图纸中标注角焊缝的主要符号有三角形符号表示角焊缝，回于引出线上方表示箭头所指处正面有角焊缝，下方表示背面有角焊缝，上下均有表示双面均有。角焊缝需注尺寸时可在三角形符号之左注明 h_f，或 h_f，以 mm 计，l 为焊缝实际长度。正背面焊缝尺寸相同时可只注于上方即可。

周围角焊缝的符号，箭头只需指向其中任意一段焊缝，而把周围角焊缝的全部走向轮廓简略地画在三角形符号和 h_f 值之左。

当焊缝分布不规则或为断续焊缝时，在标注焊缝符号的同时，宜在焊缝处加粗线（表示正面焊缝）、栅线（表示背面焊缝）或粗线和栅线（表示正背面均有焊缝）。

钢结构中常采用单角钢或双角钢与钢板搭接，为使搭接角焊缝的表达较为简化，常常在引出线上下方分别表示角钢背和角钢尖的焊缝情况，其中箭头所指处的焊缝注在上方，另一侧焊缝注在下方。槽形焊缝和单边喇叭形焊缝符号，分别为钢板凹入角钢面和角钢边为圆角情况的特殊角焊缝形式。

②坡口焊缝符号表示法。钢桥图纸中用焊缝符号标注焊缝。坡口焊缝的主要符号，引出线箭头与焊缝在同一侧时箭头指向坡口方向；引出线箭头指于焊缝背面时坡口符号应指向下方符号。坡口细节尺寸（b,p,a 等）一般不标注，由制造工厂根据结构和工艺具体情况确定。

（4）焊缝连接的缺陷、质量检验和焊缝级别

焊缝连接的缺陷指焊接过程中产生于焊缝金属或邻近热影响区钢材表面或内部的缺陷，常见的缺陷有裂纹、焊瘤、烧穿、弧坑、气孔、夹渣、咬边、未熔合、未焊透（不包括规定不焊透者）等，以及焊缝外形尺寸不符合要求、焊缝成形不良等。裂纹对受力的危害性最大，会产生严重应力集中并易于扩展引起断裂，按规定不允许出现。

焊缝质量检验一般可用于外观检查及无损检测，前者检查外观缺陷和几何尺寸，后者检查内部缺陷。无损检验目前广泛采用超声波检验，使用灵活经济，对内部缺陷反应灵敏，但不易识别缺陷性质，钢板较薄时可用磁粉检验、荧光检验等较简单的方法；当前最明确可靠且应用较广的检验方法是 X 射线或 γ 射线透照或拍片。

焊缝按其检验方法和质量要求，《钢结构工程施工质量验收标准》（GB 50205—2020）规定将焊缝分为一级、二级和三级。三级焊缝只要求对全部焊缝作外观检查，符合三级质量标准；二级、一级焊缝还要求一定数量的超声波或射线、拍片检验相应级别的质量标准。

由于三级焊缝不要求无损检测，焊接质量难以保证。《钢结构设计标准》（GB 50017—2017）规定其设计值只为母材的85%左右。钢桥需要承受很大的活载，对疲劳性能要求较高，除角焊缝外，很少采用三级焊缝，通常要求采用二级或一级焊缝。

（5）焊接残余应力与残余变形

钢材焊接时会在焊件上产生局部高温的不均匀温度场，焊接中心处可达1 600 ℃以上。高温部分钢材要求较大的膨胀伸长但受到邻近钢材的约束，从而在焊件内引出较高的温

度应力,并在焊接过程中随时间和温度而不断变化,称为焊接应力。焊接应力较高的部位将达到钢材屈服强度而发生塑性变。钢材冷却后有残存于焊件内的应力,称为焊接残余应力。在焊接和冷却过程中由于焊件受热和冷却都不均匀,除产生内应力外,还会产生变形(如焊件弯曲或扭转等)。焊接和冷却过程中焊件产生的变形称为焊接(热)变形,冷却后残存于焊件的变形称为焊接残余变形。焊接残余应力及残余变形构件的受力和使用,并且是形成各种焊接裂纹的因素之一,应在焊接和设计时加以控制和重视。

(6)减少焊接残余应力和残余变形的方法

构件产生过大的焊接残余应力和焊接残余变形多数是由于构造不当或焊接工工艺欠妥。应力集中、复杂应力状态、直接动力荷载、低温等则加剧其对受力的不利影响。故应从设计和焊接工艺两方面采取适当措施。超过规定要求的变形应采用机械、人工或结合火焰局部加热进行校正。

①设计措施。

a.尽量减少焊缝的数量和尺寸。一般采用设计所需要的焊缝尺寸,不宜任意增多或加大;搭接焊缝宜设计成焊脚尺寸适当小些而长度相应长些,以避免焊接热量过于集中。在上下翼缘严重不对称的工形截面梁中,较小翼缘与腹板的连接焊缝需要较小焊脚尺寸,不必与较大翼缘取统一。

b.避免焊缝过分集中或多方向焊缝相交于一点。例如桁架杆件间留一定的空隙;梁的加劲肋、翼缘板拼接、腹板拼接间错开一定距离,加劲肋内面切角以避免其焊缝与受力上较为主要的翼缘和腹板间焊缝交叉。

c.焊缝尽可能对称布置,连接过渡尽量平滑,避免截面突变和应力集中现象。

例如宽度或厚度不同的钢板拼接时采用小于1:4的坡度过渡;直接承受动力荷载结构的角焊缝采用凹形或平坡形角焊缝等。

d.搭接连接中搭接长度大于 $5t_{min}$ 及 25 mm(t_{min} 为连接板件中板厚最小者),且不应只采用一条正面角焊缝来传力。

e.焊缝应布置在焊工便于到达和施焊的位置,并有合适的焊条运转空间和角度,尽量避免仰焊。

②焊接工艺措施。

a.采用适当的焊接顺序和方向。例如采用对称焊、分段退焊(即分段焊接,每段施焊方向与焊接推进的总方向相反)、跳焊、多层多道焊等,使各次焊接的残余应力和变形的方向相反和互相抵消。钢板对接为根部,中间,表面各层Ⅰ,Ⅱ,Ⅲ,各焊道采用不同划分的分段退焊。

b.先焊收缩量较大的焊缝,后焊收缩量较小的焊缝(例如对接焊缝的横向收缩比角焊缝大),先焊错开的短焊缝,后焊直通的长焊缝,使焊缝有较大的横向收缩余地。

c.先焊使用时受力较大的焊缝,后焊受力较次要的焊缝,则受力较大的焊缝在焊接和冷却过程中有一定范围的伸缩余地,可减小焊接残余应力。例如焊接工形截面梁拼接。在拼接两侧各留出一段翼缘与腹板的角焊缝不焊,先焊腹板对接焊缝,再焊受拉和受压翼缘对接焊缝,最后再补焊预留的角焊缝。

d.预变形。即施焊前使构件有一个与焊接残余变形相反的预变形,以减小最终的总变形,常用于 V 形焊缝和角焊缝。

e.预热、后热。即施焊前先将构件整体或局部预热至 100～300 ℃,焊后保湿一段时间,以减小焊接和冷却过程中温度的不均匀程度,从而降低焊接残余应力并减少发生裂纹的危险。在进行较厚钢材或温度低于 0 ℃ 的情况焊接时,通常应对焊缝附近局部进行预热。

f.高温回火(又称消除内应力退火)。在施焊后进行高温回火,即JJP 热至 600～650 ℃(含钒低合金钢 560～590 ℃)。保持一段时间恒温后缓慢冷却。对较小焊件可进行整体高温回火。由于加热已达钢材的热塑性温度,可消除大部分(80%～90%)残余应力。对某些较大焊件有时可对焊缝附近或残余应力较大部位附近进行局部高温回火,以减小残余应力(降低峰值和改善分布)。

g.用头部带小圆弧的小锤轻击焊缝,使焊缝得到延展,也可降低焊接残余应力。

5)作业验收

(1)钢表面清理作业验收标准

维护涂装底漆时,钢表面清理达到 Sa2.5 级。

(2)涂膜粉化清理作业验收标准

涂层表面打磨、污垢清除彻底,不损伤底漆。

(3)腻缝作业验收标准

作业范围内,应将凡能积水的缝隙内的旧漆污垢除净无漏腻,腻子填实压平,无开裂积水。

(4)涂装涂层维修作业验收标准

①涂装体系、层数、厚度符合规定。

②涂层表面平整均匀,新旧涂层衔接平顺,色泽不匀不超过 5%。

③无剥落、裂纹。

④无起泡、气孔。

(5)混凝土抹面作业验收标准

抹面压实,无裂纹、空响,砂浆符合规定。

(6)混凝土裂缝压浆作业验收标准

①注浆孔位置、深度及灰浆配合比、水灰比符合要求。

②不因钻孔而损坏原圬工,裂纹和空隙内经压水冲洗,并注满浆。

③注浆孔用砂浆填实,无裂纹,淌出灰浆消除干净。

(7)混凝土修补作业验收标准

①材料配合比、工艺符合要求。

②槽宽度误差不超过±3 mm,深度不少于 8 mm。

③勾缝平实,凹凸不超过±2 mm,与圬工结合牢固,无断道。

④色泽协调均匀。

2.4.4　墩台作业

1）支座及墩台检查

桥梁支座与墩台的正常使用与日常的养护维修和性能检验是分不开的。检查制度主要为定期检查。各工区应建立检查记录簿，并按规定认真填写，保证数据准确可靠，为状态分析评定和编制维护工作计划提供依据。

为保证检查的精度，应配备必要的检查工具和仪器。对桥梁支座进行检查，对于结合梁、连续梁支座每半年检查一次，对于简支梁支座每一年至少抽查30%。3年全检一次。其中平板橡胶支座主要检查有无裂纹、不均匀外鼓、钢板外露、剪切变形超限、位置串动等情况，限位装置是否可靠，盆式橡胶支座主要检查有无钢件裂纹、脱焊、锈蚀、聚四氟乙烯板磨损、位移转角起限等情况；支座与梁身、支承垫石间是否密贴。

各类支座还应重点检查下述内容。

①平板式橡胶支座应重点检查：橡胶支座是否老化、变形；有无不正常的剪切外鼓变形；支座与梁身、支承垫石间是否密贴。四氟板式橡胶支座是否脏污、老化；钢板滑动支座是否干涩、锈蚀。

②盆式橡胶支座的固定螺栓有无剪断，螺母是否松动，电焊是否开裂，四氟板位置是否正常。

③容许值。当发现弧形支座位移超过限值或固定支座不固定时，应顶起梁身检查活动支座销子有无异常、固定支座安装是否符合标准。测量辘轴（或插轴）支座位移应安装位移指示标（尺）并检查辘轴有无变形、磨损。对使用年限久、铺设无缝线路、位于长大坡道及曲线上的桥梁，应认真检查上下铺栓（特别是弧形支座）有无弯曲断裂，如有剪断，还应检查墩台有无变位。

对桥梁墩台进行检查，每半年一次。但对经常被社会车辆撞击的桥墩，每月检查一次。主要检查防排水设施失效；混凝土保护层中性化大于25 mm；混凝土梁碱—集料反应导致墩台产生裂纹；墩台恒载裂纹宽度大于规定的限值；意外事故造成墩台混凝土局部溃碎或钢筋变形、折断。

对结合梁与连续梁的桥梁伸缩缝的伸缩量每年在夏冬季节进行两次的观测记录（梁体做好标记，可结合支座检查一同进行），并对预应力梁封头端进行检查。

在秋季应对桥梁设施进行全面检查，据以拟定病害整治措施，安排设备改善计划，确保行车安全。

2）支座除锈

支座除锈作业是对锈蚀的支座用打磨机除锈并施以油漆涂装的一种作业。对于每平方米的支座钢结构表面需要环氧富锌底漆1.5 kg和氯化橡胶面漆1.5 kg。所需工具主要有打磨机和空压机。支座除锈作业的操作程序为：

①打磨机除锈，全出白。

②底漆分别两度，待干。

③面漆分别两度,待干。

支座除锈作业的质量控制有:

①整体除锈要全出白,局部除锈可保留底漆,现场根据具体情况确定。

②除锈应达到 Sa2.5 除锈标准,即钢材表面无可见的油脂污垢、氧化皮、铁锈和油漆涂层等附着物,仅残留点状或条纹状的轻微色斑。工作表面粗糙度可达 40～60 μm。

③除锈钢结构表面要求在 4 h 内必须干燥,并立即刷底漆,避免形成二次生锈。

④涂刷厚度符合设计要求,不小于 70 μm。涂刷牢固,无剥落、皱纹、气泡、针孔等缺陷。

⑤底漆干燥时间:25 ℃表干 0.5～1 h,实干 24 h。完全固化 7 天。

⑥底漆涂装间隔:5 ℃最短 48 h。最长 7 天。20 ℃最短 24 h。最长 3 天。

⑦面漆干燥时间:25 ℃表干 2 h。实干 8 h。完全固化 7 天。

⑧面漆涂装间隔:0 ℃最短 24 h。最长不限。20 ℃最短 8 h。最长不限。30 ℃最短 6 h,最长不限。

3)墩台裂缝修补

墩台裂缝的修补可用"低压注浆法",该法主要适用于钢筋混凝土结构表面裂缝宽度为 2～5 mm 裂缝的修补。对于每米裂缝需要注浆基座 4 个、SDW 环氧封闭胶 1 kg、DP40 环氧 1 kg。所需工具有自动注浆器。

"低压注浆法"的操作程序为:

(1)表面处理

①用钢丝刷和砂轮清理裂缝两侧各 3 cm 的表面。

②用丙酮清除表面积油污,松动混凝土应用钢钎凿除,浮尘应用略湿的抹布清除,确保裂缝清洁。

③确定混凝土裂缝上注浆点位置,其间距宜为 300 mm。

(2)安装注浆基座

①用两把干净并干燥的抹刀按 3∶1 的比例分别取环氧封闭胶 A、B 组分。

②用抹刀将托灰板上的环氧封闭胶 A、B 组分搅拌均匀。

③将胶涂刮在注浆基座底部,胶体厚度不少于 2 mm,然后将胶注入孔对准裂缝,稍加用力按放基座使其粘住,用手固定基座再用胶包覆基座四周,胶宽至少 1 cm。

(3)裂缝密封

沿裂缝走向 6 cm 范围内用抹刀刮抹环氧黏合剂,厚度约 2 mm,尽量一次完成,对缺损的混凝土应填实。

(4)注浆

①将环氧浆液 A、B 组分按 100∶30 的比例混合均匀,拉动注浆器把手,将混合物吸入注浆器内,固定把手并安装至基座上,放开把手,利用压簧的压力使浆液慢慢渗入裂缝中。

②注浆顺序:由低到高;一侧向另一侧逐渐靠近。尽量做到后一个基座冒浆时再安装注浆器,对进浆量大的基座应及时补充浆液。

（5）固化判断和修饰

①固化时间与气温有很大关系,具体时间可通过拉动注浆器把手来判断,必须在确定固化的情况下才能拆除注浆器。

②固化后拆除注浆器,敲除基座,必要时用砂轮打磨封胶,使施工面光洁平整。

（6）"低压注浆法"的质量控制

"低压注浆法"的质量控制要求如下所述。

①清理裂缝表面时油污应用丙酮除去,松动混凝土应用钢钎除去,浮尘应用略湿的抹布清除。

②选择注浆点时原则上要求相邻两个注浆点的间距不超过裂缝本身的深度。

③在封闭胶固化过程中应防止其接触水。

④注浆须在封胶12 h(20 ℃)后进行。随气温升降可增减注浆时间,但一定要达到封闭胶固化。

⑤注浆顺序应由低到高,由一侧向另一侧逐渐靠近。尽量做到后一个基座冒浆时再安装注浆器,对进浆量大的基座应及时补充浆液。

4）运营线路桥梁支座更换

（1）搭设支架、施工平台

①桥台支座更换。利用桥台作为施工平台,对空间不够部位采用支架措施,以确保施工的安全实施。

②对于桥墩支座的更换,采用特制钢挂架固定于墩身或盖梁上作为施工平台。

（2）台帽、盖梁顶面清理

①清理台帽或盖梁顶面沉积的土石块及混凝土块,必要时可采用钢纤对混凝土垃圾进行清理。

②用钢丝刷对台帽或盖梁顶面进行清洁,保证支座更换时作业面干净整洁。

③清理伸缩缝内沉积的垃圾和杂物,以防止顶升内梁体间互相挤压。

（3）支座调查与复检

①对要更换的支座部位进行确认和检查,现场记录支座位置、编号、病害情况,并拍照记录,照片应拍摄完整的施工工序即原状、更换过程及更换完成情况,妥善保存检查记录,作为交工文件之一。

②复核原支座型号与设计院提供的型号是否一致,并根据支座的设计承载力确定顶升质量及千斤顶的型号和数量。

③测量梁底高程,并根据设计图纸提供的梁底高程进行复核,并将复核情况详细记录并妥善保存,作为交工文件之一。

④根据测量记录确定支座垫石顶面高程的调整高度。对于需要将普通支座更换为四氟滑板支座的情况,应根据要更换的四氟滑板支座的型号、高度确定支座垫石改造后的顶面高程,以保证支座更换后桥面高程符合设计要求。

（4）千斤顶、百分表安放与设置

①千斤顶数量应与每个桥台下的支座数量相同。

②布设百分表。为精确测量顶升高度并在梁体顶升过程中控制梁体姿态,需在梁台两侧布设百分表,顶升过程中应有专人负责记录百分表读数。

（5）顶升系统调试

（6）试顶

①试顶前的检查。

a.千斤顶安装是否垂直牢固。

b.影响顶升的设施是否已全部拆除。

c.顶升部分结构与其他结构的连接是否已全部去除。

②顶升系统启动后现场各组人员各就各位,密切观察桥梁是否有异常状况出现,设备、仪表是否正常工作,显示读数是否在合理范围内。

③控制顶升速度不超过 1 mm/min,放大顶升高度不超过 5 mm。

④顶升就位后,持荷 10 min。观察梁体及设备状况。如有异常情况,应立即回油、落梁,问题解决后再进行试顶,直至梁体受力及设备运行正常。

⑤顶升就位后,根据控制系统显示的顶升质量复核支座型号及各支座承受的压力,如有异常,则应考虑调整支座型号。

⑥试顶正常后,应平稳落梁。

（7）梁体同步顶升

①顶升过程中以每顶升 2 mm 为一步,分级顶升,各顶高差严格控制在 0.5 mm 范围内,全程采用位移传感器监测梁体顶升位移情况。实时监测整个千斤顶间位移传感器升量高差,若高差超过控制值时,必须进行适时调整后才进入下一个顶升周期,达到同步顶升的目的。

②箱梁两侧布设百分表监测箱梁转动的情况,同时也作为位移传感器的对比验证数据,箱梁每顶升一级百分表读数一次。观测人员随时根据监测值反馈致控制室,指导操作人员进行操作。

③顶升时梁每升高 5~6 mm,临时支撑加垫一块钢板。

④同步顶升高度为可拆除既有支座和安装新支座所需的工作空间,为 10~15 mm。

⑤顶升到位后将梁体由千斤顶转落至临时支撑上。

（8）支座更换

①用铁钩或人工取出旧支座,如旧支座已与垫石黏结而较难取出可用钢纤、铁锤敲击松动后取出。取出旧支座前应拍照记录其缺陷状况。

②用人工配合钢丝刷清洁支座垫石表面,如有支座下钢板,则应打磨去除铁锈。

③测量垫石顶面高程,如顶不平整,则用环氧砂浆抹平。垫石顶面如需加高,则应采用环氧砂浆加高至设计高程并抹平;垫石顶面如需降低,则应用钢纤凿除部分混凝土至设计高程并用环氧砂浆抹平。支座垫石顶面高程允许偏差不超过±2 mm,顶面四角高差不超过 1 mm,轴线偏位不超过 5 mm。

④支承垫石上根据设计图纸标出支座位置中心线,同时在橡胶支座上也标出十字交叉中心线,将橡胶支座安放在垫石上,使支座的中心线与墩台的设计位置中心线重合,支

座就位准确。

⑤所有支座更换完毕后,再对安装的新支座进行全面检查,确保各项指标满足设计及规范要求。

(9)落梁

①落梁前在梁体两侧的桥台或桥墩挡块与梁体间加塞木板,防止落梁时梁体发生水平位移。

②开启同步顶开系统,平稳降落梁体。

③梁体就位后检查支座上下钢板与垫石、梁底之间的密贴情况,应尽量保证下面全部密贴。如果支座出现偏心受压、不均匀支承或脱空的现象,则应重新顶升梁体,并在支座下的钢板下加设抄垫钢板进行微调(厚度规格为1~3 mm),下面全部密贴。

④支座检查合格后拆除千斤顶、临时支承钢板等顶升设备。

⑤取出梁体与挡板间木板,清理施工废物及垃圾。

5)作业验收

(1)支座整平修正作业验收标准

①各部分清洁,无灰渣,无锈蚀,活动端涂固体油脂或擦石墨并涂擦均匀,无缺漏。

②支座位置平整密实,各部分相互密贴。

③锚栓无松动、缺少、锈蚀。

④排水良好,无翻浆、流锈。

(2)捣垫砂浆作业验收标准

①原圬工面凿毛洗净。水灰比、砂浆配合比符合规定,拌和均匀,捣固密实,周围抹面平整,无裂纹空响。

②与座板间缝隙小于0.5 mm,深度小于30 mm。

③排水良好。

(3)混凝土抹面作业验收标准

抹面压实,无裂纹、空响,砂浆符合规定。

(4)混凝土裂缝压浆作业验收标准

①注浆孔位置、深度及灰浆配合比、水灰比符合要求。

②不因钻孔而损坏原圬工,裂纹和空隙内经压水冲洗,并注满浆。

③注浆孔用砂浆填实,无裂纹,淌出灰浆清除干净。

(5)混凝土修补作业验收标准

①材料配合比、工艺符合要求。

②槽宽度误差不超过±3 mm,深度不少于8 mm。

③勾缝平实,凹凸不超过±2 mm,与圬工结合牢固,无断道。

④色泽协调均匀。

2.4.5 桥梁附属设施作业

1)桥台锥体护坡放样

桥台锥体护拔,一般是顺线路方向为1:1的坡,垂直线路方向为1:1.5的坡,锥体底部为1/4的椭圆形。桥台锥体护坡每6 m应设置变坡。当桥台锥体护坡的高度大于6 m而小于12 m时,则需在向下超过6 m处变坡,顺线路方向由1:1变为1:1.25,垂直线路方向由1:1.5变为1:1.75,以此类推。

桥台护坡在高出设计洪水位0.5 m以下部分应根据设计流速不用采用块、片石砌筑。

常用的桥台锥体护坡放样方法有:放样架放线法,切线支距法和纵横等分线相交法等。其中纵横等分线相交法是桥头锥体护坡放样最简单方便的方法。有了锥体高度和顺线路方向与垂直方向的坡度,直接可以放出锥体的坡脚线。具体放线方法是:根据锥体高度和纵横向坡度要求作出 AC 和 BC,然后将 AC 和 BC 等分成相同的等份,并将各等分点如图所示编号和连接,作出的线 A-I-Ⅱ-…-Ⅶ-B 即为坡脚线。

2)桥台锥体护坡的加固

桥台锥体护坡的加固,一般采用喷射混凝土,并可视情况增设锁杆或钢筋网。

锚杆宜采用16Mn或5号钢钢筋,也可采用3号钢钢筋,直径16~22 mm,长度一般为2.0~3.5 m,系统布置的锚杆,间距不宜超过锚杆长度的1/2。锚杆眼孔宜比锚杆直径大15~20 mm。钢筋网一般采用3号钢钢筋,直径10~12 mm,网络间距一般为15~25 cm,保护层厚度不小于2 cm。

灌筑锚杆用的砂浆应拌和均匀,随拌随用,孔眼在灌浆前应用风吹净;灌浆时应从孔底开始,连续均匀地进行。用吸水式锚固包锚固锚杆将更为方便快捷。

作锚杆用的钢筋,应在安装前除锈矫直;安装位置宜居孔眼中心,钢筋插入深度不得小于设计要求的90%,安装后不得敲击、碰撞。

当岩层面有可能松动脱落时,宜先喷一层混凝土后再进行锚杆施工。

2.4.6 桥梁维护管理及质量评定

1)桥梁的维护管理

(1)维护组织

①桥梁设施维护工作实行综合维修和保养相结合的方式,以保证设施状态完好,确保行车安全。

②公司应根据实际情况确定综合维修和保养的周期,编制年度、分月计划,经上级部门批准后实施,各车间根据规定的检查、保养、维修周期和管辖的桥涵建筑物实际状态,编制月度保养、检查、维修计划,经公司批准后下达给相应工区实施。

③桥涵维修长度的计算标准。

a.跨度40 m及以上的结合梁、钢管拱桥、斜拉桥等桥梁维修长度每米折合2.0桥涵换算米。

b.跨度 40 m 及以下的结合梁维修长度每米折合 1.5 桥涵换算米。

c.声屏障维修面积每平方米折合 0.25 桥涵换算米。

d.涵洞维修长度每米折合 0.5 桥涵换算米。

e.车站人行天桥维修长度每米折合 1.5 桥涵换算米。

f.限高防护架、防撞架等,每座折合 500 桥涵换算米。

上文中提到的维修长度是指需要维修的桥涵建筑物长度。单线桥梁等于全长,双线或多线桥梁等于各线全长之和,单孔涵洞等于全长,双孔及以上涵洞等于各孔轴长之和。桥梁全长指两桥台边墙外端间的距离,两边墙不相等时以短边计,曲线桥为中心线上墩台之间各段折现之和,涵洞全长指两端墙外端间的中心轴线长度。

(2)综合维修

①桥梁设施的综合维修应以整座设施进行,按照"预防为主,防治结合,有病治病,治病除根"的原则,做到全面维修,项目齐全。通过对桥梁设施适时预防性的修理和病害整治,恢复各部件的功能,保持整座设施质量均衡完好。

②桥梁设施的综合维修周期定为 4 年,即每年综合维修的数量应占设施总数的 25% 左右。

③综合维修主要工作范围。

a.梁部:结合梁桥、拱桥钢结构局部维护性涂装、死角防锈、更换失效螺栓,进入孔盖板更换;混凝土梁裂纹露筋修补、修理局部失效防水层、排水系统局部整修和部分增设、梁端伸缩缝整修。

b.支座:整平、修正、涂油和捣垫砂浆,处理折断锚栓,支座钢质部分除锈油漆。

c.墩台基础:病害墩台整治、裂纹缺损修补、顶面排水处理、基础防护整修等。

d.涵洞:裂纹整治、砌体勾缝、抹面、小量喷浆和压浆,排水设备修理和部分增设。淤积清理疏通,进出口铺砌整修等。

e.声屏障、装饰板的更换。

f.附属设备。

● 各种防护设备的砌体勾缝修补,各类栏杆设备整修加固、更换。

● 防撞墙、作业通道、安全检查设备、抗震设施局部整修。

● 各种桥梁标志的增设、修理和更换。

● 桥梁限高防护架整治修复。

(3)保养

①通过对桥梁设施的保养,及时发现和消灭超限处所和临近超限处所,保持桥梁设施状态经常均衡完好,确保行车安全平稳。

②保养工作根据当月检查情况逐月编制,按 6 个月周期安排处理。在做好适时保养的同时,还应加强预防性的周期保养,使设施质量经常控制在保养修合格状态。

③保养主要工作范围。

a.桥面各部位过水孔疏通。

b.伸缩缝清理。

c.声屏障构件防腐,加固。

d.装饰板加固。

e.各种连接铁件、螺栓涂油。

f.钢梁清扫和补充、拧紧少量高强度螺栓，小量油漆涂装。

g.各种标志的刷新和补充。

h.修补圬工梁、墩台及护坡勾缝，清除梁端石碴，疏通泄水管。

i.涵洞少量清淤。

j.及时消除可能危及行车安全的任何病害。

2）综合维修验收

桥梁综合维修作业质量的验收，要严格执行分级把关，控制质量的原则。

作业过程中，应在作业中及收工前进行质量验收，发现不符合标准的项目应及时返修达标。应对钢梁涂装、圬工维修等隐蔽工程项目认真检查把关，做到每项作业勤检细修，一次达标，每次检查的情况都应填记在日计划完成表或施工记录上。

3）保养验收

桥梁保养质量验收由保养作业实施部门进行，公司进行抽验，并做好每座桥梁设施的保养质量评定。

2.5 隧道作业

2.5.1 隧道病害及原因分析

1）隧道常见病害

（1）渗漏水病害

①湿渍：由管片接缝处防水不密闭引起，在管片表面接缝或螺栓附近可见明显色泽变化的潮湿斑。

②渗水：由管片接缝处防水不密闭引起，在管片表面接缝或螺栓附近可见明显的流挂水膜。

隧道常见
渗漏水处理

③滴漏：由管片接缝处防水不密闭引起，当渗漏水部位在隧道顶部时发生的滴落现象，滴落速度至少为 1 滴/min。

④线漏：一般由管片接缝处防水严重损坏引起，当渗漏水部位在隧道顶部时，在管片表面接缝或螺栓附近形成连续的渗漏水现象。

⑤积水：一般指隧道内结构渗漏水或废水因排水沟排水坡度原因不能及时排出，在道床上蓄积形成局部明水的现象。

⑥漏泥砂：一般指隧道或地下车站内结构渗漏水中含有一定量细小砂粒的现象，大多数出现在严重渗漏水位置。

⑦锈蚀：一般指地铁区间的钢结构构件或隧道钢管片上出现的各种锈迹。

（2）隧道衬砌劣化

隧道衬砌（钢筋混凝土管片或钢管片等）裂损的类型主要有衬砌变形、衬砌移动和衬砌开裂3种，是隧道衬砌在运营过程中物理力学性质逐渐劣化的主要表现形式。

①衬砌变形：一般指在水土压力作用下，隧道衬砌（钢筋混凝土管片或钢管片等）结构的横向变形和纵向变形，其中以横向变形为主要变形。

②衬砌移动：一般指在水土压力作用下，隧道衬砌（钢筋混凝土管片或钢管片等）结构的整体或其中一部分出现转动（倾斜）、平移和下沉（上抬）等变化，也分为纵向移动和横向移动。

③衬砌开裂：一般指在水土压力作用下，隧道衬砌（钢筋混凝土管片或钢管片等）结构的表面出现裂纹（或龟裂）和裂缝（宽度较大），是衬砌过量变形的必然结果。衬砌开裂一般包括下述内容。

a.张裂：一般指在水土压力作用下，隧道衬砌（钢筋混凝土管片或钢管片等）结构在弯曲受拉区域或偏心受拉引起的裂缝，其特征是裂纹、裂面与应力方向正交，裂缝宽度由表及里逐渐变窄。

b.压溃：一般指在水土压力作用下，隧道衬砌（钢筋混凝土管片或钢管片等）结构在弯曲受压区域或偏心受压区引起的裂缝，其特征是裂纹边缘呈压碎状，严重时受压区表面产生碎片剥落掉块等现象。

c.错台：一般指在水土压力作用下，隧道衬砌（钢筋混凝土管片或钢管片等）结构由剪切力引起的沿裂缝或环纵缝方向的错动，即形成错台。

d.错缝：一般指隧道内环缝或纵缝在交接面上出现位移的现象。

e.松动：一般指地铁区间内固定在结构上的附属设备或设施的固定螺栓等出现松动的现象。

f.嵌缝条脱落：一般指隧道内环缝与纵缝的嵌缝条在地铁列车振动或其他原因下出现的松脱掉落现象。

2）隧道病害原因分析

上海地铁隧道所处的底层多属于淤泥质软黏土，是饱和含水的流塑或软塑黏性土层，这类土层具有中高压缩性和较大的流变性特点，土层一经扰动，其强度明显降低，而且在较长的时间内发生固结和次固结沉降，这就使得地铁隧道会随周围土层位移和应力场的变化持续产生变形。

地铁隧道结构发生较大变形后，即伴随存在大面积漏水、喷涌、涌沙等险情发生的可能。隧道变形对运营安全影响极大，可能导致设备限界变化，导致轨行区域异物侵入，轨道线路发生变形，影响钢轨的平顺性，进而影响车辆的安全运行。仔细分析发现渗漏水一般集中发生在下列区段车站端头井、旁通道、弯道、事故段或险情发生段，还有地质条件突变、砂性土层等。渗漏水主要发生部位为"缝和孔"部位，环缝和纵缝及因施工导致的新开裂缝是主要渗漏水的途径，注浆孔和螺栓孔以及其他用途而发生的渗漏水相对数量少，只有注浆孔与隧道外壁相连，纵缝和环缝是两种主要渗漏水途径，其他渗漏水、漏泥及漏砂均都是通过这两种渗漏水路径联系发生。隧道下部的渗漏水多位于环缝及拱底块两侧的纵缝,十字缝或 T 形缝相对较多。究其原因主要有下述几个方面。

①施工阶段产生的裂缝,拼缝不平整形成错台或张开,弹性密封垫质量、橡胶止水带与管片的黏结等施工阶段产生的问题。

②隧道所处的软弱黏土层长期变形与砂性土层水土流失等特殊地质条件问题。

③施工期间曾经发生过漏水漏砂或其他施工险情的区段。

④邻近隧道一定范围内大量项目的加载活动,尤其是"深大近难险"的基坑工程及大口径隧道上下穿越施工,对隧道纵向、横向变形产生影响,进而引起渗漏水。

⑤建设强度大,设计施工技术力量及管理水平较难以跟上要求,以及其他管理方面存在程度不同的问题。

2.5.2　隧道检查

1)隧道结构设施检查分类

隧道结构设施检查分为年度检查、月度检查及不定期检查 3 个层次。

(1)隧道年度检查

每年秋季对隧道设备定期进行全面、全方位检查的工作称为年度检查(即秋检)。年度检查是对本年度设备进行全面鉴定、评估并为编制次年设备维修计划提供依据。

(2)隧道月度检查

隧道月度检查工作每月进行一次,作为次月生产计划工作内容确定的依据。

(3)隧道不定期检查

根据隧道在运营年限中的沉降变形资料及相关重点病害区段的变化状态,开展不定期检查及时获取隧道质量状态信息。

2)隧道结构设施检查的主要内容

①隧道顶部滴漏、侧面渗水现象。

②隧道底部渗水。

③管片、混凝土破损现象。

④道床与管片间是否产生脱离现象。

⑤隧道内渗砂、漏泥现象。

⑥嵌缝条脱落现象。

⑦钢管片锈蚀、钢管片和结构连接处溺水现象。

⑧浮置板道床两侧防尘装置破损现象。

⑨人防门是否符合规范要求。

⑩其他附属物是否缺损。

3)检查工具

检查工具主要包括记录类、照明类以及测量类 3 部分。

(1)记录类

记录类检查工具包括纸板夹、笔、记录单、数码相机等。其中记录用笔应备有红、黑两色,当病害在同一区域重叠时,可采用不同颜色区分,由于部分隧道内照明存在问题,记录用笔如带微型小灯,则可提高隧道检查效率。数码相机像素不宜低于400万,且带闪光功能,由于多数现象须拍照,最好备用一块电池,存储卡容量不应小于2 G。

(2)照明类

照明类检查工具包括小手电、探照灯等。

(3)量训类

量训类检查工具包括废纸、计时器、钢尺、普通三角尺等。其中废纸可用于判断病害类型(是属于混迹还是渗水),计时器可用于滴漏频率,钢尺与普通三角尺可用于测量病害特征尺寸。

4)隧道检查的技术要求

为确保病害检查成果的有效性,便于后期资料的汇总统计及分析,病害检查应保证一定的准确性,检查过程应规范化、标准化。

表观检查依靠目测,初步确定病害类型,某些较难界定的病害可通过一定的检查方法加以分析判断,类型确认后,对病害特征进行量化,最后记录检查结果,并拍摄登记影像资料。以下针对各类病害,详细叙述各检查内容。

(1)渗漏水检查

管片渗漏水大多发生在管片接缝或注浆孔等部位,渗漏水检查重点关注的是水从通道渗出后所形成的分布。

①检查目标。应区分出渗漏水病害类型,明确渗漏水位置(接缝、注浆孔、手孔或裂缝)、范围(结合展开图要素加以确定)及特征(具体量化指标)。对于滴漏应通过秒表确定滴水频率。

②判别方法。

a.湿渍:对于湿迹现象,水分蒸发速度快于渗入量,用干手触摸有潮湿感,无水分浸润感觉,在隧道内的常规通风条件下,潮湿现象可能会消失。管片腰部以上区域无法用手触摸,仅能依靠目测判断。

b.渗水:渗水现象在加强人工通风的条件下也不会消失,用干手触摸,明显沾有水分,如用废纸贴于渗水处,废纸将会被浸湿变色,对于腹部以上区域,可通过灯光照射,有无反光,辅助判断是否为渗水。某些情况下,病害可能介于湿迹与渗水之间,较难区别,此时应多种检查方法并用,只要一种检查结果为渗水,则应按不利原则考虑归为渗水病害。

c.滴漏:滴水现象与其他渗漏水病害较容易区分,但由于滴漏速度有快慢,当检查速度较快时,容易漏检。在检查过程中,可注意道床表面是否有水迹或少量积水,如存在,极有可能是隧道顶部滴漏的结果。

d.漏泥砂:漏泥现象较易判断,通常漏泥时,渗水量相对较大,且夹带新鲜泥砂,导致渗出物浑浊。

e.病害标志说明。

(2)管片损伤检查

①检查目标。管片裂缝与缺角主要通过目测进行检查,明确隧道结构损伤的类型、位

置和程度等信息。

当管片裂缝发展到一定程度,与管片接缝贯通形成三维封闭体系时,会出现较罕见的混凝土成块碎裂现象,如在检查中发现,应准确记录碎裂的三维尺寸(面积与深度),并留存全面的影像资料。

②判别方法。因管片损伤病害较为直观,管片裂缝与缺角主要通过目测进行检查。管片裂缝通常表现为颜色略深于管片内表面本色的细缝。管片缺角部位因表层混凝土缺失,缺角颜色同样会深于管片表面本色。

③病害标志说明。

(3)管片错台检查

①检查目标:应明确错台位置及错台量。

②判别方法:管片错台初步判断通过目测进行,对疑似处可通过手触确认,也可将探照灯平贴于管片朝疑似错台处照明,如存在错台现象,则光束在错台处会出现明显明暗对比。

错台量可通过钢尺进行量测。

根据地铁盾构隧道纵向变形分析,当超过错台量超过 8 mm 时,将会影响到止水条防水性能。为提高检查效率,当错台量小于 8 mm 时,不予记录。

对于单环相邻管片间错台情况,可在对应纵缝位置中部量测错台量。因检查条件的限制,通常只能检查到落底块(D)与标准块(B)间错台情况。

(4)管片接缝张开检查

①检查目标:应明确管片张开所在接缝,如张开处可目测出螺栓,应在备注栏予以明确说明。

②判别方法:管片接缝张开初步判断通过目测进行,对于张开幅度较大处,灯光照射后能发现螺栓。具体接缝张开的大小需采用登高车实地量测。目前,接缝张开基本发生在顶部纵缝位置。

(5)道床与管片脱开检查

①检查目标:对于整体式道床,由于两侧排水沟混凝土后于轨枕区域道床浇筑,管片脱开通常表现为两种形式:即排水沟混凝土与管片脱开以及轨枕区域道床与管片脱开。在脱开现象较明显区域,道床混凝土可能会出现横向裂缝,对于此类情况,应在备注栏予以说明,必要时拍摄影像。

②检查方法:道床与管片脱开主要通过目测进行检查,对于疑似处,可通过插硬卡片的方式确认两者是否脱开。将道床与管片脱开病害现象记录于管片平面展开图中,符号标记于脱开位置,并要求对道床与管片脱开位置进行拍照存档。

(6)其他病害

其他病害因较特殊,甚至从未出现过,无法对检查内容提出具体要求,但是发现后,必须对病害的位置、范围以及特征进行详细的文字记录,并留存全面的照片及录像资料备查。

5)成果记录要求

（1）标志记录

病害记录以管片展开图为基础，图中包括管片基本要素，比如接缝、注浆孔、螺栓孔，各要素相对位置关系与实际一致。

病害记录应翔实且准确，结合管片展开图，明确位置、特征，如病害存在范围，则应在展开图上进行等比例标示。

对于现象重叠区域，为区分现象标志，可采用不同颜色加以区分，如红色与黑色等。

（2）影像记录

原则上所有病害现象均应拍摄照片留存，个别情况下，当病害具有明显动态特征，照片不能完整反映时，应拍摄录像。

数码照片编号可按 PxCP 表示照片，x 表示顺序号记录；录像编号可按 Vx 表示 CV 表示录像，x 表示顺序号。

各照片内应以所记录病害所处环及块为主，不宜包含过多环，以免引起混淆，且病害影像应在照片内居中，照片边界应平行于纵、环缝。照片编号直接标记于病害标志旁。照片以 1 600 像素×1 200 像素为宜，一般文件可控制在 500 kB 左右。如现象连续多环相似，比如道床与管片脱开，可不重复拍照，取典型照片即可。对于轻微错台等照片较难展示的现象，可不拍照。

（3）其他信息

在检查过程中，应在备注栏对隧道其他基本信息予以记录，包括小转弯半径、旁通道或泵站钢管片以及道床类型等，此部分信息有助于建立全面的隧道数据库。

6）隧道设施质量评定

（1）隧道巡检的目的

隧道月检主要对设施存在的病害进行检查，为日常维修提供依据，因此不对设施状态进行评定，综合维修的隧道区间需进行状态质量评定，年检除了对全线设施的质量状态进行评定，以作为对一年来维修工作质量的评价和考核的依据，并且还可作为编制次年的维修计划依据。

（2）隧道质量评定办法

①隧道设施以单个区间上行线或下行线为状态评定单位，隧道设施以千米为设施数量单位（精确至 0.01）。

②隧道质量评定分为"优良""合格""不合格"3 个等级。

A.隧道的合格标准。

a.隧道及旁通道允许有少量漏水点但不得有线流和漏泥砂。

b.单个湿渍面积不大于 0.3 m^2。

c.单个漏水点的漏水量不大于 2.5 L/d。

d.任意 100 m^2 湿渍面积不超过 7 处。

B.隧道的优良标准。

a.隧道及旁通道平均渗水量不大于 0.05 L/（m^2·d）。

b.任意 100 m² 渗水量不大于 0.15 L/(m²·d)。

c.隧道顶部不允许滴水,侧面允许有少量、偶见湿渍。

d.隧道内表面潮湿面积不大于 2/1 000 的总内表面积。

e.任意 100 m² 防水面积上的湿渍不超过 3 处,任意湿渍面积不大于 0.2 m²。

C.隧道的不合格标准。

a.任意 100 m² 防水面积的平均漏水量大于 4 L/(m²·d)。

b.隧道内出现涌砂、线流或漏泥砂,侧墙出现连续渗流。

c.道床与管片产生脱离现象。

7)其他

(1)安全事宜

检查工作应严格遵守隧道内作业规定,下隧道前应先在车控室进行销点,按规定进行登记,在获得允许进入隧道的指令后方能下隧道检查;检查过程中不得触碰。除结构外的其他设施设备,不得随意遗留任何物体;在作业完成后,应确认人员、机具、材料已全部撤出区间,并在指定车站销点,获得许可后,可离开轨道交通区域。

(2)保密事项

因隧道使用状况关系到运营安全,较为敏感,检查人员不应将任何成果资料提供或透露给非地铁监护工作人员,避免引起公众不必要的猜测或恐慌。

2.5.3 防水施工作业

1)防水材料

防水材料是指防止地下水、工业和民用的给排水、腐蚀性液体等侵入地下构筑物的材料。防水材料品种繁多,按物态的不同可分为刚性防水材料和柔性防水材料。

(1)刚性防水材料

刚性防水材料是指以水泥、砂石为原材料,或其内掺入少量外加剂、高分子聚合物等材料,通过调整配合比,抑制或减少孔隙率,改变孔隙特征,增加各原材料界面间的密实性等方法,配制成具有一定抗渗透能力的水泥砂浆混凝土类防水材料,主要包括防水砂浆和防水混凝土。

刚性防水层所用的主要原材料有水泥、砂石、外加剂等。

刚性防水材料按其胶凝材料的不同可分为两大类,如下所述。

①以硅酸盐水泥为基料,加入无机或有机外加剂配制而成的防水砂浆、防水混凝土,如外加气防水混凝土、聚合物砂浆等。

②以膨胀水泥为主的特种水泥为基料配制的防水砂浆、防水混凝土,如膨胀水泥防水混凝土等。

刚性防水材料在其形成防水层后,有很高的抗压、抗渗能力,但不具有延伸性,抵抗结构拉伸变化的能力也不高。

（2）柔性防水材料

柔性防水材料是相对于刚性防水材料如防水砂浆和防水混凝土等而言的一种防水材料形态，包括防水涂膜、防水卷材和密封材料等。

按防水材料粘贴位置的不同，分为外防水（外包防水）和内防水（内包防水）两种。卷材防水材料必须铺贴在具有足够刚度的基层上，粘贴前要涂抹找平层，防水层的外面应加保护层，并要做好柔性材料的转角、接茬和收头的处理，以确保防水层的连续性和密封性。

柔性防水材料具有较好的弹塑性、延伸性，能适应结构的部分变形，但易老化、分解。

2）防水混凝土

（1）防水混凝土所用的材料应符合的规定

防水混凝土所用的材料应符合下述规定。

①水泥品种应按设计要求选用，其强度等级不应低于 32.5 级，不得使用过期或受潮结块水泥。

②碎石或卵石的粒径宜为 5~40 mm，含泥量不得大于 1.0%，泥块含量不得大于 0.5%。

③砂宜用中砂，含泥量不得大于 3.0%，泥块含量不得大于 1.0%。

④拌制混凝土所用的水，应采用不含有害物质的洁净水。

⑤外加剂的技术性能，应符合国家或行业标准一等品及以上的质量要求。

⑥粉煤灰的级别不应低于二级，掺量不宜大于 20%；硅粉掺量不应大于 3%，其他掺合料的掺量应通过试验确定。

（2）防水混凝土的配合比应符合的规定

防水混凝土的配合比应符合下述规定。

①试配要求的抗渗水压值应比设计值提高 0.2 MPa。

②水泥用量不得少于 300 kg/m³；掺有活性掺合料时，水泥用量不得少于 280 kg/m³。

③砂率宜为 35%~45%，灰砂比宜为 1:2~1:2.5。

④水灰比不得大于 0.55。

⑤普通防水混凝土坍落度不宜大于 50 mm，泵送时入坍落度宜为 100~140 mm。

（3）混凝土拌制和浇筑过程控制应符合的规定

混凝土拌制和浇筑过程控制应符合下述规定。

拌制混凝土所用材料的品种、规格和用量，每工作班检查不应少于两次。每盘混凝土各组成材料计量结果的偏差应符合规定。

3）水泥砂浆防水层

①在混凝土或砌体结构的基层上宜采用多层抹面的水泥砂浆防水层。

②普通水泥砂浆防水层的配合比选用；掺外加剂、掺合料、聚合物水泥砂浆的配合比应符合所掺材料的规定。

③水泥砂浆防水层所用的材料应符合下述规定。

a.水泥品种应按设计要求选用，其强度等级不应低于 32.5 级，不得使用过期或受潮结块水泥。

b.砂宜采用中砂，粒径 3 mm 以下，含泥量不得大于 1%，硫化物和硫酸盐含量不得大于1%。

c.水应采用不含有害物质的洁净水。

d.聚合物乳液的外观质量,无颗粒、异物和凝固物。

e.外加剂的技术性能应符合国家或行业标准一等品及以上的质量要求。

④水泥砂浆防水层的基层质量应符合下述要求。

a.水泥砂浆铺抹前,基层的混凝土和砌筑砂浆强度应不低于设计值的80%。

b.基层表面应坚实、平整、粗糙、洁净,并充分湿润,无积水。

c.基层表面的孔洞、缝隙应用与防水层相同的砂浆填塞抹平。

⑤水泥砂浆防水层施工应符合下述要求。

a.分层铺抹或喷涂,铺抹时应压实、抹平和表面压光。

b.防水层各层应紧密贴合,每层宜连续施工,必须留施工缝时应采用阶梯坡形搓,但离开阴阳角处不得小于200 mm。

c.防水层的阴阳角处应做成圆弧形。

d.水泥砂浆终凝后应及时进行养护,养护温度不宜低于5 ℃并保持湿润,养护时间不得少于14 d。

4)涂料防水层

①在受侵蚀性介质或受震动作用的地下工程主体迎水面或背水面宜涂刷涂料防水层。

②涂料防水层应采用反应型、水乳型、聚合物水泥防水涂料或水泥基、水泥基渗透结晶型防水涂料。

③防水涂料厚度选用应符合规定。

④涂料防水层的施工应符合下述规定。

a.涂料涂刷前应先在基面上涂一层与涂料相溶的基层处理剂。

b.涂膜应多遍完成,涂刷应待前遍涂层干燥成膜后进行。

c.每遍涂刷时应交替改变涂层的涂刷方向,同层涂膜的先后接荐宽度宜为30～50 mm。

d.涂料防水层的施工缝(甩槎)应注意保护,搭接缝宽度应大于100 mm,接涂前应将其甩荐表面处理干净。

e.涂刷程序应先做转角处、穿墙管道、变形缝等部位的涂料加强层,后进行大面积涂刷。

f.涂料防水层中铺贴的胎体增强材料,同层相邻的搭接宽度应大于100 mm,上下层接缝应错开1/3幅宽。

5)隧道防水细部构造

以下规定适用于防水混凝土结构的变形缝、施工缝、后浇带、穿墙管道、埋设件等细部构造。

①防水混凝土结构的变形缝、施工缝、后浇带等细部构造,应采用止水带、遇水膨胀橡胶泥子止水条等高分子防水材料和接缝密封材料。

②变形缝的防水施工应符合下述规定。

a.止水带宽度和材质的物理性能均应符合设计要求,且无裂缝和气泡,接头应采用热接,不得叠接,接缝平整、牢固,不得有裂口和脱胶现象。

b.中埋式止水带中心线应和变形缝中心线重合,止水带不得穿孔或用铁钉固定。

c.变形缝设置中埋式止水带时,混凝土浇筑前应校正止水带位置,表面清理干净,止水带损坏处应修补,顶、底板止水带的下侧混凝土应振捣密实,边墙止水带内外侧混凝土应均匀,保持止水带位置正确、平直,无卷曲现象。

d.变形缝处增设的卷材或涂料防水层,应按设计要求施工。

③施工缝的防水施工应符合下述规定。

a.水平施工缝浇筑混凝土前,应将其表面浮浆和杂物消除,铺水泥砂浆或涂刷混凝土界面处理剂并及时浇筑混凝土。

b.垂直施工缝浇筑混凝土前,应将其表面清理干净,涂刷混凝土界面处理剂并及时浇筑混凝土。

c.施工缝采用遇水膨胀橡胶泥子止水条时,应将止水条牢固地安装在缝表面预留槽内。

d.施工缝采用中埋止水带时,应确保止水带位置准确、固定牢靠。

④后浇带的防水施工应符合下述规定。

a.后浇带应在其两侧混凝土龄期达到 42 d 后再施工。

b.后浇带应采用补偿收缩混凝土,其强度等级不得低于两侧混凝土。

c.后浇带混凝土养护时间不得少于 28 d。

⑤穿墙管道的防水施工应符合下述规定。

a.穿墙管止水环与主管或翼环与套管应连续满焊,并做好防腐处理。

b.穿墙管处防水层施工前,应将套管内表面清理干净。

c.套管内的管道安装完毕后,应在两管间嵌入内衬填料,端部用密封材料填缝。柔性穿墙时,穿墙内侧应用法兰压紧。

d.穿墙管外侧防水层应铺设严密,不留接茬;增铺附加层时,应按设计要求施工。

⑥埋设件的防水施工应符合下述规定。

a.埋设件端部或预留孔(槽)底部的混凝土厚度不得小于 250 mm;当厚度小于 250 mm时,必须局部加厚或采取其他防水措施。

b.预留地坑、孔洞、沟槽内的防水层,应与孔(槽)外的结构防水层保持连续。

c.固定模板用的螺栓必须穿过混凝土结构时,螺栓或套管应满焊止水环或翼环,采用工具式螺栓或螺栓加堵头做法,拆膜后应采取加强防水措施将留下的凹槽封堵密实。

⑦密封材料的防水施工应符合下述规定。

a.检查黏结基层的干燥程度以及接缝的尺寸,接缝内部的杂物应清除干净。

b.热灌法施工应自下向上进行并尽量减少接头,接头应采用斜槎;密封材料熬制及浇灌温度应按有关材料要求严格控制。

c.冷嵌法施工应分次将密封材料嵌填在缝内,压嵌密实并与缝壁黏结牢固,防止裹入空气,接头应采用斜槎。

d.接缝处的密封材料底部应嵌填背衬材料,外露密封材料上应设置保护层,其宽度不得小于 100 mm。

6)防水施工的质量验收

地下建筑防水工程的质量应符合下述要求。

①防水混凝土的抗压强度和抗渗压力必须符合设计要求,防水混凝土应密实,表面应平整,不得有露筋、蜂窝等缺陷;裂缝宽度应符合设计要求。

②水泥砂浆防水层应密实、平整、黏结牢固,不得有空鼓、裂纹、起砂、麻面等缺陷;防水层厚度应符合设计要求。

③卷材接缝应黏结牢固、封闭严密,防水层不得有损伤、空鼓、皱褶等缺陷。

④涂层应黏结牢固,不得有脱皮、流淌、鼓泡、露胎、皱褶等缺陷;涂层厚度应符合设计要求。

⑤塑料板防水层应铺设牢固、平整,搭接焊缝严密,不得有焊穿、下垂绷紧现象。

⑥金属板防水层焊缝不得有裂纹、未熔合、夹渣、焊瘤、咬边、烧穿、弧坑、针状气孔等缺陷;保护涂层应符合设计要求。

⑦变形缝、施工缝、后浇带、穿墙管道等防水构造应符合设计要求。

⑧复合式衬砌等防水构造应符合设计要求。

⑨注浆工程的质量要求如下所述。

a.注浆孔的间距、深度及数量应符合设计要求。

b.注浆效果应符合设计要求。

c.地表沉降控制应符合设计要求。

⑩止水带安装的质量要求如下所述。

a.基面找平到位,基层应坚固、密实,没有起砂、裂缝、蜂窝麻面等现象。否则应将基层表团用 1∶2 水泥砂浆整平,允许空隙不应大于 2 mm(用 2 m 直尺检查平整度)。

b.止水带接口应留在顶部。防水施工质量验收应按照隧道设施维修规程进行验收,实行生产维护部门及公司二级验收措施。

c.隧道防水施工验收。隧道防水施工验收要严格执行分级验收、控制质量的原则,质量验收人员必须为车间主管工程师及以上技术人员。

2.5.4 防水堵漏工艺工法

1)安装表贴式止水带施工

①适用于矩形隧道变形缝渗漏水。

②所需材料和工器具如下所述。

a.所需材料见表 2-15。

表 2-15　安装表贴式止水带施工所需材料表

序号	名称	规格	单位	数量	备注
1	双快水泥	快凝快干	kg/m	2.5	
2	橡胶止水带	—	m/m	1.05	特殊情况根据现场确定
3	钢板	300×3	m/m	1.05	—
4	角铁	∟140×100×10	m/m	2.10	—
5	角铁	∟30×5	m/m	2.10	—
6	圆钢	φ12	kg/m	5	—
7	嵌缝条	—	—	5	—
8	化学锚栓	—	—	—	—

b.所需工器具见表 2-16。

表 2-16　安装表贴式止水带施工所需工器具表

序号	名称	规格	单位	数量	备注
1	冲击钻	—	个	2	
2	拖线盘	220 V	盘	2	
3	太阳灯	1 000 W	盏	2	
4	铝合金脚手架	—	套	1	
5	钢丝钳	—	把	2	
6	扳手	—	把	2	
7	喷壶	—	个	1	
8	榔头	—	把	1	
9	凿子	—	个	11	—

③操作程序。

a.针对堵漏后的基面进行找平处理。

b.根据止水带、角铁尺寸进行放样定位。

c.安装角铁架。

d.将圆钢焊接至一角铁架。

e.钻孔安装压板螺栓。

f.安装止水带,并固定压板。

④质量控制。

a.基面找平到位,基层应坚固、密实,没有起砂、裂缝、蜂窝麻面等现象。否则应将基层表面用1:2水泥砂浆整平,允许空隙不应大于2 mm(用2 m直尺检查平整度)。

b.止水带接口应留在顶部。

2)引排水施工作业

为了确保正常的运营安全,故应对时间、现场环境等客观因素进行限制,需采用引排水施工这一临时措施。

(1)引水施工作业的常用工法

目前在隧道区间内的引水施工作业主要采用排管(槽)引水法。

(2)排管(槽)引水法

①排管(槽)引水法适用于站线及矩形隧道顶板渗漏水。

②排管(槽)引水法所需材料和工器具。

a.所需材料见表2-17。

表2-17 所需材料表

序号	名称	单位	数量	备注
1	PVC管	m/m	1.5	—
2	铅丝	m/m	2.0	—
3	不锈钢条	m/m	1.5	不锈钢引水槽

b.所需工器具见表2-18。

表2-18 所需工器具表

序号	名称	单位	数量	备注
1	电锤	台	1	—
2	拖线盘	盘	1	—
3	钢丝钳	把	1	—
4	扶梯	套	2	—

③排管(梢)引水法的操作程序及要领。

A.操作程序如图2-1所示。

B.操作程序详细介绍。

a.加工PVC管材(不锈钢引水槽)。

b.确定安装位置。

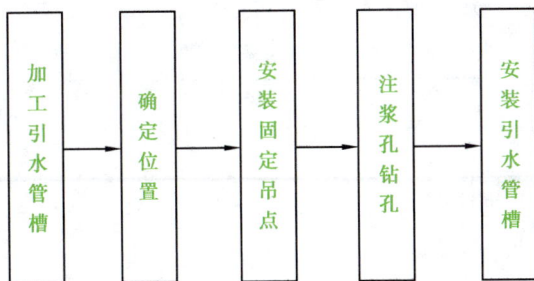

图 2-1　排管（梢）引水法操作程序图

c.安装固定吊点。

d.安装引水管槽。

④排管（槽）引水法的质量控制。

a.引水管槽坡度不得小于 5‰。

b.不得将引水管槽固定在其他管线上。

⑤排管（槽）引水法的安全措施。

a.施工人员必须穿戴工作服和手套等防护用品。

b.登高人员，必须佩戴安全带。

c.施工完毕后，必须清理现场，做到工完料清。

（3）引排水法作业验收

①能正确找出水源、漏水点。

②施工作业符合相关的质量控制要求。

③采用排管（槽）引水法，必须确保引水管（槽）安装牢固、排水通畅，且无漏水点在引水管（槽）外。

3）堵漏施工作业

（1）堵漏的工艺

堵漏施工的常用工艺有凿缝埋管灌浆堵漏法、钻孔灌浆堵漏法、管片节点注浆堵漏法、聚氨酯壁后注浆堵漏法。

（2）凿缝埋管灌浆堵漏法

①凿缝埋管灌浆堵漏法适用于矩形隧道变形缝渗漏水和钢筋混凝土结构不规则裂缝渗漏水。

②凿缝埋管灌浆堵漏法所需材料和工器具。

a.所需材料见表 2-19。

表 2-19　凿缝埋管灌浆堵漏法所需材料表

序号	名称	规格	单位	数量	备注
1	双快水泥	快凝快干	kg/m	5	—
2	聚氨酯	油溶性或水溶性	kg/m	25	—

b.所需工器具见表2-20。

表2-20 凿缝埋管灌浆堵漏法所需工器具表

序号	名称	规格	单位	数量	备注
1	冲击钻	—	台	2	—
2	电锤	—	台	2	—
3	电动注浆泵	—	台	2	—
4	手动注浆泵	—	台	2	—
5	拖线盘	220 V	盘	2	—
6	太阳灯	—	盏	2	—
7	铝合金脚手架	—	套	2	—
8	钢丝钳	—	把	2	—
9	割刀	—	把	2	—
10	榔头	—	个	1	—
11	凿子	—	个	1	—
12	扳手	—	把	1	—
13	喷壶	—	个	1	—
14	漆刷	—	把	1	—
15	水桶	—	个	2	—
16	注浆管	—	m	35	—

③凿缝埋管灌浆堵漏法的操作程序及要领。

A.操作程序如图2-2所示。

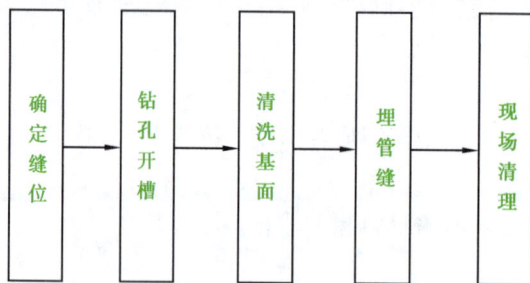

确定缝位 → 钻孔开槽 → 清洗基面 → 埋管缝 → 现场清理

图2-2 凿缝埋管灌浆堵漏法操作程序图

B.操作程序详细介绍。

a.现场确定具体病害(裂缝)位置。

b.病害位置开设V字槽(深度/宽度=1/2)。

c.清洗孔位及V字槽。

d.将注浆嘴预埋至孔内,并用双快水泥封缝。

e.对封堵的水泥进行浇水养护(5 min)。

f.待水泥达到强度后,按比例配制浆液进行灌浆。

g.待浆液完全固化后去除注浆管,清理现场。

④凿缝埋管灌浆堵漏法的质量控制。

a.封堵孔位及 V 字槽时不得留有任何间隙。

b.确保封堵水泥达到设计强度(一定的养护时间)后再注浆。

c.配制浆液时,搅拌时间不得少于 10 min。

d.灌浆时应观察周边情况,一旦出现漏浆、爆浆现象,应立即停止注浆。

⑤凿缝埋管灌浆堵漏法的安全措施。

a.施工人员必须穿戴工作服和手套等防护用品。

b.登高人员,必须佩戴安全带。

c.灌浆时必须对注浆孔进行遮掩。

d.施工现场不得堆放易燃易爆物品。

e.施工完毕后,必须清理现场,做到工完料清。

(3)钻孔灌浆堵漏法

①钻孔灌浆堵漏法适用于矩形隧道变形缝渗漏水和混凝土结构不规则裂缝渗漏水。

②钻孔灌浆堵漏法所需材料和工器具如下所述。

a.所需材料见表 2-21。

表 2-21　钻孔灌浆堵漏法所需材料表

序号	名称	规格	单位	数量	备注
1	双快水泥	快凝快干	kg/m	2.5	—
2	聚氨酯	油溶性或水溶性	kg/m	25	—

b.所需工器具见表 2-22。

表 2-22　钻孔灌浆堵漏法所需工器具表

序号	名称	规格	单位	数量	备注
1	电锤	—	台	2	—
2	电动注浆泵	—	台	2	—
3	拖线盘	220 V	盘	2	—
4	太阳灯	—	盏	2	—
5	铝合金脚手架	—	套	2	—
6	钢丝钳	—	把	2	—

续表

序号	名称	规格	单位	数量	备注
7	割刀	—	把	2	—
8	榔头	—	个	1	—
9	凿子	—	个	1	—
10	扳手	—	把	1	—
11	喷壶	—	个	1	—
12	漆刷	—	把	1	—
13	水桶	—	个	2	—
14	注浆管	—	m	30	—

③钻孔灌浆堵漏法的操作程序及要领如下所述。

A.操作程序如图 2-3 所示。

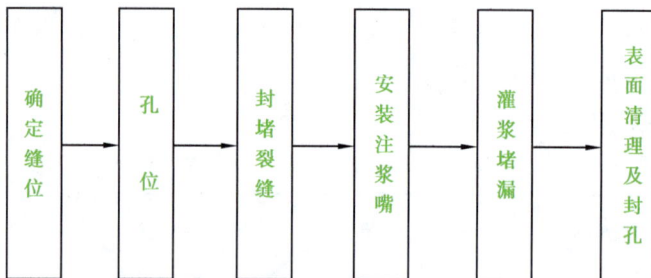

图 2-3　钻孔灌浆堵漏法操作程序图

B.操作程序详细介绍。

a.现场确定具体病害(裂缝)位置。

b.针对具体病害(裂缝)类型,选择钻孔方式(布斜孔、骑缝布孔)。

c.选用双快水泥或环氧胶泥封堵裂缝。

d.安装并紧固注浆嘴。

e.待封堵材料达到强度后,按配合比配置浆液进行灌浆堵漏。

f.当灌浆材料完全固化后,除去注浆嘴,留下的注浆孔可以用双快水泥封闭。

④钻孔溜浆堵漏法的质量控制如下所述。

a.孔位应交错布置在裂缝周围,确保布设的斜孔切割裂缝。

b.裂缝延伸方向基本与衬砌表面垂直的裂缝可以布设骑缝孔。

c.埋入注浆嘴深度应不小于注浆嘴总长的 2/3,灌浆孔孔距控制在 200~250 mm 范围内。

d.配置浆液时,配料搅拌时间不得少于 10 min。

e.灌浆时应观察周边情况,一旦出现漏浆、爆浆现象,应立即停止灌浆。

⑤施工完毕后,必须清理现场,做到工完料清。

(4)管片节点注浆堵漏法

①管片节点注浆堵漏法适用于圆形隧道管片封顶块与邻接块拼缝处滴漏、圆形隧道管片邻接块与标准块拼缝处渗水、圆形隧道管片标准块与拱底块拼缝处渗水和圆形隧道管片环缝处渗水。

②管片节点注浆堵漏法所需材料和工器具如下所述。

a.所需材料见表2-23。

表 2-23　管片节点注浆堵漏法所需材料表

序号	名称	单位	数量	备注
1	弹性环氧	kg/环	20	—
2	环氧树脂	kg/环	5	(DENEEF DP40)
3	环氧胶泥	kg/环	20	—
4	注浆管	m/环	12	—
5	注浆嘴	个/环	6~12	—
6	铁丝	m/环	2	—
7	尼龙棒	m/环	2	—
8	胶带	卷/环	4	—

b.所需工器具见表2-24。

表 2-24　管片节点注浆堵漏法所需工器具表

序号	名称	单位	数量	备注
1	电锤	台	2	钻头直径小于12 mm
2	电动式注浆泵	台	2	—
3	手动式注浆泵	台	2	—
4	拖线盘	盘	2	—
5	太阳灯	盏	2	—
6	平板车	台	1	—
7	钢丝钳	把	2	—

续表

序号	名称	单位	数量	备注
8	活络扳手	把	2	—
9	榔头	把	2	—
10	喷壶	个	1	—
11	SM 胶枪	把	1	—
12	切割机	台	1	—
13	油灰刀	把	4	—
14	毛刷	把	5	—
15	清孔器	个	1	—
16	美工刀	把	2	—
17	烘干枪	把	2	—

③管片节点注浆堵漏法的操作程序及要领如下所述。

A.操作程序如图 2-4 所示。

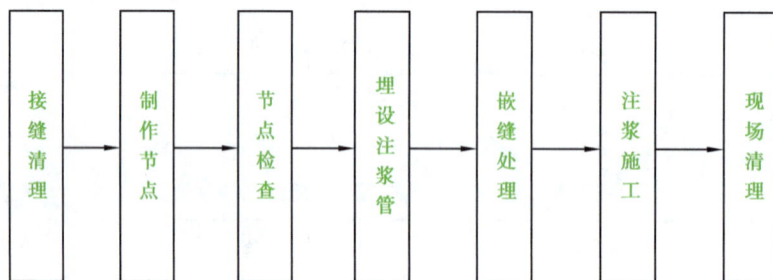

接缝清理 → 制作节点 → 节点检查 → 埋设注浆管 → 嵌缝处理 → 注浆施工 → 现场清理

图 2-4 管片节点注浆堵漏法操作程序图

B.操作程序详细介绍。

a.根据实际情况,确定现场病害是否适用本施工工艺整治。

b.针对所确定的病害范围,进行必要的清理。

c.根据治理范围制作隔断节点。

d.用水试压节点附近的注水口,检验节点隔断效果。

e.在病害环缝内安装注浆嘴。

f.对病害环缝进行嵌缝处理。

g.将弹性环氧进行配制,对灌浆孔由下而上进行灌浆。

h.铲去粘贴于管片上的胶带和多余环氧胶泥。

④管片节点注浆堵漏法的质量控制。

a.环缝内的嵌缝水泥须彻底凿除。

b.要用毛刷消理环缝内的粉尘,如不清理干净将会影响后续嵌缝的密封效果。

c.节点应设置在封顶块、邻接块、标准块、拱底块的拼缝处;每处作为一个节点组,每组制作注水孔 1 个。注水孔布置在两个节点的中间位置,最外侧节点离环缝中心距不得大于 200 mm。每环须制作 12 个节点组。

d.每个节点直径为 18 mm、深度为 270 mm,节点内先用环氧胶泥填充满,再塞入直径为 15 mm、长度为 250 mm 的尼龙棒,增加节点内的填充度从而提高节点的隔断效果。

e.待环氧胶泥固化后,将注水孔与手动泵连接,用清水进行试压。如果压力表显示有压力,压不进水,并且节点处无水溢出,则说明该节点已起到隔断效果,可进行下一道工序;如有水溢出,则须重做节点。

f.每块管片各设 3 个注浆嘴,均匀分布(如遇渗水量较大,可适当增加注浆嘴数量)。注浆孔深度为 150 mm,直径为 14 mm;封顶块相邻两侧注浆孔深度要求为 250 mm,埋设塑料软管,仲入深度为 200 mm。目的是使顶部环缝内更密实地填充满浆液,起到堵漏效果。

g.在环缝两侧各 30 mm 处沿环缝方向粘贴胶带。

h.胶带粘贴后,在环缝表面涂上环氧树脂。前后工序不能颠倒,否则胶带将无法粘贴于管片上。

i.将环氧胶泥嵌入环缝内,要求嵌缝饱满、表面平滑,并溢出环缝檐口宽 30 mm,厚 2 mm。

j.待环氧胶泥固化后,采用电动注浆泵,以 0.4 MPa 的压力同时从隧道两侧最低处注浆嘴进行灌浆。

k.灌浆灌到相邻上一注浆嘴出浆,封闭低处注浆嘴,移至上一注浆嘴继续灌浆,依此类推,直至最后一个注浆管(顶部塑料软管)压力达 0.4 MPa 并保持 10 min 不变,完成灌浆。

⑤管片节点注浆堵漏法的安全措施。

a.施工人员必须穿戴工作服和手套等防护用品,登高作业须佩戴保险带。

b.灌浆时必须对注浆孔进行遮掩。

c.施工现场不得堆放易燃易爆物品,并配备防火设备。

d.施工完毕后,必须清理现场,做到工完料清。

(5)聚氨酯壁后注浆堵漏法

①聚氨酯壁后注浆堵漏法适用于圆形隧道盾构单圆通缝、单圆错缝及双圆隧道壁后防水堵漏。

②聚氨酯壁后注浆在堵漏法所需材料和工器具如下所述。

a.所需材料见表 2-25。

表 2-25　聚氨酯壁后注浆堵漏法所需材料表

序号	名称	规格	单位	数量	备注
1	球阀	—	个	1/孔	—
2	生料带	—	卷	0.1/孔	—
3	聚氨酯	—	kg	30~50/孔	—

注：聚氨酯是一种以异氰酸酯与多羟基化合物制备的预聚体为主剂的双组分型高分子注浆堵漏材料。浆液遇水后会发泡膨胀快，膨胀率大（大于 2 000%），强度好，有弹性。对渗水量大的地下工程堵漏效果良好，能加固地基。固结体有良好的抗渗性，在水中永久保持原形，并具有耐低温性。与水具有良好的混溶性，诱导时间可以通过配比进行调节（10~1 200 s）。推荐使用油溶性聚氨酯堵漏剂、Z-BH 聚氨酯。

b.所需工器具见表 2-26。

表 2-26　聚氨酯壁后注浆堵漏法所需工器具表

序号	名称	规格	单位	数量	备注
1	变频器	—	台	2	—
2	齿轮泵	—	台	2	—
3	电锤	—	台	2	—
4	五坑钻头	—	组	8	钻头直径 32 mm
5	注浆管	直径大于 30 mm	m	10	—
6	回流管	直径大于 30 mm	m	6	—
7	进浆管	直径大于 30 mm	m	6	—

③聚氨酯壁后注浆堵漏法的操作程序及要领如下所述。

A.操作程序如图 2-5 所示。

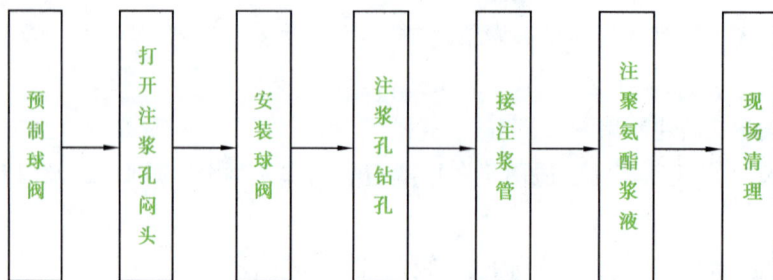

预制球阀 → 打开注浆孔闷头 → 安装球阀 → 注浆孔钻孔 → 接注浆管 → 注聚氨酯浆液 → 现场清理

图 2-5　聚氨酯壁后注浆堵漏法操作程序图

B.操作程序详细介绍。

a.预置球阀。

- 准备好两寸球阀、生料带、两寸孔口管(孔口管为球阀与管片连接的媒介)。
- 施工前应对球阀及孔口管进行质量检查。
- 分别于孔口管两头以顺时针方向充分缠上生料带,并将细螺纹一头接入球阀。

b.注浆孔清理。
- 打开管片预留注浆孔闷头。
- 清理注浆孔内部杂物。
- 注浆孔螺纹检查。

c.安装球阀。
- 将已预置球阀以孔口管粗螺纹一端接入注浆孔。
- 用管子钳分别紧固球阀与孔口管以及孔口管与管片注浆孔螺纹间的连接。
- 关闭球阀。

d.注浆孔钻孔。
- 打开管片注浆孔上球阀。
- 用冲击钻通过球阀沿注浆孔打穿管片。
- 抽出钻头,并关闭球阀。

e.接注浆管及注浆。
- 组装好变频器、齿轮泵、注浆管、吸浆管及回流管。
- 将注浆管接入球阀及紧固。

打开电源,启动变频器控制齿轮泵。浆液进入齿轮泵时关闭回流管阀门,并且同时打开注浆管与球阀的阀门,使浆液通过注浆管及球阀注入管片壁。注浆结束后,同时关闭球阀及注浆管的阀门,打开回流管阀门,再打开注浆管阀门进行卸压。
- 卸除注浆管。

f.施工完毕后现场清理。
- 待聚氨酯固化后清除管片、球阀上残留物。
- 清洗齿轮泵、注浆管、吸浆管和回流管,以免残留浆液固化堵塞管道。

④聚氨酯壁后注浆堵漏法的质量控制。

a.齿轮泵压力应进行控制。

b.每孔注浆量应进行控制。

c.注浆顺序:隧道纵向上"做一跳二",即每次隔两环注浆一环,横向上"先下后上",即根据注浆孔分布情况,从下向上依次注浆。

d.经过多次注浆后须达到一定的止水效果。

⑤聚氨酯壁后注浆堵漏法安全措施。

a.建立安全生产责任制,责任落实到人。

b.岗前须进行安全教育,掌握本施工安全生产的基本知识和技能。

c.施工人员必须戴好防护用具、穿戴工作服、防护眼镜和口罩。

d.建立安全防护制度,并在施工中严格执行。

e.为防止漏浆,所有注浆作业须在接触网停电、验电及做接地保护后进行。

f.无法安装孔口管的注浆孔须采用特殊工法封孔。

g.安装的球阀必须满足限界要求。

h.球阀注浆前后均应处于关闭状态，每次注浆撤场前须由专人进行状态确认。

i.施工现场严禁烟火，禁止吸烟，且须配备灭火器具。

j.施工完成后，须工完料清，经安全负责人现场确认后方可销点。

⑥堵漏作业的验收。

a.能正确找出水源、漏水点。

b.采用正确的堵漏施工作业的工法。

c.施工作业符合相关的质量控制要求。

d.浆液配比正确，调配均匀。

e.注浆顺序由下而上，并正确控制注浆压力，观察周边情况，一旦出现漏浆、爆浆现象，应立即停止灌浆。

f.泥封堵不起鼓，水泥砂浆抹平应平整光滑。

g.环氧胶泥嵌缝要求嵌密、压实、批平，表面平整一致。

2.5.5　加固作业

1）纤维布粘贴

此内容在后面实操部分有详细介绍，在此不进行讲述。

2）整体道床轨道支撑块加固作业

①整体道床轨道支撑块加固作业适用于整体道床轨道支撑块开裂、破损。

②整体道床支撑块加固作业所需材料和工器具如下所述。

a.所需材料见表 2-27。

表 2-27　整体道床轨道支撑块加固作业所需材料表

序号	名称	规格	单位	数量	备注
1	双快水泥	快凝快干	kg/m	4	—
2	环氧树脂	—	kg/m	6~15	—
3	铅丝	—	m/m	3	—

b.所需工器具见表 2-28。

表 2-28　整体道床轨道支撑块加固作业所需工器具表

序号	名称	规格	单位	数量	备注
1	电锤	—	台	1	—
2	手动式注浆泵	—	台	1	—

序号	名称	规格	单位	数量	备注
3	注浆管	8 mm	m	5	—
4	拖线盘	—	盘	2	—
5	太阳灯	—	盏	2	—
6	钢丝钳	—	把	2	—
7	喷壶	—	个	1	—

③整体道床支撑块加固作业的操作程序及要领。

A.操作程序如图 2-6 所示。

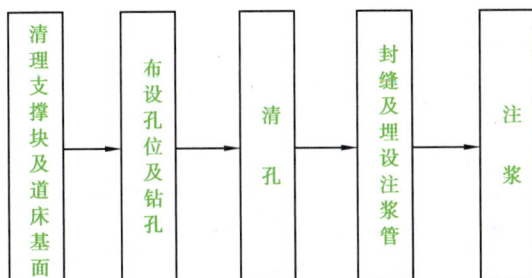

图 2-6　整体道床轨道支撑块加固作业操作程序图

B.操作程序详细介绍。

a.清理支撑块及周边道床基面。

b.布设孔位及钻孔。

c.清孔,清洗孔内粉尘。

d.封缝及埋设注浆管。

e.进行注浆。

④整体道床支撑块加固作业的质量控制。

a.清理时需将支撑块及周边道床表面浮层清除干净。

b.注浆材料需按配合比进行调和。

c.封缝时应封堵密实,注浆时不得出现跑浆。

d.注浆时应注意低压缓注,压力需控制在 0.2~0.4 MPa。

e.注浆结束,注浆管结扎牢固。

⑤整体道床支撑块加固作业的安全措施。

a.施工人员必须穿戴工作服和手套等防护用品。

b.灌浆时必须对注浆孔进行遮掩。

c.施工现场不得堆放易燃易爆物品。

d.施工完毕后,必须对现场进行清理,做到工完料清。

3）整体道床结构注浆补强加固作业

此部分实操部分有详细介绍，在此不再进行讲述。

4）整体道床转辙机基坑结构补强加固

①整体道床转辙机基坑结构补强加固作业适用于有岔站岔区转折基坑结构开裂、破损。

②整体道床转辙机基坑结构补强加固作业所需材料和工器具如下所述。

a.所需材料见表 2-29。

表 2-29　整体道床转辙机基坑结构补强加固作业所需材料表

序号	名称	规格	单位	数量
1	双快水泥	快凝快干	kg/m	4
2	水泥基渗透结晶型涂料	—	kg/m	1
3	铅丝	—	m/m	3

b.所需工器具见表 2-30。

表 2-30　整体道床转辙机基坑结构补强加固作业所需工器具表

序号	名称	规格	单位	数量
1	电锤	—	台	1
2	拖线盘	—	盘	2
3	太阳灯	—	盏	2
4	喷壶	—	个	1

③整体道床转辙机基坑结构补强加固作业的操作程序及要领。

A.操作程序如图 2-7 所示。

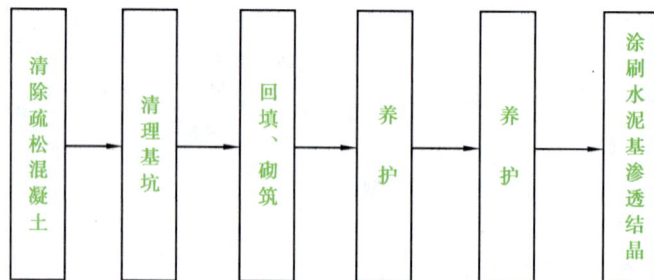

图 2-7　整体道床转辙机基坑结构补强加固作业操作程序图

B.操作程序详细介绍。

a.消除基坑坑底及周边疏松混凝土。

b.清理基坑。

c.用快封水泥进行回填、砌筑。

d.养护。

e.在基坑坑底及周边涂刷水泥基渗透结晶型涂料。

④整体道床转辙机基坑结构补强加固作业的质量控制。

a.清除疏松混凝土时，如基坑两侧排水沟有积水情况，需做好围堰。

b.清理时，应注意将基坑坑底浮层清除干净。

c.回填、砌筑应保持原基坑形状及尺寸。

d.养护时间要充分，以免表面产生细缝。

e.需涂刷水泥基渗透结晶型涂料二遍。

⑤整体道床转辙机基坑结构补强加固作业的安全措施如下所述。

a.施工人员必须穿戴工作服和手套等防护用品。

b.施工现场不得堆放易燃易爆物品。

c.施工完毕后，必须对现场进行清理，做到工完料清。

5）排水沟作业

①排水沟作业适用排水沟开裂破损。

②排水沟作业所需材料和工器具如下所述。

a.所需材料见表2-31。

表2-31　排水沟作业所需材料表

序号	名称	规格	单位	数量	备注
1	普通水泥	—	kg/m	—	根据现场情况确定
2	双快水泥	—	kg/m	—	根据现场情况确定
3	黄沙	—	kg/m	—	根据现场情况确定

b.所需工器具见表2-32。

表2-32　排水沟作业所需工器具表

序号	名称	规格	单位	数量	备注
1	凿破机	—	台	1	—
2	石材切割机	—	台	1	—
3	拖线盘	—	盘	2	—
4	榔头	—	把	1	—
5	凿子	—	个	1	—
6	喷壶	—	个	1	—
7	泥工工具	—	组	1	—

③排水沟作业的操作程序及要领如下所述。

A.操作程序如图2-8所示。

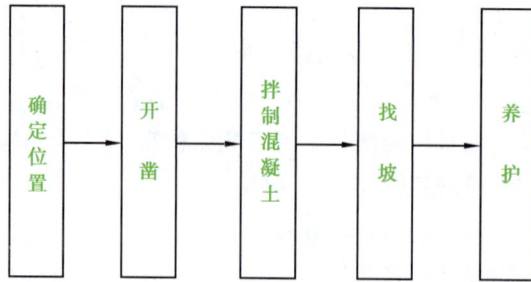

```
┌─────┐   ┌───┐   ┌─────┐   ┌───┐   ┌───┐
│ 确  │   │ 开 │   │ 拌  │   │ 找 │   │ 养 │
│ 定  │→  │    │→  │ 制  │→  │    │→  │    │
│ 位  │   │ 凿 │   │ 混  │   │ 坡 │   │ 护 │
│ 置  │   │    │   │ 凝  │   │    │   │    │
│     │   │    │   │ 土  │   │    │   │    │
└─────┘   └───┘   └─────┘   └───┘   └───┘
```

图2-8　排水沟作业操作程序图

B.操作程序详细介绍如下所述。

a.确定修补位置。

b.开凿部分损坏水沟。

c.拌制混凝土。

d.沟内找坡。

e.混凝土养护。

④排水沟作业的质量控制如下所述。

a.开凿处的基面清理干净。

b.混凝土充分搅拌。

c.沟内的坡度,不得小于5‰。

d.新修补的混凝土不能有开裂现象。

⑤排水沟作业的安全措施如下所述。

a.开凿排水沟时应注意其他管线走向,不得影响其他管线正常使用。

b.施工人员必须穿戴工作服和手套等防护用品。

c.施工完毕后,必须清理现场,做到工完料清。

⑥排水沟作业验收标准如下所述。

a.排水沟作业范围边界须规整和美观。

b.作业范围表面应与道床齐平,且与原道床黏结牢固。

c.原破损、松散混凝土应凿除彻底。

d.排水沟内表面光滑流畅,具有适当排水坡度,一般不得小于5‰。

e.新施工排水沟混凝土表面无开裂现象。

f.施工范围无水泥污损的道床、钢轨和地坪,且无遗留施工垃圾。

6) 双液微扰动注浆加固作业

①双液微扰动注浆加固作业适用因邻近隧道建筑活动的加卸载引起隧道不均匀沉降,由于隧道在渗漏条件下受列车长期振动而发生振陷,隧道穿越不均匀而又极软弱地层,在盾构施工扰动下发生较大施工期沉降和工后沉降,隧道渗漏造成地基水土流失引起

的不均匀沉降;隧道进出洞及旁通道处冻结法施工引起的融沉和区域不均匀的大地沉降引起的隧道不均匀沉降等。

微扰动注浆治理方法的概念是沿隧道治理段纵向以合理间距布设注浆孔,对每个注浆孔通过分阶段的、少量多次的自隧道底部向下分层叠加注浆,每次注浆量要定量控制到适当小,并采取减少注浆对地层扰动的措施,使每次注浆引起的隧道上抬量 ΔV 总大于或等于隧道自然沉降加上地基由于每次注浆引起的超孔隙水压力部分消散而产生的固结沉降量之和 ΔS。一般在开始注浆阶段,要使治理段隧道抬升至一定的预期值,为此在初始阶段的抬升注浆过程中,适当减少各次注浆之间的间隔时间 ΔT,从而增大每次注浆有效抬升量。当初始阶段各次注浆所引起的隧道总抬升量 $\sum(\Delta V - \Delta S)$ 达到预期值时,注浆即暂停一段时间,使隧道下卧土层因注浆引起的超孔隙水压消散殆尽,隧道地基得到一定的抬升。

②双液微扰动注浆加固作业所需材料和工器具如下所述。

a.所需材料见表 2-33。

表 2-33 双液微扰动注浆加固作业所需材料表

序号	名称	规格	单位	数量	备注
1	水泥	—	kg	—	根据现场情况而定
2	水玻璃	水玻璃波美度为45Be	kg	—	同上

b.所需工器具见表 2-34。

表 2-34 双液微扰动注浆加固作业所需工器具表

序号	名称	规格	单位	数量	备注
1	凿破机	—	台	1	—
2	石材切割机	—	台	1	—
3	拖线盘	—	盘	2	—
4	榔头	—	把	1	—
5	凿子	—	个	1	—
6	喷壶	—	个	1	—
7	泥工工具	—	组	1	—

③双液微扰动注浆加固作业的操作程序及要领如下所述。

A.操作程序如图 2-9 所示。

B.操作程序详细介绍如下所述。

a.放样。放样的原则是尽量避开钢筋,具体钻孔孔位需要考虑管片类型、管片布筋等

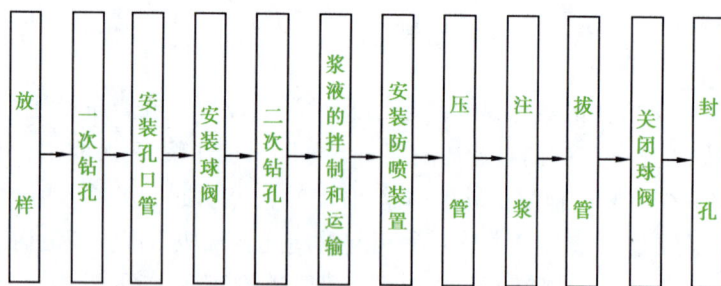

图 2-9 双液微扰动注浆加固作业操作程序图

不同情况,在双侧排水沟中或者道床中间位置,避开主要受力钢筋。有时受条件限制可能破坏箍筋,但一定要确保主筋不受损害。放样是开孔的第一步操作,放样的精度直接影响到注浆孔能不能避开钢筋。

b.一次钻孔。由于运营隧道内夜间施工时间有限,第一次钻孔不能将管片钻穿,待全部打孔工作完成并开始注浆时,对当晚注浆的位置进行二次开孔,以确保隧道的安全,防止泥浆和砂涌入隧道。

第一次钻孔直接影响到钻孔位置的精确度,因此钻孔设备的选择和设备的固定、定位十分关键。

c.安装孔口管。安装孔口管时,其管壁和隧道管片之间的空隙必须充分填满黏结剂。

d.安装球阀。安装球阀时,其丝口应进行适当处理,保证球阀关闭后的密水性。

e.二次钻孔。二次钻孔一般采用冲击钻,直接将管片剩余厚度打穿。值得注意的是二次开孔只对当天作业的点实施,即在上下行隧道对称地打开球阀,按照工艺要求打穿管壁,直至计划深度,完成二次钻孔。

f.浆液的拌制和运输。浆液的拌制和运输应满足施工续接要求。浆液的配比要综合考虑流动性、凝固时间、固结体强度等情况,还要避免堵管的发生。

g.安装防喷装置。防喷装置是在每次注浆前安装在球阀上,防止注浆时因压力较大导致浆液喷出。

h.压管。注浆管由注浆头及管身组成。压管前要准备好注浆管,并在其底部连接喷浆头。为防止插入过程中堵塞注浆头故先用胶布将注浆头固定。管身长 1 m,按照注浆深度的不同可接长。

i.注浆。当参数设定好后,注浆的关键就是操作,良好有序的操作是能开孔、注好浆的保证。注浆过程中的终止条件反映了注浆的高要求和多项控制操作,只有严格多项控制,才能保证运营隧道的安全。

j.拔管。拔出注浆管应有专门的拔管设备。

k.关闭球阀。注浆结束后,关闭球阀,拆除防喷装置。完成注浆施工后,应进行良好封孔,避免水土从注浆孔内流出。

④双液微扰动注浆加固作业的安全措施。

a.施工人员必须严格穿戴工作衣、防护手套、防护镜等防护用品。

b.施工现场不得堆放易燃易爆物品。

c.施工完毕后,必须清理现场,做到工完料清。

7)衬砌裂缝补强注浆

①本节适用于衬砌裂缝渗漏水采用的堵水注浆处理。裂缝注浆应待衬砌结构基本稳定和混凝土达到设计强度后进行。

②防水混凝土结构出现宽度小于 2 mm 的裂缝可视为无害裂缝,如产生渗漏水可采用水泥基结晶渗透型材料涂抹施工;宽度大于 2 mm 的混凝土裂缝产生渗漏水应采用化学注浆处理,注浆材料宜采用环氧树脂、聚氨酯、丙烯酸盐等浆液;除堵漏外,对需要补强的结构要考虑注浆的补强效果,注浆材料宜采用超细水泥、改性水泥浆液或特殊化学浆液。

③裂缝注浆所选用水泥的细度应符合表 2-35 的规定。

表 2-35　裂缝注浆选用水泥的细度

项目	普通硅酸盐水泥	磨细水泥	湿磨细水泥
平均粒径($D50$,μm)	20~25	8	6
比表面/($cm^2 \cdot g^{-1}$)	3 250	6 300	8 200

④衬砌裂缝注浆应符合下述规定。

a.浅裂缝应骑槽粘埋注浆。必要时沿缝开凿 V 形槽并用水泥砂浆封缝。

b.深裂缝应骑缝钻孔至裂缝深部,孔内埋设注浆管,间距应根据裂缝宽度而定,但每条裂缝至少有两个进浆孔和 1 个排气孔。

c.注浆嘴及注浆管应设于裂缝的交叉处、较宽处及贯穿处等部位。对封缝的密封效果应进行检查。

d.采用低压低速注浆,化学注浆压力宜为 0.2~0.4 MPa,水泥浆灌浆压力宜为 0.4~0.8 MPa。

e.注浆后待缝内浆液初凝而不外流时,方可拆下注浆嘴并进行封口抹平。

⑤衬砌裂缝补强注浆验收标准如下所述。

a.补强后的裂缝表面须清洁美观,无浆液溢流污损。

b.补强范围表面应平整,无凸凹不平的水泥封堵面。

c.注浆管和注浆嘴注浆后浆液完全固化后须彻底清理。

d.补强施工过程注浆嘴安埋应尽可能骑缝进行,无明显次生损坏结构现象。

e.补强后裂缝无明显渗漏水,尤其影响触网、钢轨和转辙机等设备的渗漏水。

f.施工范围无补强材料污损道床、钢轨或地坪现象,且没有遗留施工垃圾。

2.5.6　隧道的维护及质量评定

1)隧道的维护

隧道结构设施维护分为综合维修和保养。

（1）隧道综合维修

①综合维修的定义：有计划、按周期地对隧道（含附属设备）已发生和可能发生的破损、病害进行整个区间的维修，保持隧道设备经常处于良好状态，延长使用寿命。

综合维修的原则是"预防为主，防治结合"。应做到全面维修，项目齐全。

根据隧道设备状态，安排好综合维修计划，每年综合维修的数量应占设备总数的20%左右，五年一个周期。隧道人防门的综合维修周期不受五年一个周期的限制，但不能大于五年一个周期。

②综合维修主要工作内容。

A.圆形隧道。

a.管片本体：渗漏处理、裂缝修补处理、杂质处理、钢管片锈蚀、漏水现象。

b.管片环纵缝：嵌缝条全面修补处理、环纵缝渗漏水处理、环缝纵缝张开现象和错台错缝现象。

c.管片注浆孔：注浆孔螺帽缺损更换、注浆孔堵漏。

d.管片螺栓孔：管片螺栓孔渗漏处理、管片螺栓孔封堵。

e.端头井：端头井圈渗漏处理、地下连续墙渗漏处理。

f.中间风井：混凝土墙体渗漏处理、顶板、立柱、梁渗漏处理。

g.变形缝渗漏处理。

B.矩形隧道。

a.地下连续墙：渗漏处理、结构补强、砂浆修补、涂抹防水层、杂质清除。

b.顶板：渗漏处理、结构补强、砂浆修补、涂抹防水层、杂质清除。

c.变形缝渗漏处理、止水带脱落治理。

d.导水管、槽松动脱落整治。

C.道床与管片间脱离治理。

D.整体道床开裂、轨枕与道床间裂隙处理。

E.浮置板道床两侧防尘装置破损处理。

F.隧道内碳素纤维等补强材料的脱落抽丝现象应及时处理。

G.隧道内防火板松动及脱落整治（多发生在双圆隧道中隔墙和事故段隧道内）。

H.旁通道排水管、口堵塞治理。

I.其他附属设施病害的整治。

（2）隧道保养

①保养的定义：根据生产调度的报修、上月巡检的病害资料，以及隧道设施病害的特点，有计划地对综合维修计划外的隧道设施进行维修，掌握隧道设施技术状态，及时、主动地消除病害，以防止病害扩大，按期做好季节性工作，确保使用安全。

②综合维修的定义：有计划、按周期地对隧道（含附属设备）已发生和可能发生的破损、病害进行整个区间的维修，保持隧道设备经常处于良好状态，延长使用寿命。

综合维修的原则是"预防为主,防治结合",应做到全面维修,项目齐全。根据隧道设备状态,安排好综合维修计划,每年综合维修的数量应占设备总数的20%左右,五年一个周期。隧道人防门的综合维修周期不受五年一个周期的限制,但不能大于五年一个周期。

③综合维修主要工作内容如下所述。

A.圆形隧道。

管片本体:渗漏处理、裂缝修补处理、杂质处理、钢管片锈蚀、漏水现象。

B.管片坏纵缝:嵌缝条全面修补处理、环纵缝渗漏水处理、环缝纵缝张开现象和错台错缝现象。

a.管片注浆孔:注浆孔螺帽缺损更换、注浆孔堵漏。

b.管片螺栓孔:管片螺栓孔渗漏处理、管片螺栓孔封堵。

c.端头井:端头井圈渗漏处理、地下连续墙渗漏处理。

d.中间风井:混凝土墙体渗漏处理、顶板、立柱、梁渗漏处理。

C.矩形隧道。

a.地下连续墙滴漏及滴漏以上处理、墙体缺损部位砂浆修补。

b.顶板滴漏及滴漏以上处理,顶板缺损部位砂浆修补。

c.变形缝滴漏及滴漏以上处理。

D.隧道人防门零小病害修复。

E.隧道内管片编号的油漆。

F.隧道清洗车每季清洗隧道一遍。

G.掌握隧道设施的质量状态,发现影响结构安全和运营安全的病害及时处理和上报。

H.做好季节性工作的应急处理和观测工作。

2)隧道结构综合维修验收标准

隧道结构综合维修作业质量的验收,要严格执行工区自检,生产维护部门、公司联合验收制,分级把关,控制质量。

每天应在作业中及收工前进行质量自检、互检和回检,发现不符合标准的项目应及时返修达标。

每次检查的情况都应填记在日计划完成表或施工记录上。

综合维修验收主要内容如下所述。

①隧道病害综合维修应以消除渗漏水和漏泥沙、管片开裂、整体道床开裂及旁通道病害为主,综合维修过程中对结构的改变应尽量恢复。

②综合维修后隧道区间应消除管片开裂破损、漏水、漏泥沙、注浆孔螺帽缺失、各种附属设施的松动脱落等病害。

③隧道整体状态达到2级防水标准,即不允许漏水,结构表面可有少量湿渍,湿渍总面积不大于总防水面积的2/1 000,单个湿渍面积不大于0.2 m²,任意100 m²防水面积不超过3处,平均渗漏水量不大于0.05 L/(m²·d),任意100 m²防水面积的渗漏水量不大

于/（m² · d）。

④相邻管片环向错台≤15 mm，径向错台≤10 mm。

⑤混凝土管片、钢管片注浆口螺栓要严格按设计要求拧紧，不得缺失。

⑥验收后需填写相关质量验收表和状态评定表，建立相应台账。

3）隧道结构保养验收标准

①隧道保养质量的验收频次为各保养施工独立验收。

②隧道保养质量的验收由工区、生产维护部门、公司三方共同进行。隧道保养质量的验收通过工区自验，生产维护部门质量评定，公司质量验收的方式进行。

③隧道病害保养应以不损坏原有结构为基础，在此基础上使渗漏水、漏泥沙、混凝土开裂等影响结构安全的病害得以治理，达到保护结构的目的。

④隧道结构保养质量评定是根据该设备各部分存在的问题，根据扣分的情况来评定保养的优劣，验收标准详见隧道结构单项作业验收标准。

4）隧道质量评定标准

隧道质量分为"优良""合格"和"不合格"3个等级评定。

（1）优良等级的隧道结构质量应符合的规定

①隧道顶部无滴漏。

②单个区间隧道，隧道内表面潮湿面积不大于2/1 000的总内表面积。

③单个区间隧道，单个湿渍面积不大于0.2 m²。

④单个区间隧道，任意100 m²渗水量不大于0.15/（m² · d）。

⑤单个区间隧道，任意100 m²防水面积的湿渍不超过3处。

⑥单个区间隧道，平均渗水量不大于0.05 L/（m² · d）。

（2）合格等级的隧道结构质量应符合的规定

①无泥沙或线漏。

②单个区间隧道，单个湿渍面积不大于0.3 m²。

③单个区间隧道，单个漏水点的漏水量不大于2.5 L/d。

④单个区间隧道，任意100 m²防水面积上的湿渍不超过7处。

（3）不合格等级的隧道结构质量应符合的规定

①单个区间隧道，任意100 m²防水面积的平均漏水量大于4 L/（m² · d）。

②隧道内出现涌沙、线流或漏泥沙，侧墙出现连续渗流。

③单个区间隧道，道床与管片产生脱离现象。

复习思考题

1.简述从业人员 3 项安全义务。

2.简述钢结构锈蚀的危害性。

3.简述整体道床与衬砌脱离后的故障表现及处理流程。

4.从构件浇筑方面简述拌制混凝土时对粗骨料粒径的技术要求。

5.论述建筑登高作业十不准。

6.论述注浆堵漏作业验收要点。

7.论述箱形梁的优缺点。

8.论述从业人员在安全生产方面的 8 项权利。

9.论述地铁车站及区间防水级别及指标。

10.论述道床加固后作业质量验收标准。

项目3 初级工理论知识及实操技能

3.1 卷帘门应急故障的处理

3.1.1 卷帘门概述

1）定义

所有具有电动、手动提升,折叠功能的门体称为卷帘门。

2）范围

地铁各车站、主变电站与基地等采用普通卷帘门、防火卷帘门、工业提升门、电动伸缩门、拉闸门、电动感应门。

3）特点

卷帘门门体采用优质不锈钢等材料制作而成,并采用平行四边形原理交接,伸缩灵活。驱动器采用特种电机驱动,蜗杆蜗轮减速,并设有手动离合器,停电时可手动启闭。卷帘门为伸缩棚格型,具有启闭平稳、透视门体,开启后占用空间小等特点。

出入口卷帘门
保养

3.1.2 卷帘门主要组成、常见规格型号

1）卷帘门主要组成

卷帘门主要构成是帘面、座板、导轨、支座、卷轴、箱体、限位器、卷门机、门槛、手动拉链、控制箱(按钮盒)和感温感烟控制器。

2）西安地铁正线车站卷帘门常见规格型号

西安地铁正线车站卷帘门常见规格型号有:10 m×3 m、8 m×6 m、7 m×6 m、7 m×5 m、7 m×4 m、6 m×6 m、6 m×5 m、6 m×4 m、6 m×3 m、5 m×5 m、5 m×3 m、4 m×3 m、3 m×3 m、4 m×4 m。

额定电压:220 V;额定电流:3 A、2.6 A、2.5 A、2 A;额定功率:800 W、550 W、370 W、400 W、300 W、250 W;频率:420 N·m、50 Hz、0.067 m/s;提升力:600 kg、80 kg。

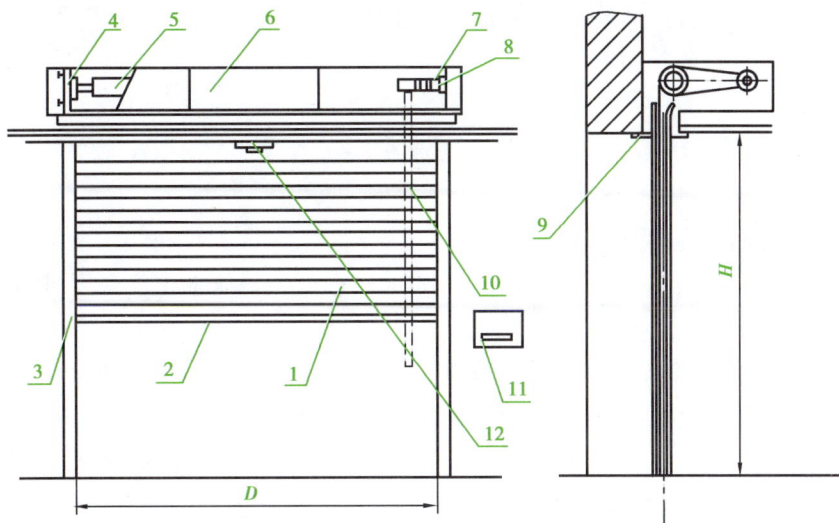

图 3-1 卷帘门的组成

1—帘面；2—座板；3—导轨；4—支座；5—卷轴；
6—箱体；7—限位器；8—卷门机；9—门楣；10—手动拉链；
11—控制箱(按钮盒)；12—感温、感烟探测器(防盗卷帘门)

3.1.3 卷帘门应急故障定义、常见表现形式及处理技术

1)卷帘门应急故障定义

卷帘门应急故障是卷帘门发生无法开启、关闭的重大故障，需采取应急措施人工开启和关闭，常见卷帘门如图 3-2 所示。

(a)防盗卷帘门1   (b)防盗卷帘门2

图 3-2 防盗卷帘门

2)卷帘门应急故障常见表现形式及处理流程

(1)卷帘门应急故障常见表现形式

表现形式是卷帘门遥控器和手动控制均无法进行启闭。

(2)卷帘门应急故障处理流程

处理流程是办理请销点手续；打开并扶好伸缩梯；上梯打开检修口盖板；找到卷帘门

电机旁的手动链条,将手动链条从卷帘门包厢中取出,自然垂下;用卷帘门电机自带的链条手动启闭卷帘门;链条和检修盖板复位。

3.1.4　客运人员卷帘门应急故障处理流程

1)客运人员卷帘门应急故障处理流程

①车站人员发现卷帘门无法电启闭后,应第一时间报设施部生产调度,调度通知结构房建工班。

②车站人员进行车站卷帘门应急故障处理应避免对运营造成影响。一人扶好伸缩梯,另一人上梯打开检修口;找到卷帘门电机旁的手动链条,将手动链条从卷帘门包厢中取出,自然垂下;用卷帘门电机自带的链条手动提升卷帘门;链条和检修盖板复位。

③待结构房建工班人员到达现场后,配合工班做好请销点手续及卷帘门故障处理时的相应配合工作。

2)卷帘门应急故障处理流程

①接到生产调度报的故障,进行现场确认。

②故障原因分析。

③办理各种请销手续,人员进场,班前教育,设置施工防护。

④检查工具,包括劳动防护用品是否合格,梯子是否合格(图3-3)。

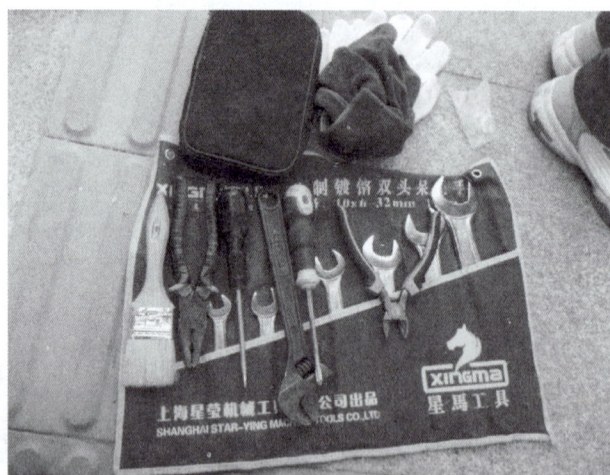

图3-3　工器具清点

⑤开始施工。

⑥戴好安全帽、手套,系好安全带,做好登高安全防护准备(图3-4)。

⑦打开人字梯,一人扶好梯子,另一人上梯打开检修口,找到卷帘门电机旁的手动链条,将手动链条从卷帘门包厢中取出,将链条自然垂下,一人用卷帘门电机自带的链条手动匀速提升卷帘门,另一人扶好链条另一侧(防止链条打手或链条上部缠绕)。拉动链条时卷帘门下方不得有人员站立和走动,如图3-5所示。

图 3-4　做好登高安全防护准备

图 3-5　匀速拉动链条提升门体

⑧使用完毕后将链条放回,盖好检修盖板(图 3-6)。施工完毕后,撤离防护,向车站车控室销点,回复生产调度和分部副主任。

(a)恢复检修盖板

(b)检修盖板恢复完毕

图 3-6　恢复检修盖板

⑨将故障处理情况录入台账。

3.1.5　卷帘门启闭过程中的注意事项

①卷帘门由开启转为关闭,或由关闭转为开启,必须先按"停止"按钮后才可按转向按钮,按"上""下"按键时,如果无动作,必须立即按中间的"停"键切断电源,以免烧坏电机。

卷帘门控制按钮盒如图 3-7 所示。

②电机运行时,严禁使用手动拉链,否则将损坏机件。

③运行时发现卷帘帘面出导轨或卡住,必须停止,检测后再启动,以免造成帘面变形。

④在长期使用后,卷帘门停留的开、关限位可能不是很准确,使用时操作人员需观察

图 3-7　卷帘门控制按钮盒

卷帘门的运行情况,尤其是卷帘到达上、下限位点时能否自行停止,如发现不能自行停止,操作人员需及时按住按钮盒上的停止键以避免卷帘门上翻造成严重损坏。

⑤停电使用手拉环形链上升门帘时切忌超过原限定高度,以免过挡,导致卷帘电动运行时失控而冲顶。

⑥停电时关闭卷门,即可轻勾手拉钩让卷门匀速下降,请注意卷门即将接近全闭时,应立即放松拉钩,然后再拉一次达到全闭。

⑦运行一段时间后,必须对控制器进行检查(含外部线路),一般为每 3 个月检查一次,最长不得超过半年检查一次。

卷帘门电机如图 3-8 所示。

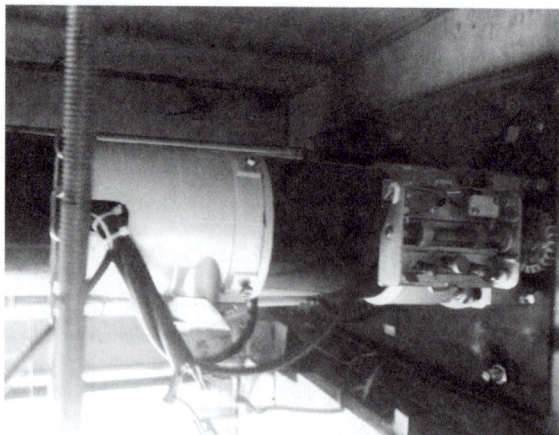

图 3-8　卷帘门电机

3.1.6 卷帘门常见问题

问题1:地铁卷帘门接通电源后所有功能皆不能动作,请问解决方法是什么?

答:①检查按钮盒接线是否松动。

②按下按钮盒按键,听是否有响声,如有响声,检查限位接线是否正常。

③如按钮盒及限位接线均正常,仍不动作,测试变压器输入及输出电源是否带电及电机接线端子是否带电,如都正常,则直接按控制箱上接触器,如电机动作则可能是控制箱电路板损坏,更换电路板;如还不动作则可能是电机或接触器损坏,直接更换电机或接触器。

④检查主电源是否有故障,查看保险是否烧坏。

问题2:地铁防火卷帘门控制箱报警的原因是什么?

答:①电源缺相。

②相序错误。

③电压不正常。

④电机线路连接松动。

问题3:地铁卷帘门上下到位后不停的原因是什么?

答:①三相相序错接。

②上、下限位失灵或误差过大。

问题4:地铁卷帘门只上不下、只下不上的原因是什么?

答:①控制线路触点接触不良。

②电压过低。

③电磁铁吸引力差。

问题5:地铁卷帘门动作不停的原因是什么?

答:①继电器触点熔合。

②微动开关失灵。

问题6:地铁卷帘门有声音而不动作的原因是什么?

答:①机械滞卡。

②电压超低

问题7:地铁卷帘门刹车后门体下滑原因是什么?

答:①轴向刹车片磨损量过大。

②感应器失灵。

问题8:地铁卷帘门自开自关的原因是什么?

答:①传感器失灵。

②有活动物体处于感测范围。

③门片开关碰到障碍物。

④电源线路、电机故障引起。

问题9:地铁卷帘门开关时发生跳动原因是什么?

答:①上轨道及下轨道有异物卡住。

②上吊轮之轮子有异物嵌入。

问题10:地铁卷帘门开关时速度太慢的原因是什么?

答:①控制器速度调整太慢。

②皮带可能太过松动。

③电压异常。

④活动门扇可能与导轨或固定门扇发生摩擦,或与地板发生摩擦。

⑤止动轮与轨道摩擦。

问题11:地铁卷帘门门体不能启闭的原因是什么?

答:①遥控器损坏、感应器故障,检查遥控器、感应器的感应灯号是否正常。

②线路故障即电线接头松胶(短路或断路)。

③皮带脱落。

④可能电机过热,待冷却后便能恢复正常。

⑤控制器烧坏。

⑥异物卡住。

⑦电压异常。

⑧导轨卡槽。

⑨卷轴断裂。

3.1.7　实操练习

1)项目

卷闸门的应急处理。

2)场地

普通防盗卷帘门一樘(已在电机正下方开设检修口)。

3)人员

1人操作,配合人员2人。

4)施工准备

①普通防盗卷帘门一樘(已在电机正下方开设检修口)。

②工具、材料准备。

卷帘门应急
故障处理视频

表 3-1　工具、材料准备表

序号	名称	规格	精度	数量	备注
1	人字梯	5 m	—	1 把	—

5)操作程序及详细过程

①接到维调报的故障,进行现场确认。

②故障原因分析。

③办理各种请销手续，人员进场，班前教育，设置施工防护。

④检查工具，包括劳动防护用品是否合格，梯子是否合格。

⑤开始施工。

⑥戴好安全帽、手套，系好安全带，做好登高安全防护。

⑦打开人字梯，一人扶好梯子，另一人上梯打开检修口，找到卷帘门电机旁的手动链条，将手动链条从卷帘门包厢中取出，将链条自然垂下，一人用卷帘门电机自带的链条手动匀速提升卷帘门，另一人扶好链条另一侧（防止链条打手或链条上部缠绕）。拉动链条时卷帘门下方不得有人员站立和走动。

⑧使用完毕后将链条放回，盖好检修盖板。施工完毕后，撤离防护，向车站车控室销点，回复维调和车间副主任。

⑨将故障处理情况录入台账。

6）安全措施

按规定使用安全帽、手套、安全带等防护劳保用品。

7）作业过程验收记录

作业过程验收记录表见表3-2。

表3-2　作业过程验收记录表

序号	考核内容	考核要点	配分	评分标准	扣分	得分
1	作业方法及步骤	正确请销点，设置施工防护	10	请销流程不正确每错一步扣5分		
		工具检查	10	少检查一项工具扣2分，最高扣5分		
		系好安全带，做好登高安全防护	10	每错一步扣10分		
		打开并扶好伸缩梯，上梯打开检修口	10			
		找到卷帘门电机旁的手动链条，将手动链条从卷帘门包厢中取出，自然垂下	10			
		用卷帘门电机自带的链条手动提升卷帘门，使用完毕后将检修盖板关闭	10			
		施工完毕后撤离防护，并向车站销点	10			

续表

序号	考核内容	考核要点	配分	评分标准	扣分	得分
2	工具设备使用及维护	工、量具的使用	15	现场不打扫干净每次扣3分；工具乱放，每次扣2分；工具损坏，每件扣5～10分		
3	安全注意事项	规范操作	15	不按规范操作，导致事故发生扣15分		
	合计		100			

3.2 空鼓盲道砖更换实操技能提升

3.2.1 盲道砖概述

盲道砖又称盲道块、盲道板、盲道片。是专门为盲人设计的地砖，防止盲人走错道路，摔倒时防止摔伤。

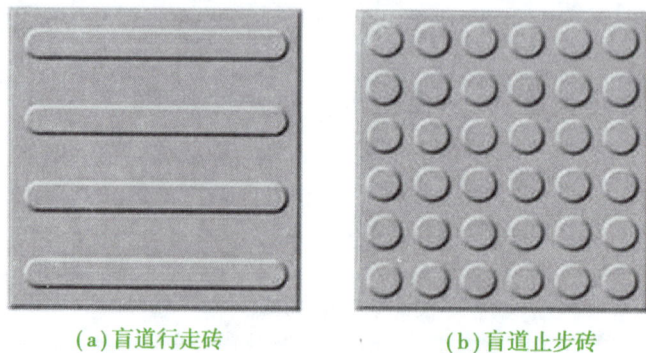

(a) 盲道行走砖 　　(b) 盲道止步砖

图 3-9 盲道砖样图

3.2.2 盲道砖常见规格型号

①盲道行进地砖规格尺寸为 300 mm×300 mm[3-10(a)]，厚度不小于 15 mm。
②盲道止步地砖规格尺寸为 300 mm×300 mm[3-10(b)]，厚度不小于 15 mm。

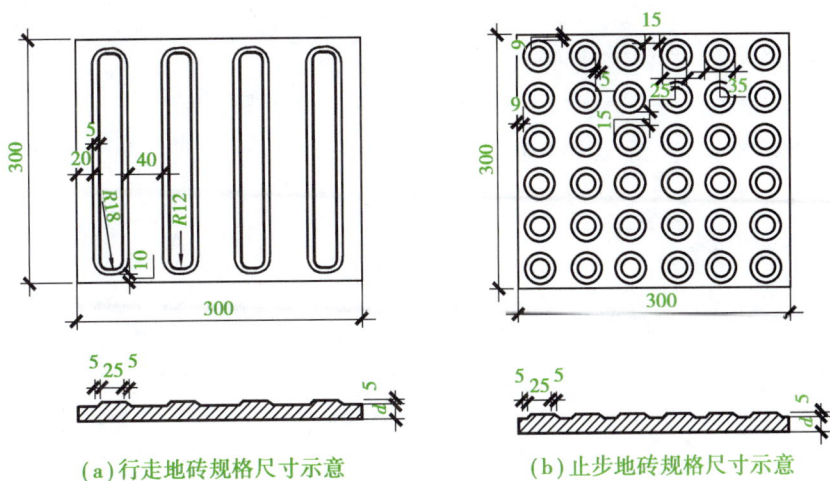

(a)行走地砖规格尺寸示意　　　　　(b)止步地砖规格尺寸示意

图 3-10　行走、止步盲道砖规格样图

3.2.3　盲道砖设置路线、设计标准和施工范围

1)盲道砖设置路线

地铁盲道砖设置路线是车站出入口通道—垂直电梯—站厅(非)付费区—站台层—站台候车位—残疾人卫生间。

2)盲道砖设计标准

盲道砖采用行走和止步两种规格。

设计标准:盲道距离障碍物(如楼梯和自动扶梯起点、终点和平开门等)净距必须满足 250~500 mm。

3)盲道砖施工范围

止步盲道砖施工范围:面向站台每个屏蔽门右半侧;人防抗滑钢板、横截沟盖板两侧;转角处;残疾人直梯处;卫生间处;楼梯踏步处以及出入口。其他导盲带均设置行走盲道砖,如图 3-11 所示。

图 3-11　盲道砖铺设样图

3.2.4　盲道砖故障常见表现形式

盲道砖故障常见表现形式如下所述。
①盲道砖空鼓。
②盲道砖崩角。
③盲道砖裂纹。
④盲道砖表面有孔洞。
⑤盲道砖崩边。

3.2.5　盲道砖空鼓典型故障原因、预防措施

空鼓典型原因是铺砌前水泥砂浆干硬性不符合质量要求;面层浮灰未清理干净;用水浸润后湿度掌握不达标(即表面干燥或者有明水);盲道砖铺砌施工质量不符合规范。
预防措施:基层处理要到位;盲道砖浸润达标;施工达到规范要求;铺好后,需用橡胶锤轻轻敲打砖面,听声音,判断是否有气泡或空鼓;若发现空鼓,需要把地砖翘起重新铺设,防止有空隙的地砖日后鼓起。

3.2.6　盲道砖故障处理流程

盲道砖故障处理流程如下所述。
①接到维调报的故障,进行现场确认。
②故障原因分析。
③办理各种请销手续,人员进场,班前教育,设置施工防护。
④检查工具及材料。
⑤开始施工。
⑥戴好手套。
⑦将原盲道砖揭起,放在一旁,用毛刷和扁铲清理原基层水泥浆作业面。
⑧基层或垫层上扫水泥浆结合层。
⑨铺 30 mm 厚 1:(3~4)干硬性砂浆(比石材宽 20~30 mm,长 1 m)。
⑩铺盲道砖,锤平压实,对缝,合格后搬开,检查砂浆表面是否平实。
⑪盲道砖背面抹水灰比 0.4~0.5 的水泥浆,正式铺砖,锤平。
⑫养护灌缝:24 h 后洒水养护 3 d(不得走人、车),检查无空鼓后用 1:1 细砂浆灌缝至 2/3 高度,再用同色浆擦严,擦净,保护;3 d 内禁止上人。
⑬将故障处理情况录入台账。
⑭对维调回复故障修复。

3.2.7　实操练习

1）项目
盲道砖的更换。

2）场地
待更换盲道砖的地面 1 处。

3）人员
1 人操作，1 人配合。

4）施工准备
盲道砖更换操作材料及工器具表见表 3-3。

表 3-3　盲道砖更换操作材料及工器具表

序号	名称	规格	精度	数量	备注
1	毛刷	—	—	1 把	—
2	扁铲	—	—	1 把	—
3	橡胶锤	—	—	1 把	—
4	钢抹子	—	—	1 把	—
5	水	自来水	—	10 kg	—
6	水泥	325#	—	20 kg	—
7	沙子	中粗砂	—	30 kg	过筛
8	卷尺	3 m	—	1 把	—
9	尼龙线绳	10 m	—	1 根	—
10	钢板	1 m×1 m	—	1 块	拌水泥砂浆
11	桶	—	—	1 个	—
12	铁锹	—	—	1 把	—

5）操作程序及详细过程
①接到维调报的故障，进行现场确认。
②故障原因分析。
③办理各种请销手续，人员进场，班前教育，设置施工防护。
④检查工具及材料。
⑤开始施工。
⑥戴好手套。

⑦将原盲道砖揭起,放在一旁,用毛刷和扁铲清理原基层水泥浆作业面。

⑧基层或垫层上扫水泥浆结合层。

⑨铺 30 mm 厚 1:(3~4) 干硬性砂浆(比石材宽 20~30 mm,长 1 m)。

⑩铺盲道砖,锤平压实,对缝,合格后搬开,检查砂浆表面是否平实。

⑪盲道砖背面抹水灰比 0.4~0.5 的水泥浆,正式铺砖,锤平。

⑫养护灌缝:24 h 后洒水养护 3 d(不得走人、车),检查无空鼓后用 1:1 细砂浆灌缝至 2/3 高度,再用同色浆擦严,擦净,保护;3 d 内禁止上人。

⑬将故障处理情况录入台账。

⑭对维调回复故障修复。

3.2.8　安全措施

按规定使用手套等防护劳保用品。

3.2.9　作业过程验收记录

作业过程验收记录见表 3-4。

表 3-4　作业过程验收记录表

序号	考核内容	考核要点	配分	评分标准	扣分	得分
1	作业方法及步骤	能够正确请销点,设置施工防护	5	请销流程不正确每错一步扣 5 分		
		工具检查	5	少检查一个工具扣 2 分,最高扣 5 分		
		确认故障,根据损坏程度进行更换	5	故障维修操作,不熟练扣 5 分		
		作业完毕后让车站(车辆段)人员确认,交付使用	5	忽略此项,扣 5 分		
		作业完毕后清扫现场垃圾	5	未清扫现场,或清扫不彻底扣 5 分		
		处理完毕后销点,并回复维调	5	未按流程销点、未回复维调扣 5 分		

序号	考核内容	考核要点	配分	评分标准	扣分	得分
2	质量标准	规范操作,不损坏盲道砖	10	操作不规范,造成盲道砖损坏的扣10分		
		试盲道砖是否有空旷处、不平稳	15	未进行此项扣15分		
		是否粘贴牢固,确认检查	15	未进行此项扣15分		
3	工具设备使用及维护	工、量具的使用	10	工、量具使用不规范扣10分		
4	安全注意事项	着装规范、规范使用劳保用品	10	不按规定着装和使用劳保用品扣10分		
		是否存在其他不安全因素	10	本人有其他不安全因素的酌情扣分,每次扣1~10分		
	合计		100			

3.3　门锁更换实操

3.3.1　目的

提高桥隧工处理门锁故障时的人员组织与故障处理能力;查找故障处理过程中的不足,后期进行加强,查漏补缺,不断提升故障处理技能。

普通门锁如图3-12所示。

3.3.2　人员要求

2人一组。

图3-12　普通门锁样图

3.3.3　工具、材料准备

螺丝刀 1 套、内六方扳手 1 个、活动扳手 1 个、待更换的新锁具 1 套（含锁芯、锁体等，锁具规格型号匹配）、清洁刷、工具包 1 个。

3.3.4　故障处理流程及要求

故障处理流程如下所述。

①接到设调报的故障，进行现场确认。

②故障原因分析。

③办理各种请销手续，人员进场，班前教育，设置施工防护（1 m 范围内）。

④检查工具。

⑤确认故障（锁具类型），根据损坏程度进行更换或维修。

⑥打开门，用专用螺丝刀将螺丝放松，卸下螺丝。

⑦将旧锁取下。

⑧安装同类型、同规格的新锁。

⑨安装完毕后，对门进行测试：关门测试，把手、锁舌灵活性是否完好；用钥匙是否能顺利打开。测试完毕后，让车站人员确认，将钥匙移交车控室（车辆段），交付使用。

⑩作业完毕后清理现场。

⑪处理完毕后销点，并回复设调。

3.3.5　故障处理要求

①施工人员做好请销点、现场防护以及确保工完场清。

②接到故障后，维修人员需第一时间赶往故障现场，响应时间应小于 35 min。

③施工人员需着整套工装，戴好防护手套，2 人一组，每组 1 人操作，1 人配合。操作前需仔细清点维修所需的全部工器具，并在卡控单上做好记录。操作时工器具应整齐摆放于所划定的施工作业区域内，维修及配合人员需规范操作不损坏门体、工器具及周围环境，维修后需进行锁具调试，保证维修效果和质量。故障处理完毕后需再次清点所携带入施工作业现场的工、器具，确保工、器具的出清，并做好销点工作。

④其他有关规定必须按照委外合同、公司文件及技术文本等执行。

3.3.6　安全措施

按规定使用手套等防护劳保用品。

3.3.7 作业过程验收记录

作业过程验收记录见表3-5。

表 3-5 作业过程验收记录表

序号	考核内容	考核要点	配分	评分标准	扣分	得分
1	作业方法及步骤	能够正确办理各种请销手续,设置施工防护	5	请销流程不正确每错一步扣5分		
		工具检查	5	少检查一项工具扣2分,最高扣5分		
		确认故障,根据锁具损坏程度进行更换或维修	5	故障维修操作不熟练扣5分		
		作业完毕后让车站(车辆段)人员确认,交付使用	5	忽略此项,扣5分		
		作业完毕后清扫现场垃圾	5	未清扫现场,或清扫不彻底扣5分		
		处理完毕后销点,并回复维调	5	未按流程销点、未回复维调扣5分		
2	质量标准	规范操作,锁具调试	20	操作不规范,锁具调试不正确扣20分		
		测试门锁是否开启灵活	15	未检验锁具启闭灵活性扣8分,锁具开启不灵活扣7分		
		是否关闭正常,把手是否灵活	15	启闭不顺畅8分,把手不灵活扣7分		
3	工具设备使用及维护	工、量具的使用	10	不能正确使用工、量具扣10分		
4	安全注意事项	着装规范、规范使用劳保用品	5	不按规定着装和使用劳保用品		
		是否存在其他不安全因素	5	本人有其他不安全因素的酌情扣分,每次扣1~5分		
	合计		100			

3.4　水泥混凝土人工拌制

3.4.1　场地

2 m×2 m平整清洁混凝土场地或垫板(大块钢板或光面复合板)。

3.4.2　人员

主操作1人,可配备1人进行砂石转运配合工作。

3.4.3　工具、材料准备

1)材料准备
材料准备清单见表3-6。

表3-6　材料准备清单

序号	名称	规格	精度	数量/kg	备注
1	水泥	—	—	50	—
2	砂	中砂	—	50	—
3	石	5~40 mm碎石	—	50	—
4	水	自来水	—	50	配备水管或水桶

2)工具准备
工具准备清单见表3-7。

表3-7　工具准备清单

序号	名称	规格	精度	数量	备注
1	铁锹	方锹	—	1把	—
2	扫把	—	—	1把	—

3.4.4 操作程序及详细过程

人工拌合采用"三干四湿"法，即先将水泥加入砂中干拌两遍，再加入石子翻拌一遍，使干料均匀。然后开坑加水，再进行四遍翻料搅拌。

3.4.5 安全措施

按规定使用手套、防尘口罩等防护劳保用品。

3.4.6 作业验收

①拌板/垫板要放稳，防止混凝土外跑。
②每盘混凝土的水泥、砂、仓和水，各种材料均应过磅，不得用体积比。
③拌制的混凝土均匀饱和不夹生。
④其他验收要求见本节"作业过程验收记录表"（表3-8）。

表3-8　作业过程验收记录表

序号	考核内容	考核要点	配分	评分标准	扣分	得分
1	作业方法及步骤	工前检查（场地、人员、材料、设备）	8	每项缺失扣2分		
		计算、称量材料	8	计算错误扣4分，称量错误扣4分		
		拌制细骨料、加入粗骨料，干拌3次	8	先拌细骨料与水泥，均匀后加粗骨料，干拌3次，视干料拌和均匀度扣1~4分，干拌少1次扣1分，多于4次扣1分		
		加水湿拌4次	8	少一次扣1分，多于5次扣1分，有水流洒视水量流洒程度扣1~4分		
		混凝土成型堆放	8	拌和好的混凝土堆放不整齐，视程度扣1~5分		
2	质量标准	操作程序连贯，无顺序颠倒	8	视操作不连贯程度扣1~4分，顺序颠倒扣4分		
		拌制混凝土过程无材料漏洒	8	视现场洒料情况扣1~4分		
		混凝土拌制均匀，和易性较好	8	视不均匀性及和易性不良扣1~5分		

续表

序号	考核内容	考核要点	配分	评分标准	扣分	得分
3	工具设备使用及维护	正确使用工器具	18	工器具使用前不检视扣3分,器具使用不熟练视程度扣1~5分,损坏工器具视程度扣3~5分,工器具整理保养不够视情况扣1~5分		
4	安全注意事项	着装和使用劳保用品	10	视着装情况及劳动保护品使用情况扣1~5分		
5	问答	现场随机问题	8	视现场回答情况扣1~8分		
合计			100			

3.5　水泥混凝土坍落度检测

3.5.1　场地

1 m×1 m平整清洁混凝土场地或垫板(大块钢板或光面复合板)。

3.5.2　人员

主操作1人,可配备1人进行混凝土填装工作。

3.5.3　工具、材料准备

1)材料准备

材料准备见表3-9。

表3-9　材料准备表

序号	名称	规格	精度	数量	备注
1	混凝土	新拌制	—	0.02 m^3	—
2	水	自来水	—	10 kg	冲洗工具用

2) 工具准备

工具准备表见表 3-10。

表 3-10　工具准备表

序号	名称	规格	精度	数量	备　注
1	坍落度检测筒	—	—	1 套	含尺、捣固棒
2	钢抹子	—	—	1 把	—

3.5.4　操作程序及详细过程

①先用湿布抹湿坍落筒、铁锹、拌和板等用具。

②将坍落筒放于不吸水的刚性平板上,漏斗放在坍落筒上,脚踩踏板,拌合物分 3 层装入筒内,每层装填的高度约占筒高的 1/3。每层用捣棒沿螺旋线由边缘至中心插捣 25 次,不得冲击。各次插捣应在界面上均匀分布。插捣筒边混凝土时,捣棒可以稍稍倾斜。插捣底层时,捣棒应贯穿整个深度,插捣其他两层时,应插透本层并插入下层 20~30 mm。

③装填结束后,用镘刀刮去多余的拌合物,并抹平筒口,清除筒底周围的混凝土。随后立即提起坍落筒,提筒动作在 5~10 s 完成,并使混凝土不受横向及扭力作用。从开始装料到提出坍落筒整个过程应在 150 s 内完成。

④将坍落筒放在锥体混凝土试样一旁,筒顶平放一个朝向拌合物的直尺,用钢尺量出直尺底面到试样最高点的垂直距离,即为该混凝土拌合物的坍落度,精确值 1 mm,结果修约至最接近的 5 mm。当混凝土试件的一侧发生崩坍或一边剪切破坏,则应重新取样另测。如果第二次仍发生上述情况,则表示该混凝土和易性不好,应记录。

3.5.5　安全措施

按规定使用手套等防护劳保用品。

3.5.6　作业验收

①拌板/垫板要放稳,防止混凝土外窜。

②其他验收要求见本节"作业过程验收记录表"(表 3-11)。

表 3-11　作业过程验收记录表

序号	考核内容	考核要点	配分	评分标准	扣分	得分
1	作业方法及步骤	工前检查(场地、人员、材料、设备)	8	每项缺失扣2分		
		填料、捣固	10	填料不分批次扣4分,捣固不实扣1~4分		
		抹平	8	视抹平清理程度扣1~4分		
		拔除检测筒	8	视拔除对混凝土影响程度扣2~6分		
		置筒测量	10	错误不得分		
2	质量标准	操作程序连贯,无顺序颠倒	10	视操作不连贯程度扣1~4分,顺序颠倒扣4分		
		混凝土填装材料均匀	10	视现场填装材料情况扣1~4分		
3	工具设备使用及维护	正确使用工器具	18	工器具使用前不检视扣3分,器具使用不熟练视程度扣1~5分,损坏工器具视程度扣3~5分,工器具整理保养不够视情况扣1~5分		
4	安全注意事项	着装和使用劳保用品	10	视着装情况及劳动保护品使用情况扣1~5分		
5	问答	现场随机问题	8	视现场回答情况扣1~8分		
合计			100			

3.6　区间隧道设施检查

3.6.1　场地

已请作业令区间隧道一完整段(两站之间段)。

区间隧道
巡检

3.6.2　人员

主操作 1 人,可配备 1 人进行混凝土填装工作。

3.6.3　工具、材料准备

工具、材料准备表见表 3-12。

表 3-12　工具、材料准备表

序号	名称	规格	精度	数量	备注
1	相机	—	—	1 台	—
2	多功能检测尺	—	—	1 套	含检修锤、裂缝塞尺、秒表、皮尺等
3	强光电筒	—	—	1 支	—
4	隧道巡检记录	—	—	1 册	—

3.6.4　操作程序及详细过程

①主操作人员主站销点,进入区间。
②进行区间全面巡检,排查各类故障、质量缺陷、检查防排水设施。
③出清并辅站销点。

3.6.5　安全措施

①按规定穿戴荧光衣或带反光条的服装、绝缘鞋、安全帽等防护劳保用品。
②通知车站开启区间照明。

3.6.6　作业验收

①查看巡检故障记录。
②其他验收要求见本节"作业过程验收记录表"(表 3-13)。

表 3-13　作业过程验收记录表

序号	考核内容	考核要点	配分	评分标准	扣分	得分
1	作业方法及步骤	工前检查(作业令、工器具)	8	每项缺失扣4分		
		销点	8	视不熟练程度扣1~4分		
		进入区间进行检查	8	视检查设施覆盖不完整程度扣1~4分		
		出清,销点	8	视不熟练程度扣1~4分		
2	质量标准	程序连贯,无顺序颠倒	8	视操作不连贯程度扣1~4分,顺序颠倒扣4分		
		发现故障或缺陷问题	24	视发现问题程度不全面、不准确程度扣1~16分		
		问题的准确记录	8	视记录程度不准确或详细程度扣1~6分		
3	工具设备使用及维护	正确使用工器具	8	工器具使用前不检视扣3分,器具使用不熟练视程度扣1~5分		
4	安全注意事项	着装和使用劳保用品	10	视着装情况及劳动保护品使用情况扣1~10分		
5	问答	现场随机问题	10	视现场回答情况扣1~10分		
	合计		100			

3.7　冲击钻钻孔安装膨胀螺栓

3.7.1　场地

平整混凝土场地或混凝土墙面,或混凝土预制板构件,有 220 V 电源。

3.7.2　人员

主操作 1 人。

3.7.3　工具、材料准备

工具、材料准备表见表 3-14。

表 3-14　工具、材料准备表

序号	名称	规格	精度	数量	备注
1	膨胀螺栓	8~14 mm	—	3 支	配备垫圈若干
2	冲击钻	—	—	1 把	—
3	钻头	8~14 mm	—	1 套	各 1 根
4	清洁刷	—	—	1 把	—
5	手锤	—	—	1 把	—
6	扳手	—	—	1 把	—

3.7.4　操作程序及详细过程

①定位：对预定安装位置清理并进行标记。
②钻孔：在勾画位置钻孔。
③安装膨胀螺丝：在已经钻好的位置安装膨胀螺丝，拧紧膨胀螺丝。

3.7.5　安全措施

按规定使用手套、护目镜、防尘口罩等防护劳保用品。

3.7.6　作业验收

见本节"作业过程验收记录表"（表 3-15）。

表 3-15　作业过程验收记录表

序号	考核内容	考核要点	配分	评分标准	扣分	得分
1	作业方法及步骤	工前检查（场地、人员、材料、设备等）	8	每项缺失扣2分		
		冲击钻组装、取电、试钻	8	视组装、取电不熟练程度扣1~4分，未试钻扣4分		
		冲击钻钻孔	8	钻孔必须平稳，钻进速度均匀，否则视程度扣1~5分		
		孔洞清理	8	视清理的不干净程度扣1~4分		
		安装膨胀螺栓	8	螺栓拆解，安装，螺栓拧紧，安装程序错误扣8分		
2	质量标准	操作程序连贯，无顺序颠倒	8	视操作不连贯程度扣1~4分，顺序颠倒扣4分		
		钻孔孔眼完整适用	8	孔眼深度适当，孔眼正直完整，否则视情况扣1~4分		
		膨胀螺栓安装情况	8	视螺栓装入深度、坚固程度扣1~4分		
3	工具设备使用及维护	正确使用工器具	18	工器具使用前不检视扣3分，器具使用不熟练视程度扣1~5分，损坏工器具视程度扣3~5分，工器具整理保养不够视情况扣1~5分		
4	安全注意事项	着装和使用劳保用品	10	视着装情况及劳动保护品使用情况扣1~5分		
5	问答	现场随机问题	8	视现场回答情况扣1~8分		
	合计		100			

3.8　裂缝检测仪裂缝探测

3.8.1　场地

带裂缝平整混凝土场地或墙面 1 处。

3.8.2　人员

主操作 1 人,可配备 1 人进行记录工作。

3.8.3　工具、材料准备

工具、材料准备表见表 3-16。

表 3-16　工具、材料准备表

序号	名称	规格	精度	数量	备注
1	混凝土裂缝探测仪	—	—	1 台	—
2	黄油	—	—	200 mL	—
3	板刷	3 cm	—	2 把	—
4	吸油纸	—	—	10 张	—
5	卷尺	2 m 或 5 m	—	1 把	—
6	记录本	—	—	1 册	—

3.8.4　操作程序及详细过程

①定位:在裂缝两侧确定两点,丈量两点间距。

②以两点为圆心涂抹黄油。

③组装并开启裂缝测深仪。

④将测深仪探头紧贴在混凝土表面。

⑤单击测试按钮,自动读数。

⑥完成 10 组数据的读数后，输入两点间距。

⑦仪器自动计算裂缝深度。

⑧记录，平均计算。

3.8.5　安全措施

视现场条件佩戴防护劳保用品。

3.8.6　作业验收

①查看巡检记录故障记录。

②其他验收要求见本节"作业过程验收记录表"（表 3-17）。

表 3-17　作业过程验收记录表

序号	考核内容	考核要点	配分	评分标准	扣分	得分
1	作业方法及步骤	定位：在裂缝两侧确定两点，丈量两点间距	6	不符合扣 6 分		
		以两点为圆心涂抹黄油	6	不符合扣 6 分		
		组装并开启裂缝测深仪	6	不符合扣 6 分		
		将测深仪探头紧贴在混凝土表面	6	不符合扣 6 分		
		单击测试按钮，自动读数	6	不符合扣 6 分		
		完成 10 组数据的读数后，输入两点间距	6	不符合扣 6 分		
		仪器自动计算裂缝深度	6	不符合扣 6 分		
		记录	6	不符合扣 6 分		
		操作熟练程度	7	满分 7 分		
2	质量标准	混凝土裂缝测深仪多次读数误差控制在影响范围内	15	不符合扣 15 分		
3	工具设备使用及维护	工器具轻拿轻放	6	每次扣 5 分		
		仪器内电池完好	6	每件扣 5 分		
		损坏量具	6	每件扣 5 分		
		清理探头	6	每件扣 5 分		
		拆装裂缝探测仪	6	每件扣 5 分		
		工器具整理、清洁、收存	6	每件扣 5 分		
	合计		100			

复习思考题

1.卷帘门常规启闭方式是什么？

2.卷帘门类设施设备包括哪些类型？

3.简述卷帘门应急启闭步骤。

4.简述卷帘门主要构成。

5.简述卷帘门维修过程中注意事项。

6.简述卷帘门自开自关原因。

7.简述卷帘门开关时速度太慢的原因。

8.简述卷帘门门体不能启闭的原因。

9.简述门锁钥匙丢失故障解决措施。

10.简述地铁盲道止步砖施工范围。

项目4 中级工理论知识及实操技能

4.1 区间联络通道门逃生锁的更换

4.1.1 区间联络通道门的概念及作用

联络通道门属于防火门,联络通道门的作用是当遇到信号中断导致列车停止后,上下行方向乘客可通过区间联络通道门在站务人员引导下进行及时疏散;方便维保人员进行上下行作业。

4.1.2 区间联络通道门逃生锁安装要求

所有紧急疏散门及位于疏散路线方向上的防火门应采用重型平推式逃生装置,并应达到国家标准商业等级的高强度逃生装置要求。

①逃生装置须通过 ANSI A156.3 一级标准 50 万次开启寿命要求认证。通过国家权威检测机构的防火检测,并具有 90 min 防火型式有效检测报告,以上标准必须提供相应的检测证书。

②逃生装置应采用平推杠式,在活动推杠上无显露在外的螺丝,无外露的孔洞。

③逃生装置应配备带保险舌锁定功能的斜锁舌,锁舌伸出长度 19 mm,配备带滚珠的锁扣板。

④同一系列的逃生装置中必须有明锁舌、表面安装直插销等形式;单门扇采用明装逃生装置,室外带执手和锁芯;双门扇主动扇采用明装式装置,室外带执手和锁芯,从动扇采用明装垂直插销式装置。

⑤逃生装置必须配备门外锁芯及门外固定把手,固定把手为不锈钢实心把手;把手款式和表面处理应与其他锁具匹配。装置应具备不分左右方向及现场迅速变换门外把手功能的特点,锁芯可纳入整体的总钥匙系统。

⑥逃生装置必须满足在推杆的任何位置推动压杠,均可实现立即开门的效果。

⑦逃生装置应具备 3 年制造商品质担保,必须由厂家提供 3 年质量担保证明。

逃生通道门及门锁如图4-1、图4-2所示。

图 4-1 逃生通道门

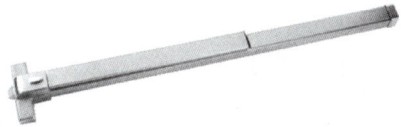

图 4-2 逃生门门锁

4.1.3 逃生锁更换实操

1)目的
提高桥隧工对区间逃生锁更换能力;查找故障处理过程中的不足,查漏补缺;延长区间联络通道门门锁使用寿命。

2)人员要求
3 人一组。

3)工具、材料准备
螺丝刀 1 套、内六方扳手 1 个、活动扳手 1 个、待更换的新锁具 1 套、清洁刷、工具包 1 个。

4)故障处理流程及要求
故障处理流程如下所述。

①办理各种请销手续,劳保用品穿戴齐全,检查工具,班前教育,人员进场。

②设置施工防护(1 m 范围内)。

③确认故障,根据锁具类型及损坏程度进行更换。

④打开门,用专用螺丝刀将螺丝放松,卸下螺丝。

⑤将旧锁取下。

⑥安装同类型、同规格的新锁。

⑦安装完毕后,对门进行测试:关门测试,锁舌灵活性是否完好(普通防火锁,需测试把手及用钥匙是否能顺利打开)。测试完毕后,请车站人员确认,将锁具(钥匙)移交车站,交付使用。

⑧作业完毕后清理现场。

⑨处理完毕后销点，并回复设调。

故障处理要求如下所述。

①施工人员做好请销点、现场防护以及确保工完场清。

②施工人员需着整套工装，持手电（或头灯），戴好防护手套，3人一组，每组1人操作，1人防护配合，1人打灯。操作前需仔细清点维修所需的全部工器具，并在卡控单上做好记录。操作时工器具应整齐摆放于所划定的施工作业区域内，维修及配合人员需规范操作不损坏门体、工器具及周围环境，维修后需进行锁具调试，保证维修效果和质量。故障处理完毕后需再次清点携带进入施工作业现场的工器具，确保工器具的出清，并做好销点工作。

③其他有关规定必须按照委外合同、公司文件及技术文本等执行。

4.1.4　安全措施

按规定使用手电筒（每人1个）、防护手套（每人1双）等防护劳保用品。

4.1.5　作业验收

作业过程验收记录见表4-1。

表4-1　作业过程验收记录表

序号	考核内容	考核要点	配分	评分标准	扣分	得分
1	作业方法及步骤	能够正确办理各种请销手续，设置施工防护	5	请销流程不正确每错一步扣5分		
		工具检查	5	少检查一项工具扣2分，最高扣5分		
		确认故障，根据锁具损坏程度进行更换或维修	5	故障维修操作不熟练扣5分		
		作业完毕后请车站（车辆段）人员确认，交付使用	5	忽略此项，扣5分		
		作业完毕后清扫现场垃圾	5	未清扫现场，或清扫不彻底扣5分		
		处理完毕后销点，并回复维调	5	未按流程销点、未回复维调5分		

序号	考核内容	考核要点	配分	评分标准	扣分	得分
2	质量标准	规范操作,锁具调试	20	操作不规范,锁具调试不正确扣20分		
		测试逃生锁是否开启灵活	15	未检验锁具启闭灵活性扣8分,锁具开启不灵活扣7分		
		是否关闭正常,把手是否灵活	15	启闭不顺畅8分,把手不灵活扣7分		
3	工具设备使用及维护	工、量具的使用	10	不能正确使用工、量具,扣10分		
4	安全注意事项	着装规范、规范使用劳保用品	5	不按规定着装和使用劳保用品		
		是否存在其他不安全因素	5	本人有其他不安全因素的酌情扣分,每次1~5分		
	合计		100			

4.2 出入口雨棚渗漏水堵漏实操

4.2.1 出入口雨棚渗漏及堵漏技术基础知识

1)雨棚概念

雨棚是设在建筑物出入口或顶部阳台上方用来挡雨、挡风、防高空落物砸伤的一种建筑装配。

2)雨棚类别

（1）根据雨棚大小分类

①小型雨棚,如悬挑式雨棚、悬挂式雨棚。

②大型雨棚,如墙或柱支承式雨棚。

③定型雨棚,如新型建筑材料,专利设计。

出入口雨棚
渗漏水治理

（2）根据材质分类

①玻璃钢结构雨棚。

②全钢结构雨棚。

③PC板材（阳光板、耐力板）雨棚。

3）雨棚作用

雨棚的主要作用是实现防水、防雨、防坠物、防太阳辐射等功能。

4.2.2　雨棚构成及主要构件需用材质要求

1）雨棚构成

地铁雨棚主要构件是钢骨架、驳接爪、夹胶玻璃、扣件等。

2）雨棚主要构件需用材质要求

地铁雨棚主要构件是夹层玻璃（即夹胶玻璃），夹层玻璃的特点是其具有很好的安全性。由于中间具有塑料衬片的黏合作用，玻璃破碎时，碎片不会飞散，仅产生辐射状裂纹，安全不伤人，因此广泛用于汽车的挡风玻璃等。夹层玻璃除具有以上性能外，还具有独特的防盗作用，由于不易被击碎进入，故比较安全。

4.2.3　雨棚发生故障类别及原因解析

1）雨棚及漏水故障类别

①板缝渗漏水，外观破损。

②顶部板块变形、密封胶老化、开裂，扣件不牢固。

③钢骨架、驳接爪脱漆、生锈。

④雨棚驳接爪处漏水。

⑤新旧胶黏结处漏水。

2）雨棚漏水故障原因解析

①个别出入口施工时由于钢化玻璃之间的黏结胶剂质量问题，导致黏结胶剂开裂，造成雨水沿裂缝渗流入车站。

②出入口驳接爪与钢化玻璃固定处由于黏结胶剂封堵不密实而存在缝隙，造成雨水通过缝隙渗漏入车站。

③出入口顶棚与侧面玻璃间黏结胶剂封闭不密实，存在裂隙，造成雨水渗入车站。

④卷帘门外包装饰面板与玻璃之间缝隙黏结胶剂黏结不密实，造成雨水通过缝隙渗漏入车站。

⑤驳接爪与玻璃之间黏结不密实，导致雨水从不密实处渗漏。

4.2.4　雨棚主要检查内容、检查方法和要求

1)雨棚主要检查内容
①玻璃间黏结胶是否密实。
②驳接爪及扣件是否松动。
③玻璃是否破碎。
④钢骨架及驳接爪是否生锈。

2)雨棚主要检查方法和要求
①雨棚检查方法是目测和手摸。
②雨棚检查要求是对主要构件进行每月最少两次的检查。

4.2.5　雨棚主要保养内容、保养要求和方法

1)雨棚主要保养内容
①板缝渗漏水,外观破损。
②顶部板块变形、密封胶老化、开裂,扣件不牢固。
③脱漆、生锈并修理。

2)雨棚主要保养要求和方法
①雨棚保养要求二级保养每月一次,小修、中大修根据设备状态来定。
②严格按照月计划时间进行保养。
③雨棚保养方法是对密封胶老化、开裂进行密实修补;扣件、驳接爪加以固定;驳接爪、钢骨架进行涂漆修正。

4.2.6　雨棚检查和保养主要使用工器具

雨棚检查和保养主要工器具有:伸缩梯、安全带、安全绳、刀片、中性硅酮密封胶、毛刷、胶枪、头灯等工具。

4.2.7　西安地铁二号线雨棚工程质量问题及设计缺陷

1)工程质量问题
①胶剂规格型号不统一,造成不同胶剂之间相互黏结差,易漏水。
②施工单位施工过程中胶剂不密实是造成漏水的主要原因。
③驳接爪处胶剂同样存在不密实现象,是造成漏水的另一原因。

2)设计缺陷
设计上未将出入口雨棚顶棚延伸到平台尽头,造成雨水直接落在出入口平台上,车站平台坡度不够,从而造成雨水流入车站。

4.2.8　雨棚堵漏实操练习

1）场地

表面干燥、待堵漏的钢化夹胶玻璃雨棚 1 处。

2）人员要求

操作 1 人,配合 3 人。

3）工具、材料准备

工具、材料准备表见表 4-2。

表 4-2　工具、材料准备表

序号	名称	规格	精度	数量	备注
1	硅酮密封胶	—	—	3 瓶	—
2	胶枪	—	—	2 把	—
3	刀片	—	—	5 把	—
4	细毛刷	—	—	1 把	—
5	人字梯	5 m	—	1 把	—
6	卷尺	3 m	—	1 把	—

4）操作程序及详细过程

①进行现场施工安全班前交底。

②工班、委外作业人员进入车站清点。

③设施作业区域,两人打开并扶好梯,另两人依次登上伸缩梯。

④做好安全防护。

⑤工器具通过安全绳,送于梯上工作人员。

⑥进行现场漏水位置玻璃胶的复查。

⑦确定补胶位置范围、确定作业区域(3 处,小计补胶 9.5 m)。

⑧将雨棚漏雨部位的胶体(即作业区域)裂痕处的灰尘、原玻璃胶体,用刀片进行切割,用细毛刷清理干净。

⑨将中性硅酮密封胶安装在胶枪上,在清理好的裂痕上进行胶体的打、抹均匀。

⑩将工器具吊至地面,做到现场"三清"。

⑪清场并向车控室销点,将此故障录入台账。

⑫对维调回复故障修复。

5）安全措施

按规定使用安全带、安全帽、手套等防护劳保用品。

6)作业验收

作业过程验收记录见表4-3。

表4-3　作业过程验收记录表

序号	考核内容	考核要点	配分	评分标准	扣分	得分
1	作业方法及步骤	能够正确请销点,设置施工防护	5	请销流程不正确每错一步扣5分		
		工具检查	5	少检查一项工具扣2分,最高扣5分		
		确认故障,对漏水点情况进行分析,并进行打胶处理	15	故障维修操作不熟练扣15分		
		作业完毕后请车站(车辆段)人员确认,并交付使用	5	忽略此项,扣5分		
		作业完毕后清扫现场垃圾	5	未清扫现场,或清扫不彻底扣5分		
		处理完毕后销点,并回复维调	5	未按流程销点、未回复维调扣5分		
2	质量标准	规范操作不损坏雨棚	15	操作不规范,造成雨棚损坏的扣15分		
		检查打胶是否均匀,是否有不密实的情况,确认检查	15	未进行此项扣15分		
3	工具设备使用及维护	工器具的使用	10	工器具使用不规范扣10分		
4	安全注意事项	着装规范、规范使用劳保用品	10	不按规定着装和使用劳保用品扣10分		
		是否存在其他不安全因素	10	本人有其他不安全因素的酌情扣分,每次1~10分		
	合计		100			

4.3 隐形门装饰面板加固要点及实操

4.3.1 隐形门介绍

1)隐形门

隐形门,顾名思义就是可以隐藏的门。西安地铁隐形门通常采用与周围墙壁相同的材质(石材、无机预涂板)的隐藏门门板,营造与周围一体的美观效果。西安地铁车站隐形门包括人防检修门(图4-3)、离壁墙检修门(图4-4)、消火栓门(图4-5)、离壁墙水沟地漏疏通检修门、离壁墙控制箱检修门(图4-6)等。

图4-3 人防检修门

图4-4 离壁墙检修门

图4-5 消火栓门

图4-6 离壁墙控制箱检修门

2）隐藏门常见故障类型

①面板破损、崩角、开裂。

②面板脱落。

③门轴变形、脱焊。

④门吸、把手损坏、脱落。

4.3.2 隐形门脱落原因

①安装装饰面板时，其与龙骨连接用胶点粘。

②未用胶满粘。

③未用固件连接。

4.3.3 隐形门加固方法

①在用胶满粘的同时也需用自攻丝打眼固定。

②用扁钢固定。

③用铝制卡槽固定。

未用卡槽固定导致面板脱落实例图如图 4-7 所示。

图 4-7　未用卡槽固定导致面板脱落

4.3.4 隐形门装饰面板脱落案例

1）事件经过

2019 年 8 月 17 日 7 时 55 分，设施部生产调度接报钟楼站故障：A 通道人防检修门一块装饰板脱落，造成 1 名保洁人员受伤。经车间主任、房建技术组与值班在岗的结构房建工班人员确认，为保洁人员在取检修门背后的防滑垫时，门顶部一块装饰板脱落，造成此保洁人员受伤。

2)故障形成原因分析

①此故障发生主要原因之一是施工质量问题。即原施工单位在此处的人防检修门顶部装饰板与龙骨之间的黏结仅用少量的胶体进行点粘,未用卡槽进行固定,本身存在装饰板脱落的安全隐患(图 4-8)。

图 4-8　故障处示意

②原因之二是人为因素。即该站保洁人员将检修门内空间作为储存工具、材料的场所(二号线其他各车站情况类似),其长期频繁启闭检修门从而造成门体板材黏结力下降导致装饰板脱落。

③胶体粘接装饰面板的特点是:处于外界环境相对静止状态时较为安全,但是对于检修门上的装饰面板,黏结不牢固、未有措施固定且长期频繁启闭,在突然受力时均会造成门体板材黏结力下降,合页龙骨变形、松动,甚至会出现无征兆脱落。

④2019 年 8 月 16 日,结构房建工班已对钟楼站进行了检查,其中检修规程中所规定的装饰板面、门吸状态良好。因门板面的黏结胶体已隐蔽,无法检查,只有在工程建设的施工过程中进行控制。

3)处理措施

①工建车间对二号线各车站未安装卡槽固定并存在安全隐患的检修门进行全面排查、整理统计。

②对此类检修门进行集中专项整治:即安装卡槽并黏结牢固。

③加强后续工程建设的施工质量,施工单位严格按照国家的标准规范执行,监理做好过程控制隐蔽工程的验收。

④对新线工程,存在隐蔽工程问题的工程在验收时无法完全检验,只有在施工过程中去发现,故运营介入人员应尽可能地发现施工质量问题,针对质量较差的要做好记录并注意资料的收集,尤其是有重大功能缺陷与安全使用问题的应立即上报。

⑤建议检修门作为检修专用,不兼作其他储存功能,更不能长期频繁使用。

4.3.5　隐形门装饰面板加固实操

1)项目
隐藏门装饰面板加固。

2)人员
操作 1 人,配合 2 人。

3)材料、工具准备
卡槽、玻璃胶、切割机。

4)操作程序及详细过程
①接到维调报的故障,进行现场确认。

②故障原因分析。

③办理各种请销手续,人员进场,班前教育,设置施工防护。

④检查工具及材料。

⑤开始施工。

⑥戴好手套。

⑦在隐藏门装饰面板背面刻导槽。

⑧根据刻槽长度切割卡槽。

⑨将卡槽穿入隐藏门背板预先刻好的导槽内。

⑩在导槽内打入玻璃胶,使导槽与隐藏门背板紧密连接。

⑪将故障处理情况录入台账。

⑫对维调回复故障修复。

4.3.6　安全措施

按规定使用手套等防护劳保用品,切割作业需提前办理动火令,并在切割作业区域准备 2 个灭火器。

4.3.7　作业验收

①开关门扇,检验隐藏门板是否发生晃动。

②查看隐藏门背板是否有卡槽,卡槽是否与导槽结合紧密。

③查看隐藏门背板与卡槽间是否按要求满粘。

4.4　水准仪使用理论及实操

4.4.1　水准仪的功能与使用

水准仪主要由望远镜、水准器、基座 3 个主要部分组成,是为水准测量提供水平视线和对水准标尺进行读数的一种仪器。

4.4.2　水准仪的主要功能

测量两点间的高差,它不能直接测量待定点的高程,但可由控制点的已知高程来推算测点的高程。

车站通道施工前
水准测量

4.4.3　水准高程测量方法

在进行施工测量时,经常要进行地面上点的高程测设。如图 4-9 所示,设 B 为待测点,其设计高程为 H_B。A 为水准点,已知其高程为 H_A。为了得到 B 点的设计高程 H_B,安置水准仪于 A、B 之间,先在 A 点立尺,读得后视读数为 a,然后保持水准仪位置不动,在 B 点立尺,回转水准仪望远镜镜身,在读出 B 点水准尺之前视读数 b,则得 B 点高程:$H_B = H_A + a - b$。

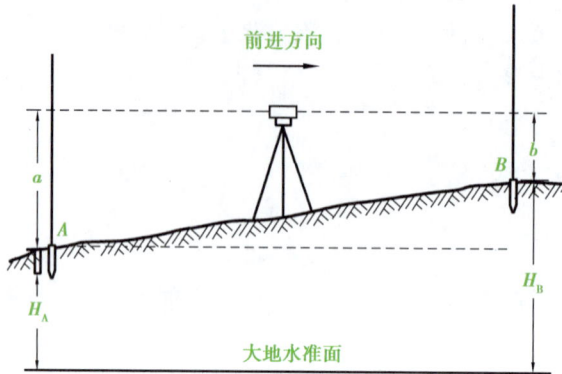

图 4-9　测量示意图

4.4.4　水准测量实操练习

1)人员要求
分 3 组,每组水准仪操作 1~2 人,水准尺立尺 2 人,读数记录 1 人,数据复核 1 人。

2)工具准备
水准仪 1 台、水准尺 2 把。

3)水准测量路线
从 OCC 正门开始→OCC 东侧围栏小门→车辆段北门门卫室→OCC 北门门卫室→回到 OCC 正门,完成闭合水准测量。

4)完成水准测量记录表
水准测量记录见表 4-4。

表 4-4　水准测量记录表

仪器:　　　　　　日期:　　　　　天气:

测点	后视	前视	中视	仪器高	标高	备注

5)实操评定

评委根据每组人员的测量及记录情况分别进行打分,完成作业过程验收记录表(表4-5)。

表4-5　作业过程验收记录表

序号	考核内容	考核要点	配分	评分标准	扣分	得分
1	作业方法及步骤	准备工作:检查水准仪、支架、标尺、记录本等齐全	5	未检查扣5分,检查不全视情况扣1~3分		
		熟练使用水准仪,配合默契	10	视不熟练情况扣1~5分		
		立尺正确	10	对立尺不符合要求能及时指正并进行指挥,如不能扣1~3分		
		选择转点位置合理	10	对转点不符合要求能及时指正并进行指挥,如不能扣1~3分		
		数字记录无误	10	数字记录正确,错误1次扣10分		
2	质量标准	闭合差符合规范,不超时	20	误差超限或作业超时,各扣10分		
		计算准确无误	10	错误扣10分		
		记录填写规范	10	填写不规范,视情况扣1~10分		
3	安全注意事项	按规定穿戴工装、工服	5	不符合要求,扣1~5分		
		架设、回放仪器及作业中注意人身、设备安全不受伤害、损坏	10	对仪器保护不周,视情况扣1~5分,损坏仪器扣10分		
	合计		100			

4.5　房建专业设施典型重点故障讲解

4.5.1　故障一:长乐坡 D 口卷帘门更换

1)故障概况

长乐坡 D 口卷帘门由于门体自身质量问题,帘片和副轴多处变形、断裂,经过多次加固,无法解决故障频发现象,故经过多方协调,决定由原厂家对门体进行更换。

2)门体更换工艺流程

工器具、人员到位→销点→安全、技术交底→划定作业区域→拆卸装饰面板→切割装饰面板龙骨→切割导槽→导出旧门体→导入新门体→调试卷帘门→接焊导槽→接焊装饰面板龙骨→安装装饰面板→工器具、人员清场→销点→移交车站→回复维调。

3)施工方案

工器具、人员到位及销点如下所述。

①主要工器具包括电焊机 1 台、切割机 1 台、打磨机 1 台、接线盘 1 个、灭火器 2 个、人字梯 1 个。

（a）主要工器具

（b）灭火器

图 4-10　工器具

②主要人员包括房建技术 1 名、工班员工 1 名、施工单位现场负责人 1 名、电工 1 名、焊工 1 名、普工 1 名。

销点、安全、技术交底、划定作业区域如下所述。

①工班员工进行销点。

②安全、技术交底。

首先,工班对施工人员进行安全交底,主要为登高、用电、动火等注意事项;在此步骤对施工人员进行技术交底,主要为装饰面板拆卸注意事项、成品保护;支撑龙骨、导槽的切割及焊接注意事项;导出旧卷帘门,导入新卷帘门、调试运行状态等技术标准。

③划定作业区域。卷帘门正下方前后 2 m 范围内为作业区域,施工器具等均安置在作业区域内。

拆卸装饰面板。

①剔除装饰面板之间的胶剂,如图 4-11 所示。

②采用手动电钻拆卸自攻丝。

③拆除装饰面板并平放置好,如图 4-12 所示。

切割装饰面板龙骨、切割导槽、导出旧门体如下所述。

图 4-11　剔除装饰面板之间的胶剂

①切割装饰面板龙骨 80 cm,如图 4-13 所示。

图 4-12　拆除装饰面板

图 4-13　切割装饰面板龙骨

②切割导槽 60 cm,如图 4-14 所示。

③导出旧门体,如图 4-15 所示。

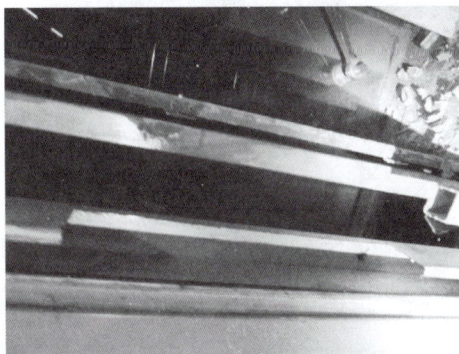

图 4-14　切割导槽

图 4-15　导出旧门体

导入新门体、调试卷帘门如下所述。

①导入新门体。

②调试卷帘门。

接焊导槽、接焊装饰面板龙骨、安装装饰面板如下所述。

①接焊导槽。

②接焊装饰面板龙骨。

③安装装饰面板。

工器具、人员清场、销点、移交车站、回复维调。

4)总结

通过本次卷帘门门体更换实例,本方案省时省力,4 h 可完工,技术给工班员工和委外作业人员进行培训后,可将此方法推广,作为房建应急抢修的参考方法。

4.5.2　故障二:市图书馆站 C、D 出入口卷帘门自落故障

1)故障概况

2019 年 2 月 28 日 15 时 45 分,结构房建工班人员接维调故障通知:市图书馆 D 出入口卷帘门缓慢自落,经对该卷帘门电机检查,电路、机械运行均正常。

2)故障处理

经分析、研究其他地铁、商场有相同状况的案例,得出原因:附近卷帘门或其他设备的控制频率与此卷帘门控制频率相近,故导致一定的影响、干扰;或卷帘门感应器程序故障。为彻底解决此问题,决定对该卷帘门的感应器、遥控器整套进行更换,如图 4-16、图 4-17 所示。

图 4-16　感应器电路板

图 4-17　更换感应器、遥控器

3)采取措施

①此故障虽已排除,但应继续进行动态观察,今后出现类似情况,可参照此次处理方法执行。

②对全线卷帘门感应器进行排查,主要检查感应器电路板是否正常,有无湿渍。

③作为典型案例对结构房建工班全员进行培训、学习。

④对新线工程,介入人员应尽可能认真检查卷帘门的各项质量参数,针对质量较差的电机、感应器应做好记录、资料的收集,及时上报部门。

⑤工班应按要求执行技术组安排的各项作业,必要时进行跟岗与技术支持。

⑥以文件形式通知使用部门,规范使用。

4.5.3　故障三:雨棚渗漏水故障

1)故障概况

2012 年 7 月 5 日南稍门 B 出入口发生雨棚渗漏水故障。

2)故障原因分析

经现场确认为玻璃间黏结处不密实、黏结胶出现老化开裂,驳接爪与玻璃间黏结不

密实。

3)故障处理
①进行现场施工安全班前交底。

②工班、委外作业人员进入车站销点。

③设置作业区域,两人打开并扶好伸缩梯,另两人依次登上伸缩梯。

④做好安全防护。

⑤将工器具通过安全绳送于梯上工作人员。

⑥进行现场漏水位置玻璃胶的复查。

⑦确定补胶位置范围、确定作业区域。

⑧将雨棚漏雨部位的胶体裂痕处的灰尘、原玻璃胶体,用刀片切割,用细毛刷清理干净。

⑨将中性硅酮密封胶安装在胶枪上,在清理好的裂痕上将胶体打磨均匀。

⑩将工器具吊至地面,做到现场"三清"。

⑪清场并向车控室销点,将故障录入台账。

⑫对调度回复故障已修复。

4)故障排除总结
①组织对全线雨棚玻璃之间玻璃胶黏结情况是否完好和是否需要补胶进行排查。

②建立雨棚漏水故障图库,并进行班组内部技术交流。

③本次补胶长度为 9.5 m,消耗 7 桶胶,每桶胶剂 300 mL,平均每延米消耗数量为 221 mL,满足雨棚堵漏胶剂使用标准。

4.6　接水槽应急安装

4.6.1　场地

平整混凝土场地或混凝土墙面、混凝土预制板构件,有 220 V 电源。

4.6.2　人员

主操作 1 人,可配备两人进行接水槽和登高设备扶助稳固工作。

4.6.3　工具、材料准备

1)材料准备
材料准备表见表 4-6。

表 4-6　材料准备表

序号	名称	规格	精度	数量	备注
1	接水槽	不锈钢或玻纤	—	1~2 m	—
2	膨胀螺栓	8~14 mm	—	10 支	配备垫圈若干
3	滑石笔	—	—	2 支	—
4	密封胶	—	—	1 支	配胶枪

2）工具准备

工具准备表见表 4-7。

表 4-7　工具准备表

序号	名称	规格	精度	数量	备注
1	冲击钻	—	—	1 把	—
2	钻头	8~14 mm	—	1 套	各 1 根
3	清洁刷	—	—	1 把	—
4	手锤	—	—	1 把	—
5	扳手	—	—	1 把	—
6	登高设备	—	—	1 套	视场地条件配置

4.6.4　操作程序及详细过程

1）清洗

将漏水点或缝隙两侧混凝土表面清理干净,凿除松动混凝土。

2）钻孔

在接水槽预装位置钻孔。

3）安装接水槽

将准备好的接水槽安装在漏水点或缝隙上,槽中心对准漏水点或缝隙,将水引至接触网两侧。

4）安装膨胀螺丝

在已经钻好的位置安装膨胀螺丝,拧紧膨胀螺丝,将接水槽固定。

5）封缝

用密封胶将槽两翼与混凝土面之间的缝隙封闭严密,保证水顺着槽流出。

4.6.5 安全措施

①按规定使用手套、护目镜、安全帽、防尘口罩等防护劳保用品。
②视场地条件对登高设备进行稳固扶助。

4.6.6 作业验收

①接水槽安装牢固。
②其他验收要求见本节"作业过程验收记录表"（表4-8）。

表4-8 作业过程验收记录表

序号	考核内容	考核要点	配分	评分标准	扣分	得分
1	作业方法及步骤	工前检查（场地、人员、材料、设备等）	8	每项缺失扣2分		
		冲击钻组装、取电、试钻	8	视组装、取电不熟练程度扣1~4分，未试钻扣4分		
		接水槽预铺，标定钻孔位置	8	不符合要求扣4分，划定孔位不准确扣1~4分		
		冲击钻钻孔	8	钻孔必须平稳，钻进速度均匀，否则视程度扣1~5分		
		孔洞清理	8	视清理的不干净程度扣1~4分		
		安装膨胀螺栓，固定接水槽	8	螺栓拆解，安装，螺栓拧紧，安装程序错误扣8分		
2	质量标准	操作程序连贯，无顺序颠倒	8	视操作程度不连贯程度扣1~4分，顺序颠倒扣4分		
		钻孔孔眼完整适用	8	孔眼深度适当，孔眼正直完整，否则视情况扣1~4分		
		膨胀螺栓安装情况	8	视螺栓装入深度、坚固程度扣1~4分		
3	工具设备使用及维护	正确使用工、量具	10	工器具使用前不检视扣3分，器具使用不熟练视程度扣1~5分，损坏工器具视程度扣3~5分，工器具整理保养不够视情况扣1~5分		

序号	考核内容	考核要点	配分	评分标准	扣分	得分
4	安全注意事项	着装和使用劳保用品	10	视着装情况及劳动保护品使用情况扣1~5分		
5	问答	现场随机问题	8	视现场回答情况扣1~8分		
	合计		100			

4.7 环氧树脂水泥砂浆修补

4.7.1 场地

破损混凝土场地或混凝土墙面,有220 V电源。

4.7.2 人员

主操作1人,可配备1人进行墙面凿毛。

4.7.3 工具、材料准备

1)材料准备

材料准备见表4-9。

表4-9 材料准备表

序号	名称	规格	精度	数量	备注
1	水泥	—	—	5 kg	—
2	砂	中砂	—	10 kg	—
3	环氧树脂	—	—	10 kg	—
4	稀释剂	—	—	10 kg	—

2)工具准备

工具准备见表4-10。

表 4-10　工具准备表

序号	名称	规格	精度	数量	备注
1	手锤	—	—	1 把	—
2	抹子	—	—	1 把	—
3	钢丝刷	—	—	1 把	—
4	棉纱	—	—	若干	—
5	拌料桶	—	—	2 个	—
6	冲击钻或电锤	—	—	1 把	—

4.7.4　操作程序及详细过程

①确定修补区域,其修补处理范围应比实际破损范围向外扩大 100 mm,切割或剔凿出混凝土修补区域的垂直边缘,其深度≥5 mm 以免修补区域边缘薄片化。

②将修补区域内混凝土基层表面浮尘、油污清理干净,并剔除疏松部分。

③清理修补区域内裸露钢筋表面的锈质和杂物。

④将清理好的修补区域内混凝土基层进行凿毛处理或用混凝土界面处理剂进行界面处理。

⑤用气泵或水将处理过的修补区域内混凝土基层表面清扫干净,进行下一道工序时不得有明水存留。

⑥配比,使用称量工具按产品的配比严格称取环氧树脂、环氧固化剂等各组分的质量。混合:使用低速搅拌器将混合的环氧树脂和环氧固化剂充分搅拌 5~10 min,直到混合物变成白色且均匀一致,搅动时没有明显痕迹,工具和容器清洗时毫无黏滞感。混合量:按施工现场环境(主要是温度)和施工速度(主要是参与人数和作业难度)严格控制每次水性环氧混合物、砂浆(混凝土)的量,尤其在户外施工作业,应将水性环氧原材料储放在阴凉干燥处及在阴凉处完成混合作业,否则产品混合过多凝胶作废。加水量:根据产品的最终使用要求决定加水量,加水量越少,产品性能越好;同时水泥砂浆拌和尽可能干,如果加水太多水泥砂浆拌和太稀,易出现水泥制品收缩、踏落、开裂等常见问题。

⑦使用抹子视破损深度分层压抹,并表层压光。

4.7.5　安全措施

①按规定使用手套、护目镜、防尘口罩等防护劳保用品。

②易燃材料,注意防火防水,现场配置干粉灭火器 1 台。

4.7.6 作业验收

①舀取水性环氧树脂、水性环氧固化剂要使用各自的勺子,切忌交叉使用,否则易导致原材料报废。

②施工完毕及时将工具用水清洗干净。

③其他验收要求见本节"作业过程验收记录表"(表4-11)。

表4-11 作业过程验收记录表

序号	考核内容	考核要点	配分	评分标准	扣分	得分
1	作业方法及步骤	工前检查(场地、人员、材料、设备)	8	每项缺失扣2分		
		计算、称量材料	8	计算错误扣4分,称量错误扣4分		
		凿除清理补强对象混凝土结构	8	清除不彻底扣1~8分		
		拌制细骨料、加入环氧树脂拌均匀	8	先拌细骨料与水泥,均匀后加环氧树脂,视拌和均匀度扣1~4分		
		修补抹平	8	视修补粘贴程度扣1~5分		
2	质量标准	操作程序连贯,无顺序颠倒	8	视操作程度不连贯程度扣1~4分,顺序颠倒扣4分		
		拌制材料配合计量准确	8	视拌合物可用性差情况扣1~4分		
		修补后表面平整程度	8	视表面不平整程度扣1~5分		
3	工具设备使用及维护	正确使用工、量具	18	工器具使用前不检视扣3分,器具使用不熟练视程度扣1~5分,损坏工器具视程度扣3~5分,工器具整理保养不够视情况扣1~5分		
4	安全注意事项	着装和使用劳保用品	10	视着装情况及劳动保护品使用情况扣1~5分		
5	问答	现场随机问题	8	视现场回答情况扣1~8分		
	合计		100			

4.8 结构注浆堵漏

4.8.1 场地

隧道内、车站无粉刷的有渗漏水混凝土结构场所,有 220 V 电源。

4.8.2 人员

主操作 1 人,可配备 1 人进行加料、取电等辅助工作。

4.8.3 工具、材料准备

1)材料准备

材料准备见表 4-12。

表 4-12 材料准备表

序号	名称	规格	精度	数量	备注
1	聚氨酯浆料	油性	—	25 kg	—
2	注浆针头	10~14 mm	—	20 支	—
3	清洗剂	—	—	10 kg	—

2)工具准备

工具准备见表 4-13。

表 4-13 工具准备表

序号	名称	规格	精度	数量	备注
1	冲击钻	—	—	1 把	—
2	钻头	8~14 mm	—	1 套	各 1 根
3	清洁刷	—	—	1 把	
4	手锤	—	—	1 把	

续表

序号	名称	规格	精度	数量	备注
5	扳手	—	—	1把	—
6	T形套筒	—	—	1支	—
7	注浆机	0.3~4 MPa	—	1台	—

4.8.4 操作程序及详细过程

①按渗漏情况确定钻孔位置,如裂缝时,孔位应交错布置在裂缝周围,确保布设的斜孔切割裂缝;裂缝向迎水面延伸方向基本与衬砌表面垂直时,可布设骑缝孔,灌浆孔孔距控制在 200~250 mm 范围内。

②安装注浆针头,并采用 T 形套筒拧紧;埋入注浆嘴的深度应不小于注浆嘴总长的 2/3。

③视需要情况涂抹水不漏封孔,同时接取电(配合人员完成)。

④采用 0.3~1.5 MPa 压力压注聚氨酯浆液,多组分配制浆液时,配料搅拌时间不得少于 10 min。

⑤灌浆时应观察周边情况,一旦出现漏浆、爆浆现象,应立即停止灌浆。

⑥观察发泡及返浆,并铲除清理干净表面。

4.8.5 安全措施

①按规定使用手套、护目镜、防尘口罩等防护劳保用品。
②易燃材料,注意防火,现场配置干粉灭火器 1 台。

4.8.6 作业验收

①对渗漏水分析正确,钻孔位置合理。
②其他验收要求见本节"作业过程验收记录表"(表 4-14)。

表 4-14　作业过程验收记录表

序号	考核内容	考核要点	配分	评分标准	扣分	得分
1	作业方法及步骤	工前检查（场地、人员、材料、设备等）	8	每项缺失扣2分		
		冲击钻组装、取电、试钻	8	视组装、取电不熟练程度扣1~4分，未试钻扣4分		
		冲击钻钻孔	8	不符合要求扣4分，划定孔位不准确扣1~4分		
		清孔，安装注浆针头	8	清理视不干净程度扣1~3分，注浆针头安装不牢固扣1~5分		
		连接注浆机，加料	8	注浆机连接正确，错误扣4~8分		
		启动注浆，堵漏	8	注浆过程中对注入量、返浆、压力均有观察，忽视时扣4~8分		
2	质量标准	操作程序连贯，无顺序颠倒	8	视操作程度不连贯程度扣1~4分，顺序颠倒扣4分		
		钻孔孔眼位置与渗漏水相关性	8	视渗漏水治理消除情况扣1~8分		
		注浆情况	8	返浆过量、压力过大时扣1~4分		
3	工具设备使用及维护	正确使用工、量具	10	工器具使用前不检视扣3分，器具使用不熟练视程度扣1~5分，损坏工器具视程度扣3~5分，工器具整理保养不够视情况扣1~5分		
4	安全注意事项	着装和使用劳保用品	10	视着装情况及劳动保护品使用情况扣1~5分		
5	问答	现场随机问题	8	视现场回答情况扣1~8分		
	合计		100			

4.9　防水涂料涂刷及保护油毡铺贴

4.9.1　场地

平整混凝土场地一处,约 3 m^2。

4.9.2　人员

主操作 1 人。

4.9.3　工具、材料准备

1)材料准备

材料准备见表 4-15。

表 4-15　材料准备表

序号	名称	规格	精度	数量	备注
1	防水涂料	—	—	25 kg	—
2	油毡	—	—	3 m^2	—
3	油毡黏结剂	—	—	1 L	—

2)工具准备

工具准备见表 4-16。

表 4-16　工具准备表

序号	名称	规格	精度	数量	备注
1	拌料桶	—	—	2 个	—
2	板刷和滚子	—	—	各 1 把	—
3	扫把	—	—	1 把	—
4	棉纱	—	—	1 把	—

4.9.4　操作程序及详细过程

①结构基面清理。基层必须干净、平整、无起砂、无空鼓、无积水，钢筋头清理干净。

②调稀料，打底涂。采用稀释剂（如汽油）调配部分稀料，稀释程度以下滴拉线，感觉如色拉油或稍稠为准。底涂刷以稀、薄为要点。

③第一遍涂刷，与底涂涂刷方向相垂直。垂直与底层涂刷，可相互覆盖气泡、乱痕等缺陷。

④第三遍涂刷，与第二层涂刷方向相垂直。

⑤粘贴保护油毡。油毡铺贴搭接 10 cm 以上。

4.9.5　安全措施

①按规定使用手套、护目镜、防尘口罩等防护劳保用品。

②易燃材料，注意防火，现场配置干粉灭火器 1 台。

4.9.6　作业验收

其他验收要求见本节"作业过程验收记录表"（表 4-17）。

表 4-17　作业过程验收记录表

序号	考核内容	考核要点	配分	评分标准	扣分	得分
1	作业方法及步骤	工前检查（场地、人员、材料、设备）	8	每项缺失扣 2 分		
		清理涂刷对象混凝土结构表面	8	清除不彻底扣 1~8 分		
		计算、称量、拌制材料	8	计算错误扣 3 分，称量错误扣 2 分，视拌和均匀度扣 1~3 分		
		防水涂料涂刷	8	视涂刷不密实、不重叠程度扣 1~8 分		
		保护油毡铺贴	8	视铺贴不重叠程度扣 1~8 分		

序号	考核内容	考核要点	配分	评分标准	扣分	得分
2	质量标准	操作程序连贯,无顺序颠倒	8	视操作程度不连贯程度扣1~4分,顺序颠倒扣4分		
		拌制材料配合计量准确	8	视拌合物可用性差情况扣1~4分		
		涂刷后表面平整,铺贴表面平整	8	视表面不平整程度扣1~8分		
3	工具设备使用及维护	正确使用工、量具	18	工器具使用前不检视扣3分,器具使用不熟练视程度扣1~5分,损坏工器具视程度扣3~5分,工器具整理保养不够视情况扣1~5分		
4	安全注意事项	着装和使用劳保用品	10	视着装情况及劳动保护品使用情况扣1~5分		
5	问答	现场随机问题	8	视现场回答情况扣1~8分		
合计			100			

复习思考题

1.出入口雨棚漏雨的主要原因是什么?

2.雨棚的作用是什么?

3.水准测量所用仪器工具有哪些?

4.用水准仪测 A、B 两点高差,后视 A 点读数 $a=1.731$ m,前视 B 点读数 $b=1.812$ m,问 A、B 两点高差为多少? A、B 两点哪点高?

5.水准仪型号为 S3,其中字母"S"和数字"3"分别表示什么?

6.工程测量用水准仪的主要功能是什么?

7.地铁隐形门主要包括哪几类?

8.简述水准测量基本原理。

9.简述混凝土的基本性质。

10.简述地下工程防水标准。

项目5 高级工理论知识及实操技能

5.1 水磨石施工工艺要点、常见问题及处理措施

5.1.1 水磨石的概念

水磨石（也称高亮水磨石、晶魔石）是将碎石拌入水泥制成混凝土制品后表面磨光的制品（图 5-1）。常用来制作地砖、台面、水槽等制品。

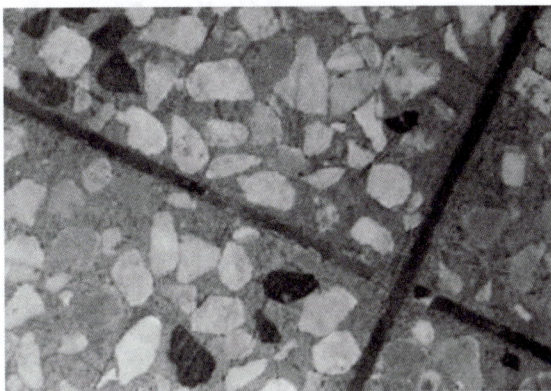

图 5-1 水磨石

5.1.2 水磨石的特点

①防尘防滑。

②表面硬度大。

③色泽艳丽光洁,可随意拼接花色、颜色均可自定义配制。

④不开裂、不怕重车碾轧、不怕重物拖拉、不收缩变形。

⑤不起尘、洁净度高。

⑥不燃、耐老化、耐污损、耐腐蚀、无异味无任何污染。

⑦装饰分格条横平竖直，分格条间无须间隙，连接密实，整体美观性好。

5.1.3 水磨石施工工艺及要点

1）施工工艺
基层处理→定线→水磨石板浸水→砂浆拌制→基层洒水及刷水泥浆→铺水泥砂浆结合层及预制水磨石板→养护灌缝→贴镶踢脚板→酸洗打蜡。

2）施工要点
（1）基层处理

将黏结在基层上的砂浆（或洒落的混凝土）及浆皮砸掉刷净，并用扫帚将表面浮土清扫干净。

（2）定基准线

根据设计图纸要求的地面标高，从墙面上已弹好的+50 cm线找出板面标高，在四周墙面上弹好板面水平线。然后从房间四周取中拉十字线以备铺标准块，与走道直接连通的房间应拉通线。

（3）预制水磨石板浸水

为确保砂浆找平层与预制水磨石板之间的黏结质量，在铺砌板块前，板块应用水浸湿，铺时达到表面无明水。

（4）砂浆拌制

找平层应用1∶3干硬性水泥砂浆，拌制时要注意控制加水量，拌好的砂浆以用手捏成团，颠后即散为宜，随铺随抹，不得拌制过多。

（5）基层洒水及刷水泥浆

将地面基层表面清扫干净后洒水湿润（不得有明水）。铺砂浆找平层之前应刷一层水灰比为0.5左右的素水泥浆，注意不可刷得过早、量过大，刷完后立即铺砂浆找平层，避免水泥浆风干不起黏结作用。

（6）铺水泥砂浆结合层及预制水磨石板

①确定标准块的位置：在已确定的十字线交叉处最中间的一块为标准块位置（如以十字线为中缝时，可在十字线交叉点对角安设两块标准块），标准块作为整个房间的水平及经纬标准，铺砌时应用90°角尺及水平尺细致校正。确定标准块后，即可根据已拉好的十字基准线进行铺砌。

②虚铺干硬性水泥砂浆结合层：检查已刷好的水泥浆无风干现象后，即可开始铺砂浆结合层（随铺随砌，铺的面积不宜过大），铺设厚度以25~3 cm为宜，放上水磨石板时比地面标高线高出3~4 mm为宜，先用刮杠刮平，再用铁抹子拍实抹平，然后进行预制水磨石板试铺，对好纵横缝，用橡皮锤敲击板中间，振实砂浆至铺设高度后，将试铺合适的预制水磨石板掀起移到一旁，检查砂浆上表面，如与水磨石板底相吻合后（如有空虚处，应用砂浆填补），满浇一层水次比为0.5左右的素水泥浆，再铺预制水磨石板，辅时要四角同时落下，用橡皮锤轻敲，随时用水平尺或直板尺找平。

③标准块铺好后,应向两侧和后退方向顺序逐块铺砌,板块间的缝隙宽度如设计无要求时,不应大于2 mm,要拉通长线对缝的平直度进行控制,同时也要严格控制接缝高低差。安装好的预制水磨石板应整齐平稳横竖缝对齐。

④铺砌房间内预制水磨石板时,铺至四周墙边用非整板镶边时,应做到相互对称(定基准线在房间内拉十字线时,应根据水磨石板规格、尺寸计算出镶边的宽度)。凡是有地漏的部位,应注意铺砌时板面的坡度,铺砌在地漏周围的水磨石块,套割、弧度要与地漏相吻合。

⑤养护和填缝:预制水磨石板铺砌2昼夜,经检查表面无断裂、空鼓后,用稀水泥浆(1:1=水泥:细砂)填缝,并随时将溢出的水泥浆擦干净,灌2/3高度后,再用与水磨石板同颜色的水泥浆灌严(注意所用水泥的强度)。最后铺上锯末或其他材料覆盖保持湿润,养护时间不应小于7 d,且不能上人。

(7)贴镶踢脚板

安装前先设专人挑选,厚度须一致,并将踢脚板用水浸湿晾干。如设计要求在阳角处相交的踢脚板有割角时,在安装前应将踢脚板一端切割成45°角。

①在已抹好灰的墙面垂直吊线确定踢脚板底灰厚度(同时要考虑踢脚板出墙厚度,一般为8~10 mm),用1:2水泥砂浆抹底灰(基层为混凝土时应刷一层素水泥浆结合层,其水灰比为0.4~0.5),并刮平划纹,待底子灰干硬后,将已湿润阴干的踢脚板背面抹上2~3 mm厚水泥浆或聚合物水泥浆(掺10%107胶)进行粘贴,并用木槌敲实,拉线找平找直,次日用白色水泥浆擦缝。

②首先确定踢脚板出墙厚度(8~10 mm),用木靠尺板(或线坠)测出墙底两端踢脚板位置,然后拉上口水平线。

③将墙面清扫干净并浇水湿润,然后由阳角开始向两侧试安,检查是否平整,接缝是否严密,有无掉角等,不符合要求时应进行调整,然后正式进行安装,下部用靠尺板托平直,板上下口处用石膏作临时固定。石膏凝固后,检查平整度、接缝高低差、上口平直度、出墙厚度,符合标准要求后,用1:2水泥砂浆(稠度一般为8~12 cm)灌注,并随时将踢脚板上口多余的砂浆清理干净。

④灌浆24 h后洒水养护3 d,经检查无空鼓,剔掉临时固定的石膏并清擦干净,用与踢脚板相同颜色的水泥砂浆擦缝。

⑤贴镶踢脚板时,踢脚板立缝宜与地面水磨石板缝对缝镶贴。

(8)酸洗、打蜡

①酸洗:在单位工程竣工前应将面层进行处理,撒草酸粉及清水进行擦洗,再用清水洗净撒锯末扫干(如板块接缝高低差超过0.5 mm时,宜用磨石机磨后再进行酸洗)。

②打蜡:预制磨石面层清洗干净后(表面应晾干),用布或干净麻丝沾稀糊状的成蜡。涂在磨石面上(要均匀),再用磨石机压麻打第一遍蜡,用同样方法打第二遍蜡达到表面光亮、图案清晰、色泽一致。预制磨石踢脚板酸洗和打蜡方法与上述方法相同。

5.1.4　预制水磨石施工验收标准

1)保证项目
面层及踢脚板所用预制水磨石板的品种、规格、颜色、质量必须符合设计要求,面层与基层结合必须牢固、无空鼓。

2)基本项目
①表面洁净、图案清晰、色泽一致、接缝均匀、周边顺直,板块无裂纹、缺棱、掉角等现象。

②地漏坡度符合设计要求,不倒泛水、无积水,与地漏(管道)结合处严密牢固,无渗漏。

③踢脚板表面洁净,接缝平整均匀,高度一致,结合牢固,出墙厚度适宜。检验方法为观察检查。

④楼地面镶边用料及尺寸符合设计要求和施工规范的规定,边角整齐、光滑。

⑤打蜡质量同规制水磨石面层。

3)预制水磨石地面允许偏差
①表面平整度 2 mm:用 2 m 靠尺和楔形塞尺检查。

②缝格平直 3 mm:拉 5 m 线,不足 5 m 拉通线和尺量检查。

③接缝高低差 0.5 mm:尺量和楔形塞尺检查。

④踢脚缝上口平直 3 mm:拉 5 m 线,不足 5 m 拉通线和尺量检查。

⑤板块间隙宽度不大于 2 mm:尺量检查。

5.1.5　水磨石常见问题、成因及处理措施

1)预制水磨石地面空鼓
原因是铺砌前水泥砂浆干硬性不符合质量要求;面层浮灰未清理干净;用水浸润后湿度掌握不达标(即表面干燥或者有明水);水磨石铺砌施工质量不符合规范。

2)分格条折断,显露不清晰
主要原因是分格条镶嵌不牢固(或未低于面层),液压前未用铁抹子拍打分格条两侧,在滚筒滚压过程中,分格条被压弯或压碎。因此为防止此现象发生,必须在滚压前将分格条两边的石子轻轻拍实。

3)分格条交接处四角无石粒
主要原因是在黏结分格条时,稠水泥浆应粘成 30°角,分格条顶距水泥浆 4~6 mm,同时在分格条交接处,黏结浆不得抹到端头,要留有抹拌合料的孔隙。

4)水磨石面层有洞眼、孔隙
水磨石面层机磨后总有些洞孔出现,一般均用补浆方法,即磨光后用清水冲干净,用较浓的水泥浆(如彩色磨石面时,应用同颜色颜料加水泥擦抹)将洞眼擦抹密实,待硬化后

磨光;普通水磨石面层用"二浆三磨"法,即整个过程磨光三次擦浆二次。如果为图省事少擦抹一次,或用扫帚扫而不是擦抹或用稀浆等,都易造成面层有小孔洞(另外由于擦浆后未硬化就进行磨光,也容易将孔洞中灰浆磨掉)。

5)面层石粒不匀、不显露

主要原因是石子规格不好,石粒未清洗,铺拌合料时用刮尺刮平时将石粒埋在灰浆内,导致石粒不匀等现象发生。

5.1.6 实操练习

1)场地

待铺设预制水磨石地面的场地一块。

2)人员

2~3 人。

3)工具

材料准备见表 5-1。

表 5-1　材料准备表

序号	名称	规格	精度	数量	备注
1	毛刷	—	—	1 把	—
2	扁铲	—	—	1 把	—
3	橡胶锤	—	—	1 把	—
4	抹子	—	—	1 把	—
5	刮杠	—	—	1 把	—
6	水	自来水	—	10 kg	—
7	水泥	325#	—	20 kg	—
8	砂子	中粗砂	—	30 kg	过筛
9	卷尺	3 m	—	1 把	—
10	水平尺	—	—	1 把	—
11	尼龙线绳	10 m	—	1 根	—
12	钢板	1 m×1 m	—	1 块	拌水泥砂浆
13	桶	—	—	1 个	—
14	铁锹	—	—	1 把	—

4)操作程序及详细过程

①接到维调报的故障,进行现场确认。

②故障原因分析。

③办理各种请销手续,人员进场,班前教育,设置施工防护。

④检查工具及材料。

⑤开始施工。

⑥戴好手套。

⑦具体铺设流程见"施工要点"。

⑧将故障处理情况录入台账。

⑨对维调回复故障修复。

5)安全措施

按规定使用手套等防护劳保用品。

6)作业过程验收记录

作业过程验收记录表见表5-2。

表 5-2 作业过程验收记录表

序号	考核内容	考核要点	配分	评分标准	扣分	得分
1	作业方法及步骤	能够正确请销点,设置施工防护	5	请销流程不正确每错一步扣5分		
		工具检查	5	少检查一项工具扣2分,最高扣5分		
		确认故障,根据损坏程度进行更换	5	故障维修操作不熟练扣5分		
		作业完毕后让车站(车辆段)人员确认,交付使用	5	忽略此项,扣5分		
		作业完毕后清扫现场垃圾	5	未清扫现场,或清扫不彻底扣5分		
		处理完毕后销点,并回复维调	5	未按流程销点、未回复维调扣5分		
2	质量标准	规范操作不损坏水磨石	10	操作不规范,造成水磨石损坏的扣10分		
		测试水磨石是否有空旷处,不平稳	15	未进行此项扣15分		
		是否牢固,确认检查	15	未进行此项扣15分		

序号	考核内容	考核要点	配分	评分标准	扣分	得分
3	工具设备使用及维护	工、量具的使用	10	工、量具使用不规范扣10分		
4	安全注意事项	着装规范、规范使用劳保用品	10	不按规定着装和使用劳保用品扣10分		
		是否存在其他不安全因素	10	本人有其他不安全因素的酌情扣分，每次1~10分		
	合计		100			

5.2 墙面干挂石材施工要点、常见故障及检修措施

5.2.1 干挂石材法的概念

干挂石材法又名空挂法，是当代饰面饰材装修中的一种新型施工工法，即在外墙面上直接挂大理石装饰。干挂石材工法可以有效地避免传统湿贴工艺出现的板材空鼓开裂现象以及板面出现的泛白变色现象，有效且显著地提高了建筑物的安全性和耐久性，同时在一定程度上改善了施工人员的作业环境，使得施工工序衔接紧凑，缩短了施工工期，节约了施工成本。

5.2.2 干挂石材法在西安地铁建设中的应用

西安地铁一、二号线及二号线南延段正线车站和停车场、车辆段、风亭风井等建筑内外装饰，基本上均采取了干挂石材法。

5.2.3 干挂石材法施工工艺流程、施工要点及质量标准

1)工艺流程
弹性定位(图5-2)→钢骨架制作安装(图5-3)→石材板加工→石材打孔切槽(图5-4)→初步干挂→调平调直(图5-5)→固定石材→擦缝清理。

图 5-2　弹性定位

图 5-3　钢骨架制作安装

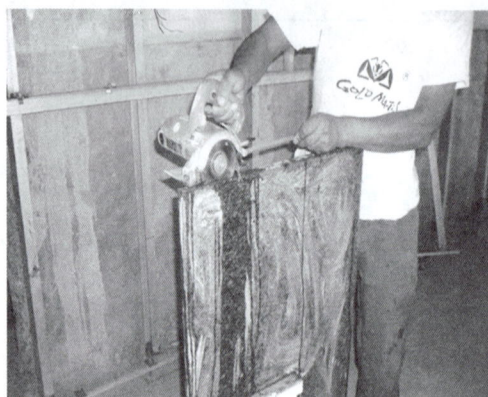

图 5-4　石材打孔切槽

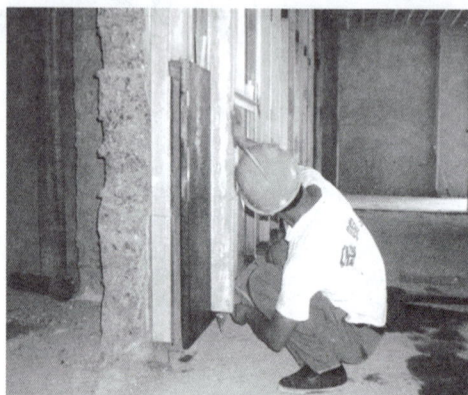

图 5-5　调平调直

2）控制要点

（1）弹性定位

根据设计图，对干挂石材进行弹性定位，并准确确定其分格及完成固定位尺寸。

（2）钢骨架制作安装

在墙面打设膨胀螺栓固定钢龙骨，钢架与基层预埋件之间连接牢固，按设计要求进行。

（3）石材板加工

根据排版图纸，选购石材，使得石材颜色、花纹一致，编号加工，并在图纸上标出，以便安装对号入座，保证质量。

（4）石材打孔切槽

根据石材安装部位，设计出的安装局部尺寸，分别打孔切槽。

（5）初步干挂

将石材初步安装在码片上，并且用插销进行固定，检查色差有无问题，石材是否对号排放。

（6）调平调直

对于初步安装的石材,在颜色、位置检查无误后,再进行初步固定,认真调平、调垂直,然后在码片切槽处、孔洞内打满结构胶,或填满石材胶。

（7）固定石材

用板拧紧码片子片与母片的螺栓,固定石材。

（8）擦缝清理

对已完成的每部分石材干挂墙面,自检后才能进行擦缝处理。

3）质量标准

①骨架与主体结构连接的预埋件应牢固,预埋件的标高偏差不得大于 10 mm,预埋件位置与设计偏差不得大于 20 mm。

②骨架与预埋件的连接及骨架防锈,防蚀处理应符合设计要求。

③骨架制作及焊接质量应符合现行国家标准的有关规定。

5.2.4　墙面干挂石材常见故障、成因及解决措施

1）石材开裂

石材开裂的原因是石材板块有暗伤,进场时验收不严格;现场加工时候造成石材损伤;建筑主体基础下沉导致石材受挤压而开裂;石材安装时候灌缝不密实,致使湿气渗入,金属锈蚀膨胀,导致石材开裂。

解决措施:加强验收把控;提升作业水平、操作技能,减少石材加工时的损伤及灌封操作不当导致的石材开裂问题。

2）石材缺棱少角

①原因:运输、堆放、安装过程中磕碰;石材墙面未进行成品保护。

②解决措施:加强材料运输及进场后的成品保护。

③石材运输应有包装,现场存放要垫木方,一般采用板块立放、光面相对。不得雨淋、水泡、长期日晒,尤其注意防止草绳污染。

④运输石材时应采取措施防止碰撞已做好的墙面、门口等。

⑤新铺砌石材的部位应临时封闭,覆盖塑料薄膜及纤维板,出入口平台表面严禁上人行走。

3）龙骨塌陷,石材脱落

原因:设置于出入口的干挂石材,由于车站未设置隔离桩易被行人、车辆碰撞,造成脱落;干挂平台处常被行人踩踏,使龙骨支架变形,发生石材及支架塌陷。

5.2.5　实操练习

1）场地

需安装干挂石材的干挂墙面 1 处。

2）人员

2~3人。

3）工具、材料准备

切割机、角磨机、玻璃胶、钢卷尺。

4）操作程序

①接到维调报的故障，进行现场确认。

②故障原因分析。

③办理各种请销手续，人员进场，班前教育，设置施工防护。

④检查工具及材料。

⑤开始施工。

⑥戴好手套。

⑦用钢卷尺测量需安装的石材尺寸。

⑧切割出满足尺寸要求的石材。

⑨将石材背面与干挂龙骨干挂位置进行比对，在待干挂的石材背面的合适位置切割出导槽使其恰能和干挂龙骨干挂处相吻合。

⑩将石材导槽与龙骨干挂并在导槽处满粘胶剂，使石材与龙骨连接紧密。

⑪手扶放置一段时间，待胶剂彻底干透后，检验其稳定性。

⑫将故障处理情况录入台账。

⑬对维调回复故障修复。

5）安全措施

按规定使用手套等防护劳保用品，提前办理动火令，并在作业区域放置2个灭火器。

6）作业验收

①检验干挂石材外观是否完好，有无磕碰、缺棱少角。

②检验石材干挂后的稳定性，看石材背板与龙骨卡槽间是否按要求满粘牢固。

5.3　抹灰面空鼓、裂缝分析处理

5.3.1　墙体抹灰常见空鼓、裂缝病害产生原因和位置

①在温差直接影响下，因热胀冷缩引起混凝土墙表面瞬间变形，这种变形将引起混凝土墙空鼓、开裂。

②在温度、湿度变化较大时，其胀缩变形大，产生墙体抹灰空鼓、裂缝。

③黏土砖有较好的保温热性能，不同材料和湿度的变形率不同，介于混凝土和砌体块墙之间，产生空鼓和裂缝。

图 5-6　墙体抹灰空鼓、裂缝

5.3.2　墙体抹灰裂缝、空鼓原因分析

1)抹灰墙体

①混凝土墙体模板隔离剂选用不当(如使用废机油),导致混凝土表面形成隔离层,降低黏结能力。

②砌体材料不符合技术质量要求,砂浆标号达不到设计要求,导致砌体强度不足,降低了砌体工作阶段的应变能力。

③组砌方法不正确,未按要求设置拉结筋和抗震加强筋,加大了砌体结构工作阶段的变形。

④在采取立体交叉、水平流水施工方法、确保工期的情况下墙体未充分变形而抹灰过早。

⑤不同材料的墙体和混凝土梁的结合缝没有进行特殊处理,抹灰后会出现裂缝或局部空鼓。

⑥电气、给排水、通风、空调、消防等管、洞、盒、槽封补方法不当,抹灰后局部开裂空鼓。

2)墙体表面处理

①墙体表面粉尘清理不净,影响与底灰的黏结。

②抹灰前表面湿润不充分,造成浆中水分过早、过多地被墙体吸收,使抹灰层不能充分水化而在获得强度前形成裂缝、空鼓情况。

③未预先处理。

④墙面不采取打毛(混凝土墙)涂刷胶浆等加强底灰附着性能的必要措施,使底灰不能和基面牢固黏结。

3)抹灰砂浆配合比

①抹灰砂浆配合比选用不当,特别是底灰砂浆强度。因为基体强度和胀缩应变性能各有不同,砂浆强度过高、过低均影响黏结。

②配合比计量不准确。

③配合比不一致。底层和中层，中层的分层所用砂浆配合比不一致，引起收缩不一致而形成脱层。

4）抹灰超厚

根据规范要求，内外墙抹灰最大厚度不超过 25 mm，各层最大抹灰厚度有一定的限度，由于垂直度偏差或局部胀模，会产生局部超厚的现象，需进行特殊处理。

5）操作工艺

①抹灰前未清理基面和充分湿润墙体。

②刷胶浆的胶水比不当且与底灰操作不同步。

③不认真分层。一次施工抹过厚（特别是底灰）砂浆，本身重力大于或等于初始附着力。

④砂浆使用时间过长，不随拌随用或一次拌和量大，短时间用不完，超过了砂浆的初凝时间。

⑤水泥砂浆或混合砂浆养护不当，导致面层龟裂空鼓。

6）水泥砂浆原材料质量

①水泥不符合技术、质量要求，使用刚出厂未经过稳定期的水泥或安定性不合格的水泥。

②砂子的细度模数和级配不符合要求是抹灰开裂、空鼓的重要原因。

③石膏未充分熟化和过筛。

5.3.3　墙体抹灰工程中裂缝、空鼓的防治措施

1）墙体抹灰前处理

①混凝土模板选用合适的隔离剂，不得使用油性材料，采用脱模粉或脱模剂，涂刷面干后使用。

②组砌方法必须正确，并按设计或规范要求设置拉结筋或抗震筋，加强组砌体刚度和抗剪强度。

③各类墙体必须在其充分变形，具备一定强度后方可进行抹灰施工，常温下不少于 5～8 d。

④砌体和混凝土墙、梁、板的竖直水平缝应留出宽、深各 2 cm 的缝隙。在砌体充分变形后用 1:2.5～1:1.3 水泥砂浆填嵌密实。

⑤电气、给排水、通风、空调、消防预留的管、盒、线槽预先浇水湿润干后用 108 胶:水:水泥 = 1:4:3 的胶质结合浆涂刷，再用 1:3 水泥砂浆分层填嵌密实至墙平。

2）墙体表面的处理

①砌体和混凝土墙、梁、板结合缝在 20 mm 嵌缝达一定强度后跨缝铺设钢丝网并钉牢，宽度为 200～250 mm。

②认真清理墙面粉尘，常温施工，先用扫把清扫一遍，然后用水冲洗。

③抹灰前提前一天对墙面充分浇水湿润。轻质加气墙吸水快，饱和时间长，操作前还

应再均匀浇水一遍。浸水深度 15 mm 左右,面干后即可作基层粘结处理。

④在抹灰前对不同材料的墙作基面粘结处理:混凝土墙可普遍打毛或用界面剂为粘结层,各类墙体均可采用 108 胶:水:水泥=1:5:4 水泥胶浆甩毛,终凝后养护,使之达到相应的强度,抹灰前均匀涂刷含 10%的 108 胶质结合浆。

3)严格按配合比要求配制抹灰浆

①砂浆配合比计算必须准确,通过质量比用量斗进行配料,并充分搅拌均匀。

②在同一墙面上或同一材料砌体,其底层和中层以及中层各层的砂浆标号及配合比必须一致。

③在砌体的同一平面上,混凝土的柱、梁面必须先用 1:3 水泥砂浆抹底灰 5~7 mm,并具一定强度后进行中层施工,从强度上向水泥石灰混合砂浆过渡。

4)严格按规程施工

①在墙面充分湿润、面干的基础上涂刷按比例配制的 108 胶质结合浆。

②严格遵守拉线、贴饼、冲筋、底层、中层、面层的施工工艺程序。严格控制底、中、面各层厚度。 一般底灰厚度不大于 5 mm,中层抹灰厚度每层不大于 7~8 mm,中层各层施工应在前一层凝结后进行,面层待中层抹灰 7~8 成干后进行施工。

③严格掌握抹灰各层刮杠整平的时间,一般不宜过早,否则将引起砂浆层重心滑移,引起裂缝、起壳。

④砂浆应随拌随用,放置时间最多不超过 2 h。

5)抹灰砂浆原材料的质量控制

①水泥应有出厂合格证并经现场按标准取样复试合格,不得使用刚出厂的水泥,每批量水泥必须用同一厂家、同一批号、同一标号。

②砂子必须用中砂或粗砂并过筛,细度模数为 2.3~3.0,并处于良好的级配区。

5.3.4 墙面裂纹的修补实操

1)实操准备

①墙面有较多裂纹,待修补的墙面 1 处。

②工具、材料准备。

工具、材料准备见表 5-3。

表 5-3 工具、材料准备表

序号	名称	规格	数量
1	扁铲	—	1 把
2	钢抹子	—	1 把
3	砂纸	—	10 张
4	刮板	—	1 把

续表

序号	名称	规格	数量
5	泥子粉	10 kg	1 袋
6	滚刷	—	1 把
7	排刷	—	1 把
8	钢板	1 m×1 m	1 块
9	清漆	3 kg	1 桶
10	水	5 kg	1 桶
11	靠尺	2 m	1 把
12	铁锹	—	1 把
13	牛皮纸或报纸	—	10 张

③配合人员 3 人。

2）操作流程

①办理各种请销手续，安全教育，设置施工防护。

②检查工具数量、填写卡控单。

③确认故障，根据损坏程度进行维修。

④铲掉旧墙皮，在墙面开裂缝隙处贴牛皮纸或报纸。

⑤在墙面上打泥子（两遍）。

⑥用砂纸打磨墙面，使墙面平整、光滑。

⑦在打磨平整后的墙面上刷墙漆。

⑧待墙漆干透后，交车站（车辆段）人员确认，并交付使用。

⑨作业完毕后清扫现场垃圾。

⑩处理完毕后销点，并回复设调。

3）施工验收

①不允许掉粉、起皮、漏刷、透底、严重色差。

②颜色应保持一致，刷纹逆顺。

③施工质量符合《建筑装饰装修工程质量验收规范》（GB 50210—2018）规定。

4）墙面裂纹的作业过程验收记录表

作业过程验收记录表见表5-4。

表 5-4　作业过程验收记录表

序号	考核内容	考核要点	配分	评分标准	扣分	得分
1	作业方法及步骤	能够正确请销点,设置施工防护	5	请销流程不正确每错一步扣5分		
		工具检查	5	少检查一项工具扣2分,最高扣5分		
		铲掉旧墙皮,在开裂处贴牛皮纸或报纸,在墙面上打泥子,泥子打完后刷墙漆	15	操作不熟练扣15分		
		作业完毕后请车站(车辆段)人员确认,并交付使用	5	忽略此项,扣5分		
		作业完毕后清扫现场垃圾	5	未清扫现场,或清扫不彻底扣5分		
		处理完毕后销点,并回复维调	5	未按流程销点、未回复维调扣5分		
2	质量标准	规范操作	15	操作不规范,造成地砖损坏的扣15分		
		检查墙面是否平整,有无起泡	15	未进行此项扣15分		
3	工具设备使用及维护	工器具的使用	10	工器具使用不规范扣10分		
4	安全注意事项	着装规范、规范使用劳保用品	10	不按规定着装和使用劳保用品扣10分		
		是否存在其他不安全因素	10	本人有其他不安全因素的酌情扣分,每次1~10分		
	合计		100			

5.4 房建专业设施典型难点故障讲解

5.4.1 故障一:钟楼站 C 出入口卷帘门轴断裂故障

1)故障概况

2019 年 10 月 20 日 23 时 51 分,二号线房建结构房建工班当班员工接到故障:钟楼站 C 口卷帘门离地面还有 20 cm 关不上。

2)原因分析

（1）直接原因

直接原因是施工质量存在严重隐患,具体是门体跨度较大,为 9.9 m,主轴为两轴对焊,且未满焊、加固。自运营开通至今 3 年之久,焊接处生锈、脱焊(图 5-7)导致门体下沉(图 5-8),主轴断裂。

图 5-7　主轴焊接处生锈、脱焊

图 5-8　门体下沉

（2）间接原因

间接原因是主轴在装饰面板内覆盖隐蔽,保养时无法检查主轴状态(如检查主轴情况,需要对装饰板破坏性拆除)。

（3）故障造成的影响

由于工班接到故障后未第一时间赶赴现场、房建专业对夜班员工排班不合理、卷帘门故障应急处理措施及流程不健全、委外项目部应急故障处理的准备工作不充分,导致本次故障处理从 20 日 23:51 接到故障到次日 06:40,影响客服 10 min。

（4）整改措施

①车间组织召开钟楼 C 口卷帘门故障专题分析会,要求于 30 日前完成此门更换,并排查一、二号线此类大跨度卷帘门,对脱焊隐患的卷轴进行重新焊接、加固。

②对卷帘门检修保养规程进行必要修订,增加对主轴等的保养内容。

③加强工班及委外项目部对重点故障、应急故障的重视、熟练程度,提高个人综合技能,在规定的时间内响应、确认、应急维修。

④工班长应根据作业特点、人员技能情况,安排好夜班员工与故障应急人员,合理组织施工。

⑤完善、细化卷帘门故障应急处理措施及流程,并制订卷帘门故障等级需汇报至相应人员的划分表。

⑥委外项目部充分准备好应急车辆、人员、材料、工器具、防护用具,充分意识到应急故障的重要性,备用1辆货物运输车辆作为故障较多时与应急处理之用。卷帘门应急物资、备用电机作为专用物资储存于委外项目部日常办公地点(安远门附近)。

⑦对结构房建工班员工、工班长给予相应考核,房建技术助理、主办、车间副主任给予连带考核。

⑧中铁一局委外项目部月度成绩按照《委外管理办法》,由工班另行进行考核。

5.4.2 故障二:三爻站防盗卷帘门未开设检修口

1)问题概况

西安地铁二号线南段共设四个车站,分别为三爻站、凤栖原站、航天城站和韦曲南四站,自2019年10月17日西安地铁二号线南段介入工作以来,房建专业发现三爻站A出入口未开设检修口,查看图纸为设计遗漏。

2)检修口开设的必要性

从运营情况来看,卷帘门故障频发,在遥控器和手动控制均无法正常启闭时,需要手动链条启闭卷帘门。

3)检修口开设难点

三爻站A出入口,卷帘门驱动装置对应位置的装饰盖板在雨棚幕墙上方,若开设检修口无法使手动链条自然落下。

4)问题解决

(1)现场确认

经房建结构工班人员与专业技术、工程处、施工单位、监理、设计,共同现场确认,需在卷帘门原滚筒大链盘、轴承对应位置的罩壳进行开设检修口,所做的检修口尺寸为400 mm×400 mm。

(2)定夹胶玻璃加工

夹胶玻璃若需更换无法在现场进行切割,按设计要求结合实测尺寸确定玻璃尺寸,以及玻璃的水平、垂直位置,由厂家加工制作。

(3)材料进场准备

器具:电焊机1台套、水准仪1台、水平尺、圈尺、紧线器、线坠、钢丝线、人字梯、切割机、角磨机。

人员:2~3人。

（4）更换玻璃

①连接受力拉索：定位拉杆基准线、标高线，按要求安装预埋件，焊接栏杆。

②不锈钢玻璃爪安装焊接：按设计尺寸弹出纵横线及设计标高，用夹具夹紧，进行定位点焊，装配完毕，焊接玻璃爪底座。

③防锈喷漆处理：应清除熔渣及飞溅物，不锈钢件表面喷白漆多遍并进行防锈喷漆处理。涂料及漆膜厚度应符合设计要求或施工规范的规定。以肢型钢内侧的油漆不得漏涂。

④夹胶玻璃安装：安装不锈钢玻璃爪，玻璃临时固定后进行调整，调整标准横平、竖直、面平。偏差不得超过规定偏差。

⑤调整检验：点式玻璃进行整体调整检验，调整标准横平、竖直、面平。偏差不得超过规定偏差。

⑥玻璃封胶：上下打胶时应充分清洁玻璃间缝隙，不应有水、油渍、涂料、铁锈、水泥砂浆、灰尘等。充分清洁黏结面，加以干燥。为调整缝的深度，避免三边粘胶。在缝两侧贴保护胶纸保护玻璃不被污染。上下同时打密封胶，注胶后将胶缝表面抹平，去掉多余的胶。注胶完毕，将保护纸撕掉，必要时用溶剂擦拭玻璃。胶在未完全硬化前，不要沾染灰尘和划伤。

⑦开设检修口及制作检修口盖板。需在卷帘门原滚筒大链盘、轴承对应位置处的罩壳进行开设检修口，所做的检修口尺寸为 400 mm×400 mm。制作检修口内边套板。在检修轻钢龙骨上固定安装细木工板作传递承力板，再用专用螺丝在承力板上及检修面内边套板，内边套板可以用细木工板或密度板制作。加刷防火（漆）涂料。

安装吊顶检修口面板及底边装饰套。制作成型的检修面板用枪钉固定安装在内边套板底边上，检修面板材质可以与吊顶装饰面板相同，也可以是不同的材质。最后在吊顶装饰面板上固定安装装饰底边套（装饰线条）。其作用是遮盖吊顶检修面板与吊顶装饰板之间界面缝隙，起到良好的观感效果。

5）技术验收要求

（1）玻璃材料技术要求

①雨棚玻璃用材料应符合国家现行标准的有关规定及设计要求，尚无相应标准的材料应符合设计要求，并应有出厂合格证。

②雨棚玻璃应选用耐气候性的材料。金属材料和金属零配件除不锈钢及耐候钢外，钢材应进行表面镀锌处理。无机富锌涂料处理或采取其他有效的防腐措施，铝合金材料应进行表面阳极氧化、电泳涂漆、粉末喷涂或氟碳漆喷涂。

（2）硅酮结构密封胶技术要求

①雨棚玻璃中用中性硅酮结构密封胶及酸性硅酮结构密封胶的性能，应符合现行国家标准《建筑用硅酮结构密封胶》（GB 16776—2005）的规定。

②硅酮结构密封胶使用前，应经国家认可的检测机构进行与其相接触材料的相容性和剥离粘接性试验，检验不合格的产品不得使用。

（3）其他材料技术要求

①与单组分硅酮结构密封胶配合使用的低发泡间隔双面胶带，应具有透气性。

②雨棚玻璃宜采用聚乙烯泡沫棒作填充材料，其密度不应大于 37 kg/m³。

③雨棚玻璃的隔热保温材料，宜采用岩棉、矿棉、玻璃棉、防火棉等不燃或难燃材料。

6）玻璃主体制作及注胶通病现象及防治措施

（1）通病现象

①玻璃：下料、加工后的几何尺寸出现偏大或偏小，达不到设计规定尺寸要求。

②注胶环境条件：在不符合条件要求的注胶间注胶。

③注胶工艺：注胶构件表面清洗马虎，或未采用合格的清洁剂彻底擦抹。

④注胶质量：不按操作要求注胶，技术差操作马虎，注胶不密实饱满，有气泡。

⑤胶缝质量：胶缝宽不均匀，缝面不平滑，不清洁，胶缝内部有孔隙。

（2）防治措施

①必须使用能满足加工精度要求的设备和量具，且要定期进行检查、维护及计量认证，杜绝误差超标。

②按规定和标准设置，达到干净平整，无粉尘污染，并备有良好通风设备。

③严格执行注胶构件表面清洁的工艺要求。

④严禁未培训人员上岗操作，操作应均匀缓慢移动注胶枪嘴，放净含有气泡的胶后再进行构件的注胶。

⑤缝口外溢出的胶应用力向缝面压实，并刮平整，清除多余的胶渍。

⑥按图施工，加强工序管理。

⑦加强固化现场管理，避免固化保养期内的玻璃板块经常挪动，确保有足够时间进行固化保养。

7）玻璃板块组件通病现象及防治措施

（1）通病现象

①对缝不平齐，墙面不平整，超标：在施工完毕的通道，对缝不平，幕面不平整，影响外观效果。

②玻璃表面污染，色差过大，钢化玻璃变形大，影响变形。

③耐候胶厚度不符合要求，缝内注胶不密实，胶缝不平直，不光滑，玻璃表面不清洁，有污染。

（2）防治措施

①在注胶生产中，严格控制组框尺寸，特别要检查和控制好对角线尺寸，主梁安装时，调整好尺寸后再进行固定，焊接。

②设计上要认真落实规范的要求，图纸上注明托块的位置尺寸。

③加强现场管理，每完成一支都要对其进行检查，调正、校正、固定，使其符合质量要求。

8）总结

在对二号线南段介入后发现影响运营的问题，通过与设计、工程处、监理、施工单位的多方沟通和现场图纸查看,在运营前得到了有效整改,保证了开通工作的安全顺利进行,通过对出入口卷帘门增设检修口问题的归类研究,以及对问题整改过程及成效的认真研究总结,此项技术已在实践中得以应用、验证,并取得良好效果,对未来线网建设具有指导性意义。

5.5 电子经纬仪使用理论及实操

5.5.1 场地

平整视线开阔场地;在室外温度低于 30 ℃时的非雨天考核。

5.5.2 人员

主操作 1 人,配合人员 2 人(完成除司镜、读数、记录、计算外其他工作)。

5.5.3 工具、材料准备

工具、材料准备见表 5-5。

表 5-5 工具、材料准备表

序号	名称	规格	精度	数量	备注
1	电子经纬仪	—	—	1 台	—
2	脚架	—	—	1 组	—
3	棱镜	—	—	2 把	—
4	记录本	—	—	1 本	专用本
5	手锤	—	—	1 把	—
6	钉子	—	—	若干	—
7	记号笔	油性	—	1 根	—
8	钢尺	30 m	—	1 把	复核

5.5.4 操作程序及详细过程

需外部取证培训。

5.5.5 作业验收

其他验收要求见本节"作业过程验收记录表"（表5-6）。

表5-6　作业过程验收记录表

序号	考核内容	考核要点	配分	评分标准	扣分	得分
1	作业方法及步骤	准备工作：检查经纬仪、支架、标尺、记录本等齐全	5	未检查扣5分，检查不全视情况扣1~3分		
		熟练使用经纬仪，配合默契	10	视不熟练情况扣1~5分		
		正确后视	10	对可棱镜立点位置正确计数，记录错误扣5~10分		
		指挥前视点位测放试读	10	对前视点位测放试读、记录、计算，错误扣5~10分		
		指挥人员正确测放点位，复测	10	测放未完成或未复测扣5~10分		
2	质量标准	误差符合规范，不超时	20	误差超限或作业超时，各扣10分		
		计算准确无误	10	错误扣10分		
		记录填写规范	10	填写不规范，视情况扣1~10分		
3	安全注意事项	按规定穿戴工装、工服	5	不符合要求，扣1~5分		
		架设、回放仪器及作业中注意人身、设备安全不受伤害、损坏	10	对仪器保护不周，视情况扣1~5分，损坏仪器扣10分		
	合计		100			

5.6　混凝土钻孔取芯

5.6.1　场地

厚度大于 15 cm 平整混凝土场地或混凝土预制板构件,有 220 V 电源。

5.6.2　人员

主操作 1 人,配合人员 1 人。

5.6.3　工具、材料准备

工具、材料准备见表 5-7。

表 5-7　工具、材料准备表

序号	名称	规格	精度	数量	备注
1	钻孔取芯机	—	—	1 台	含钻头
2	冲击钻	—	—	1 把	—
3	冲击钻钻头	8~14 mm	—	1 套	各 1 根
4	清洁刷	—	—	1 把	—
5	膨胀螺栓	8~14 mm	—	2 套	各 2 根
6	手锤	—	—	1 把	—
7	扳手	—	—	1 把	—

5.6.4　操作程序及详细过程

①安装上合适直径的空心钻头。

②将钻孔移至所需工作处,用膨胀螺丝将钻孔固定,调整地脚螺丝,使钻机稳定。或用足够重的底板固定钻孔取芯机,防止钻孔取芯时机器移动。

③接上水源,检查是否有水流出。

④启动发电机,打开电路开关。

⑤旋转手柄将钻头轻轻接触被切削处,待钻头切进约 10 mm 时,可通过手柄加压来加快旋进速度。

⑥待切削完毕,可保持旋转,提升钻头,距试件表面约有 5 mm 时,可关闭电源,钻头离开试件表面,关闭水源。

⑦卸去固定螺栓,拖离取芯机,用夹钳取出试样。

5.6.5 安全措施

①按规定使用手套等防护劳保用品。
②使用时,应防止钻头撞击坚硬物体,以免损伤钻头。

5.6.6 作业验收

其他验收要求见本节"作业过程验收记录表"(表5-8)。

表 5-8 作业过程验收记录表

序号	考核内容	考核要点	配分	评分标准	扣分	得分
1	作业方法及步骤	工前检查(场地、人员、材料、设备等)	10	每项缺失扣2分		
		钻孔取芯组装、取电、试钻	10	视组装、取电不熟练程度扣1~4分,未试钻扣4分		
		钻孔取芯	10	钻孔必须平稳,钻进速度均匀,否则视程度扣1~5分		
		取芯样观察测量	10	视芯样完整程度扣1~8分		
2	质量标准	操作程序连贯,无顺序颠倒	10	视操作程度不连贯程度扣1~4分,顺序颠倒扣4分		
		钻孔芯样完整适用,记录准确详细	10	芯样完整、记录准确详细,否则视情况扣1~8分		
3	工具设备使用及维护	正确使用工、量具	20	工器具使用前不检视扣3分,器具使用不熟练视程度扣1~5分,损坏工器具视程度扣3~5分,工器具整理保养不够视情况扣1~5分		

序号	考核内容	考核要点	配分	评分标准	扣分	得分
4	安全注意事项	着装和使用劳保用品	10	视着装情况及劳动保护品使用情况扣1~5分		
5	问答	现场随机问题	8	视现场回答情况扣1~8分		
	合计		100			

5.7 整体道床注浆加固

5.7.1 场地

隧道内有整体道床脱空混凝土结构场所,有 220 V 电源。

5.7.2 人员

主操作 1 人,配合人员 3 人。

区间整体道床
裂纹注浆加固

5.7.3 工具、材料准备

1)材料准备

材料准备见表5-9。

表 5-9 材料准备表

序号	名称	规格	精度	数量	备注
1	环氧树脂浆料	油性	—	25 kg	含配套固化剂
2	快凝水泥	—	—	5 kg	—
3	铝管	10~14 mm	—	20 m	—
4	塑料管	10~14 mm	—	10 m	—
5	细绑丝	—	—	1 kg	—

2)工具准备

工具准备见表 5-10。

表 5-10　工具准备表

序号	名称	规格	精度	数量	备注
1	冲击钻	—	—	1 把	—
2	钻头	8~14 mm	—	1 套	各 1 根
3	清洁刷	—	—	1 把	—
4	手锤	—	—	1 把	—
5	扳手	—	—	1 把	—
6	电动注浆机	—	—	1 把	—
7	手压泵	—	—	1 台	—
8	拌料桶	—	—	3 个	—
9	尖嘴钳	—	—	1 把	—

5.7.4　操作程序及详细过程

①现场确定具体病害(裂缝)位置。

②针对所确定病害位置进行钻孔,消除钻孔及 V 形槽内杂物。

③将铝管预埋至孔内,并用双快水泥封堵。封堵孔位时不得留有任何间隙。确保对封堵水泥的养护时间。

④对封堵的水泥进行养护。

⑤待水泥达到强度后,连接塑料注浆管至注浆泵。

⑥环氧树脂按 1:3 比例配制,环氧树脂按比例配制后,应对浆液进行充分搅拌,不得低于 10 min,充分搅拌后进行灌浆加固。

⑦灌浆压力不得大于 0.4 MPa。灌浆时应观察周边情况,一旦出现漏浆、爆浆现象,应立即扎管,停止灌浆。

5.7.5　安全措施

①施工人员必须穿戴工作服和手套等劳防用品。

②灌浆时必须对注浆孔进行遮掩。

③施工现场不得堆放易燃易爆物品。

④施工完毕后,必须对现场进行清理,做到工完料清。

5.7.6 作业验收

①环氧树脂注浆加固道床区表面须平整,树脂固化后应将突出表面的封堵水泥和注浆管清除。

②加固范围道床表面应平整美观,表层树脂涂刷应均匀,涂刷面应规整。

③处理道床与管片间松脱的环氧注浆,须松脱范围道床与管片间缝隙充满环氧。

④其他验收要求见本节"作业过程验收记录表"(表5-11)。

表 5-11　作业过程验收记录表

序号	考核内容	考核要点	配分	评分标准	扣分	得分
1	作业方法及步骤	工前检查(场地、人员、材料、设备等)	8	每项缺失扣2分		
		冲击钻组装、取电、试钻	8	视组装、取电不熟练程度扣1~4分,未试钻扣4分		
		冲击钻钻孔	8	不符合要求扣4分,划定孔位不准确扣1~4分		
		清孔,安装铝管	8	清理视不干净程度扣1~3分,注浆铝管安装不牢固扣1~5分		
		连接注浆机,加料	8	注浆机连接正确,错误扣4~8分		
		启动注浆,压浆,铝管封口	8	注浆过程中对注入量、返浆、压力均有观察,忽视时扣1~4分,未铝管封口扣4分		
2	质量标准	操作程序连贯,无顺序颠倒	8	视操作程度不连贯程度扣1~4分,顺序颠倒扣4分		
		钻孔孔眼位置分布均匀且到达脱空层	8	视孔眼畅通情况得1~8分		
		注浆情况	8	无返浆、堵塞时扣1~4分		
3	工具设备使用及维护	正确使用工、量具	10	工器具使用前不检视扣3分,器具使用不熟练视程度扣1~5分,损坏工器具视程度扣3~5分,工器具整理保养不够视情况扣1~5分		

序号	考核内容	考核要点	配分	评分标准	扣分	得分
4	安全注意事项	着装和使用劳保用品	10	视着装情况及劳动保护品使用情况扣1~5分		
5	问答	现场随机问题	8	视现场回答情况扣1~8分		
	合计		100			

5.8 钢结构除锈防锈处理

5.8.1 场地

严重锈蚀钢结构1处,以不需搭设台架可进行处理为宜,有220 V电源。

5.8.2 人员

主操作1人,配合人员1人。

5.8.3 工具、材料准备

1)材料准备

材料准备见表5-12。

表5-12 材料准备表

序号	名称	规格	精度	数量	备注
1	红丹漆	—	—	5 kg	配等量稀释剂
2	醇酸漆	—	—	5 kg	配等量稀释剂
3	棉纱	—	—	1把	—

2)工具准备

工具准备见表5-13。

表 5-13　工具准备表

序号	名称	规格	精度	数量	备注
1	钢丝刷	—	—	3 把	—
2	铲刀	—	—	1 把	—
3	板刷	5 cm	—	2 把	—
4	粗砂纸	—	—	5 张	—
5	细砂纸	—	—	5 张	—
6	料桶	—	—	3 个	—

5.8.4　操作程序及详细过程

工艺流程:基面清理—底漆涂装—第一道面漆涂装—第二、三道面漆涂装。

1)基面清理

采用手工采用钢丝刷、砂布进行除锈,将涂装部位的铁锈、焊缝药皮、焊接飞溅物、油污、尘土等杂物清理干净,做到被涂表面无锈蚀、无油污、无水渍、无灰尘,除锈完后须在 12 h 内刷底漆。

2)底漆涂装

按 A∶B∶C=10∶1∶0.3 充分搅拌均匀,配制后须在 12 h 内刷完。刷漆时要勤沾、短刷,且涂刷方向要一致,接槎整齐,待第一遍干燥后,再刷第二遍,第二遍涂刷方向要与第一遍涂刷方向垂直,以保证漆膜厚度均匀一致。底漆涂装后需 4~8 h 才能达到表干,表干前不得涂装面漆。

3)第一道面漆涂装

按 A∶B=10∶1 的比例配制并充分搅拌均匀,保证色泽一致、黏度及稠度不流坠、不显刷纹。在使用过程中应不断搅和,涂刷方法与底漆相同。

4)第二、三道面漆涂装

涂刷前先清除构件表面的杂物、焊渣、药皮等,对烧去或碰掉的地方,应先补底漆,再补面漆。根据工程实际情况,第二、三道面漆涂装须在安装完至竣工前之间完成,配制、涂刷要求均同第一道面漆。

5.8.5　安全措施

①施工人员必须穿戴工作服和手套等劳防用品。
②易燃材料,操作时设置灭火器材。

5.8.6 作业验收

①在除锈和铲除漆皮或氧化皮后,用钢丝刷清除钢板上残留杂质和氧化皮,直到除尽为止。

②其他验收要求见本节"作业过程验收记录表"(表5-14)。

表5-14 作业过程验收记录表

序号	考核内容	考核要点	配分	评分标准	扣分	得分
1	作业方法及步骤	工前检查(场地、人员、材料、设备);	8	每项缺失扣2分		
		清理对象钢结构表面	8	清除不彻底扣1~8分		
		称量、拌制材料	8	称量错误扣2分,视拌和均匀度扣1~3分		
		底涂打底	8	视涂刷不密实、不重叠程度扣1~8分		
		防锈漆多道涂刷	8	视铺贴不重叠程度扣1~8分		
2	质量标准	操作程序连贯,无顺序颠倒	8	视操作程度不连贯程度扣1~4分,顺序颠倒扣4分		
		拌制材料配合计量准确	8	视拌合物可用性差情况扣1~4分		
		涂刷后表面平整	8	视表面不平整不均匀程度扣1~8分		
3	工具设备使用及维护	正确使用工器具	18	工器具使用前不检视扣3分,器具使用不熟练视程度扣1~5分,损坏工器具视程度扣3~5分,工器具整理保养不够视情况扣1~5分		
4	安全注意事项	着装和使用劳保用品	10	视着装情况及劳动保护品使用情况扣1~5分		
5	问答	现场随机问题	8	视现场回答情况扣1~8分		
	合计		100			

复习思考题

1.预制水磨石地面空鼓的原因是什么？

2.抹灰面接搓差异大的原因什么？

3.抹灰面接搓差异大的解决措施是什么？

4.简述抹灰墙面空鼓原因。

5.简述抹灰墙面裂缝原因。

6.简述抹灰墙面质量缺陷。

7.干挂类饰面石材开裂原因是什么？

8.干挂类饰面石材缺棱少角原因是什么？

9.干挂类饰面石材安装质量缺陷是什么？

10.简述干挂类饰面石材水印、泛白原因及解决措施。

项目6 经典故障案例分析

6.1 某市地铁某站 A2、D2 口渗漏水治理

6.1.1 概述

某市区地铁某站 A2、D2 口出入口，雨天因雨水顺玻璃雨棚流至出入口外干挂大理石墙体外聚集，墙体内有裂缝雨水至裂缝渗入通道内楼梯及电扶梯处，影响电扶梯的运行安全及行人通行，故此次拟对 A2、D2 口渗漏水进行处理。

6.1.2 施工计划

处理拟封闭 A2 出入口 4 天，拟分 3 个阶段进行，第一阶段围挡通道拆除 A2 出入口处 LED 电子屏以及电子屏后干挂大理石，施工 1 天；第二阶段用洒水车做淋水实验，找出漏水缝隙并标记，对标记后的渗漏水缝隙（点）注浆堵漏，再做淋水试验，施工 2 天，第三阶段恢复干挂大理石及 LED 电子屏，做淋水试验 1 天，共计施工 4 个工作日。如效果良好对 D2 口渗漏水做上述同样处理。作业时间 A2 口从 8 月 3 至 8 月 6 日，D2 口从 8 月 7 至 8 月 10 日，共计 8 天。

6.1.3 施工配备

1）人员准备

本次专项治理作业拟配备 10 人（不含各专业保障配合人员），其中，每次施工设施工负责人 1 名，专职安全员 1 名，负责现场施工 6 人，负责现场清理 1 人，负责垃圾搬运 1 人。

2）机具、物资准备

本次专项治理工作组织简单，机械化程度不高，主要为人工体力劳动，需配备以下工器具及防护用品：

①个人防护：手套、口罩、护目镜、手电筒、工作灯等。

②工器具：电锤、线盘、切割机、榔头、电扳手、注浆机、洒水车、梯子、脚手架等。

③消耗料：编织袋、扫帚、水不漏、大理石、云石胶、浆液等。

6.1.4　施工步骤及具体措施

1）施工工艺

修建围挡→拆除 LED 电子屏→破除干挂大理石→淋水试验→找出渗漏水裂缝并标记→打眼→注浆→淋水试验→恢复大理石→恢复 LED 电子屏→清理垃圾→拆除围挡。

2）施工步骤

第一，根据运营公司的销点安排，确定专项施工的具体人数，并对当天进行施工的人员明确分工。

第二，进入施工区域严格按照人员分工进行施工，施工区域由带班人员 1 人、安全员 1 人负责施工及相应区域内的施工，施工完成后方由带班人员 1 人、安全员 1 人安排人员将相应区域内的垃圾装袋搬运。

6.1.5　安全技术保障措施

①必须提前办理好施工销点手续，得到站内许可后方可进入施工现场。

②施工作业前，必须进行安全教育，班前培训。

③施工前做好通道一侧施工区域的围挡。

④作业时必须做好相关安全防护措施，并服从管理。

⑤工人进入现场必须佩戴好安全帽、荧光衣、手套等劳动防护用品。

⑥严禁施工人员用手中的工具敲击施工区域的电器设备，照明灯具等。

⑦每天施工作业必须快速进行，不能影响地铁运营，完工后要即时清点人数，并向站内销点后方可离开。

⑧工人由专车统一接送，不得私自离开。

6.2　某市地铁某站站台及对应区间隧道渗漏水治理

6.2.1　概述

车站上行站台渗漏水多发，运营分公司在组织进行渗漏水整治过程中，相继发现目前上行站台区域暗挖隧道存在下述问题。

施工缝、变形缝渗漏水严重，上行站台区暗挖隧道 2 月份均产生过严重渗漏水，经排查在站台区隧道拱部,相应于 4、6、9、11、13、17、19、21、23、24 号屏蔽门处,均有环向规则缝隙张开并出现渗漏水,根据现场间隙(10.5 m)初步判断为施工缝渗漏水。因故障渗水突发且在外部水源不明的情况下,进行了专业接水槽配合注浆堵漏处置。在整治过程中,经现场进一步核查,并比对图纸,最终确定 4、13、17 三处为变形缝,目前进行接水槽及引水管排水,但在 17 门处离壁墙接水槽及轨行区引水管排水量较大。

隧道及轨顶风道开裂,上行轨顶风道结构,在风道侧壁及板面多处裂缝(不完全统计已发现 26 条,宽度为 0.2~0.5 mm),部分裂缝延伸至屏蔽门上方隔墙,与隧道施工缝张裂,并在厚度方向内外贯通。另外风道结构在 13、17 屏蔽门的隧道变形缝处未设置相应的变形缝以适应隧道结构变形,在此位置的风道板面与隧道相接处呈发散状细微裂纹,造成风道内排除渗水积水时轨顶风道滴漏。

结构混凝土不密实,在渗漏水处理过程中,发现上行屏蔽门上方隔墙非一次性整体浇筑,墙顶部与隧道相接 30 cm 范围内混凝土非模筑一次成型,开凿注浆时存在疏松;在 24 号屏蔽门处隧道拱顶空洞,空洞贯通隧道拱顶可见外部防水层,因渗漏水紧急处理时已进行注浆封堵,但注浆后是否仍存在空腔缺陷未知;暗挖隧道后存在明显渗漏水通道。

具体工作如下所述。

①施工缝、变形缝渗漏水治理,按照疏堵结合,变形缝以疏通为主,安装接水槽;施工缝以堵漏为主,通过注浆加固达到堵漏。

②隧道及轨顶风道开裂,针对上行轨顶风道结构,在风道侧壁及板面多处裂缝,部分裂缝延伸至屏蔽门上方隔墙,与隧道施工缝张裂,并在厚度方向内外贯通,具体安排如下:

a.对贯通性裂缝及时封闭裂缝,通过注胶填充裂缝。

b.选取有代表性的裂缝,结合结构巡检,利用混凝土裂缝检测仪定期对裂缝的宽度发展进行观测。

c.对隧道变形缝处未设置相应的变形缝,致风道板面与隧道相接处呈发散状细微裂缝,涂刷防水涂料,防止渗漏水滴在接触网上,对细微裂缝注胶填充。

③结构混凝土不密实,对疏松混凝土及时凿除,采用同强度微膨胀混凝土进行补强处理;对屏蔽门上方与隧道结构结合处的纵向贯通混凝土不密实及时进行注胶封闭裂缝,对空洞及时注浆,同时采用同强度微膨胀混凝土进行补强处理。现拟对上述出现渗漏水施工缝以及混凝土不密实漏水点进行专项施工治理,避免出现大范围渗漏水而影响地铁运营。

6.2.2 施工计划

本次专项施工治理以上所述渗漏水,拟分 4 个阶段进行,第一阶段处理上行站台以及站台对应区间隧道施工缝渗漏水,拟对施工缝顶部区域进行注浆,计划处理时间为 10 个工作日;第二阶段处理上行站台以及站台对应区间隧道施工缝渗漏水下部,拟对施工缝下部打孔安装导流针头、接水槽排水计划处理时间为 10 个工作日;第三个阶段上行站台对应区间隧道轨顶风道表面混凝土裂缝处理,拟对轨顶风道表面进行防水处理,计划处理时间为 15 个工作日;第四阶段处理上行站台以及站台对应区间隧道混凝土不密实处渗漏水,拟对混凝土不密实处注浆补强,计划处理时间为 5 个工作日。

6.2.3　施工配备

1)人员准备

本次专项治理作业拟配备 6 人(不含各专业保障配合人员),其中,每次施工设施工负责人 1 名,专职安全员 1 名,负责现场施工 3 人,负责现场清理、垃圾搬运 1 人。

2)机具、物资准备

本次专项治理工作组织简单,机械化程度不高,主要为人工体力劳动,需配备以下工器具及防护用品:

①个人防护:手套、口罩、护目镜、手电筒、工作灯、荧光衣等。

②工器具:电锤、线盘、注浆机等。

③消耗料:编织袋、扫帚、水不漏、不锈钢接水槽、防水涂料、针头、环氧树脂等。

6.2.4　施工步骤及具体措施

1)施工工艺

(1)渗漏水治理

变形缝、施工缝渗漏水→在施工缝顶部两侧打眼→安装针头→注浆→在施工缝下部渗漏水处打眼→安装排水针头→安装接水槽,施工缝处理示意图如图 6-1 所示。

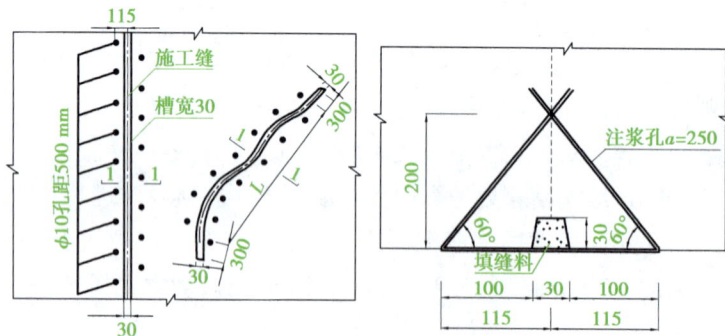

图 6-1　施工缝处理示意图

(2)轨顶风道裂缝渗漏水治理

清理轨顶风道垃圾→轨顶风道刷防水涂料→轨顶风道接水槽侧做水沟→水沟内做防水→积水引流。

(3)结构混凝土不密实处理

混凝土不密实(渗漏水)→打眼→安装针头→注浆(环氧树脂)→水不漏抹面,混凝土不密实处理示意图如图 6-2 所示。

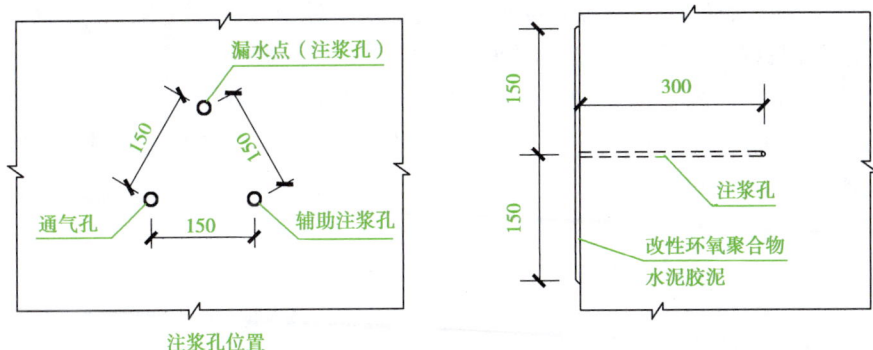

图 6-2 混凝土不密实处理示意图

2）施工步骤

第一，根据运营公司的销点安排，确定专项施工的具体人数，并对当天进行施工的人员明确分工。

第二，进入施工区域严格按照人员分工进行施工，施工区域由带班人员 1 人、安全员 1 人负责施工及相应区域内的施工，施工完成后方由带班人员 1 人、安全员 1 人安排人员将相应区域内的垃圾装袋搬运。

6.2.5 安全技术保障措施

①必须提前办理好施工销点手续，得到站内许可后方可进入施工现场。

②施工作业前，必须进行安全教育，班前培训。

③搭设脚手架前，检查脚手架架板抠爪是否完好，严禁使用缺爪、脱焊脚手架及其架板。

④作业时必须做好相关安全防护措施，并服从管理。

⑤工人进入现场必须佩戴好安全帽、荧光衣、手套等劳动防护用品。

⑥严禁施工人员用手中的工具敲击施工区域的电器设备，照明灯具等。

⑦每天施工作业必须快速进行，不能影响地铁运营，完工后要即时清点人数，并向站内销点后方可离开。

6.3 某市地铁某换乘站北电缆夹层渗漏水治理

6.3.1 现场概述

接报某站下行 7—8#屏蔽门对应站台滴水，工电部迅速组织结构专业技术、结构工班、委外单位进行现场排查,发现水源来自站台电缆夹层3处诱导缝渗漏水,且水量较大。

渗漏水是因近期极寒天气使诱导缝两侧混凝土结构收缩加剧,诱导缝处缝隙变大,前期注浆浆液固化拉扯开裂,浆液防水效果下降导致渗漏水水量变大。

现拟对电缆夹层3条诱导缝渗漏水及电缆夹层积水进行专项施工治理,避免再次出现较大的渗漏水影响地铁运营。

6.3.2　施工计划

本次专项施工治理以上述渗漏水拟快速进行。

①拟对诱导缝进行治理,用电铲清理水沟内诱导缝表面的施工残留垃圾;对清理好的诱导缝进行环氧树脂注浆、阻断向西发展的水路;用电铲清理水沟外侧的施工垃圾,对清理好的水沟外侧用水不漏做初步防水。

②安排专人对另外2条诱导缝渗漏水处水沟积水进行全天不间断抽排;联系采购计划要用到的材料。

③先由专人搬运水泥、砂子、砖等砌筑排水沟材料。再拟对渗漏水进行治理(与7—8#屏蔽门对应诱导缝同一侧诱导缝)。从一号线电缆夹层纵向打水钻至二号线轨顶风道,对打通的水钻孔安装落水管排水;截断此处诱导缝对应的排水沟,用电铲清理此处排水沟两侧的施工垃圾,用水不漏做防水。

④安排专人对另外2条诱导缝渗漏水处水沟积水进行全天不间断抽排。同时拟对一号线电缆夹层原有排水沟进行修复、清理用水不漏做防水,砌筑第二道挡水坎(15 cm高,内外防水砂浆抹面)。

⑤拟对渗漏水进行二次治理,先从二号线下行站台7—8#屏蔽门对应的区间轨顶风道横向打水钻(并排打2~3孔),用电铲将水钻孔掏通,在二号线下行7—8#屏蔽门对应站台诱导缝处安装不锈钢接水槽(并用密封胶封边);再从一号线电缆夹层竖向打水钻(7—8#屏蔽门处诱导缝)至二号线轨顶风道,对打通的水钻孔安装落水管排水。

⑥观察处理效果以及一号线电缆夹层的积水情况,如条件允许对排水沟做防水(排水通畅,待夹层地面风干后)。

6.3.3　施工配备

1)人员准备

本次专项治理作业拟配备7人(不含各专业保障配合人员),其中,每次施工设施工负责人1名,专职安全员1名,负责现场施工4人,负责现场清理、垃圾搬运1人。

2)机具、物资准备

本次专项治理工作组织简单,机械化程度不高,主要为人工体力劳动,需配备以下工器具及防护用品:

①个人防护:手套、口罩、护目镜、手电筒、工作灯、荧光衣等。

②工器具：电锤、线盘、注浆机、水钻、电铲等。

③消耗料：编织袋、扫帚、水不漏、不锈钢接水槽、防水涂料、针头、环氧树脂、砂子、水泥（防水）、砖等。

6.3.4　施工步骤及具体措施

1）渗漏水治理

诱导缝表面清理→诱导缝两侧打孔→孔位安装注浆针头→水不漏封堵孔位缝隙→注浆，观察效果，诱导缝处理示意图如图6-3所示。

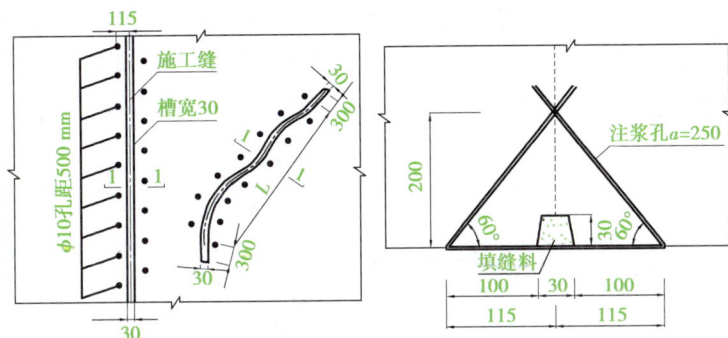

图 6-3　诱导缝处理示意图

2）电缆夹层排水沟砌筑

清电缆夹层垃圾→铺筑垫层防水砂浆→砌筑排水沟→排水沟挡墙内外做防水。

6.3.5　安全技术保障措施

①按要求办理好施工销点手续，得到站内许可后方可进入施工现场。

②施工作业前，现场带班负责人必须进行班前安全教育。

③施工作业前，现场带班负责人必须严格按照方案和技术交底要求进行二次交底，明确当日施工计划和安全、质量控制要点。

④搭设脚手架前，检查脚手架架板抠爪是否完好，严禁使用缺爪、脱焊脚手架及其架板。

⑤水钻打孔前明确具体位置，考虑是否对其他设备有影响。

⑥作业时必须做好相关安全防护措施，服从管理。

⑦工人进入现场必须佩戴好安全帽、荧光衣、护目镜等劳动防护用品。

⑧严禁施工人员用手中的工具敲击施工区域的电器设备，照明灯具等。

⑨施工作业必须快速进行，严禁影响地铁正常运营和客运服务。

⑩作业人员必须服从现场带班人的管理，严禁随意进出施工区域或进入其他设备用房。

6.4 某区间隧道拱顶裂纹及空洞补强施工

6.4.1 情况概述

2019 年,相关人员在巡检至某区间时,发现下行某处隧道顶部有不规则裂缝,共计 4 条,呈现"不"字形且裂缝较大,但裂缝处并无渗漏水情况,如图 6-4 所示,现场对裂缝明显处进行实际测量,4 条缝长分别为:120 cm、60 cm、92 cm、71 cm。缝隙对应隧道拱顶处敲击,为壁后混凝土不密实存在空洞,空洞面积为 1 m×1.5 m,深度未知。

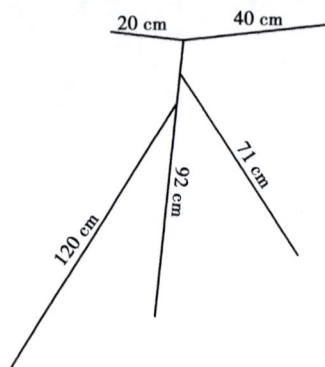

图 6-4 隧道拱顶混凝土裂纹示意图

现拟对拱顶裂缝及空洞进行注浆加固,防止出现结构渗漏水以及结构裂缝的扩大造成行车隐患。

6.4.2 技术性能

1)环氧树脂符合国家和行业的标准
①《混凝土结构加固设计规范》(GB 50367—2013)。
②《公路桥梁加固设计规范》(JTG/T J22—2008)。
2)技术措施
(1)裂缝处理

对体积较大的混凝土构件或较深的裂缝,可沿裂缝采取钻孔灌胶,以便使胶液由更广的通路进入裂缝。

(2)设置注浆孔

在裂缝的交错处、裂缝较宽处及裂缝端部等位置必须设置注浆孔。注浆孔的间距可根据裂缝大小、走向及结构形式而定。

（3）封缝

封缝质量的好坏直接影响注浆效果与质量，应特别予以重视。裂缝的封闭可采用封缝胶，按推荐配胶比例称取并调配封缝胶。用油灰刀沿裂缝反复涂刮后均匀涂抹一层胶泥，注意防止小气泡或密封不严。

（4）注浆

按比例配制注浆树脂，在保证注浆顺畅的情况下，采用较低的注浆压力和较长的注浆时间，可获得更好的注浆效果。

6.4.3　施工计划

本次拱顶裂缝专项补强施工，拟分 3 个阶段进行，计划工期 6 个月。

1）第一阶段

①实际测量裂缝的精确长度以及拱顶空洞的面积，确定需要加工的钢板条的长度、宽度。

②现场确定钢板条固定的位置。

③用水不漏封堵裂缝，确定注浆点的数量和位置。

2）第二阶段

①打孔安装膨胀螺栓、固定钢板条。

②打孔注浆，材料选用环氧树脂（有必要时环氧树脂添加微膨胀水泥）。

3）第三阶段

①施工结束后观察 3 个月，效果良好且无其他发展时并持续稳定后，择机拆除钢板条。

②切除膨胀螺栓并用砂浆填补空隙。

6.4.4　施工配备

1）人员准备

本次拟配备 6 人（不含各专业保障配合人员），其中，施工负责人 1 名，专职安全员 1 名，负责现场施工 3 人，负责现场清理、垃圾搬运 1 人。

2）机具、物资准备

本次专项治理工作组织简单，机械化程度不高，主要为人工体力劳动，需配备以下工器具及防护用品：

①个人防护：手套、口罩、护目镜、手电筒（头灯）、工作灯、荧光衣、安全带、红闪灯等。

②工器具：冲击钻、线盘、注浆机、脚手架等。

③消耗料：编织袋、膨胀螺栓、水不漏、钢板条、环氧树脂、针头、微膨胀水泥等。

6.4.5　施工准备

1）施工准备

确定现场情况→确定工作量→编制方案→准备工器具材料→专业技术交底→班组二次交底→现场安全交底。

2）具体措施

①搭设脚手架→确定钢板条固定位置→对裂缝进行密封→确定注浆孔。

②搭设脚手架→固定钢板条→安装针头并注浆。

③搭设脚手架→检查补强效果→拆除钢板条。

6.4.6　安全措施

①按公司各项规定，提前联系供电确定配合作业手续。

②按要求办理好施工销点手续，得到站内许可后方可进入施工现场。

③施工作业前，现场带班负责人必须进行班前安全教育。

④施工作业前，现场带班负责人必须严格按照方案和技术交底要求进行二次交底，明确当日施工计划和安全、质量控制要点。

⑤搭设脚手架前，检查脚手架架板抠爪是否完好，严禁使用缺爪、脱焊脚手架及其架板。

⑥作业时必须做好相关安全防护措施，服从管理。

⑦工人进入现场必须佩戴好安全帽、荧光衣、护目镜等劳动防护用品，正确设置安全防护。

⑧严禁敲击施工区域其他专业的设施设备、照明灯具等。

⑨施工作业必须快速进行，严禁影响地铁正常运营和客运服务。

⑩作业人员必须服从现场带班人的管理，严禁随意进出施工区域或进入其他设备用房。

6.5　某区间道岔转辙机坑积水试验性施工

6.5.1　概述

某区间转辙机坑（P1906、2202）自开通至今一直存在积水，前期区间转辙机坑（P1906、2202）进行过注浆处理，处理后 7～15 d 内稍有效果，但稍后仍会出现转辙机坑积水现象，

而且积水速度持续恢复至注浆前水平,经现场施工及后续观察现将原因分析如下:

①积水基坑所在位置行车方向前后道床都有积水,且都存在道床翻浆冒泥。

②积水基坑所在位置行车方向前后近距离都存在裂缝、模板缝、模板未拆除完全等现象。

③积水基坑底部存在裂缝、混凝土不密实现象。

④积水基坑底部存在裂缝、混凝土不密实部位打眼注浆后,因行车震动、不均匀沉降等原因造成二次开裂,起不到防水作用,且积水已影响转辙机正常运行。

现拟对转辙机坑(P1906、2202)积水进行专项施工治理试验,避免再次出现转辙机坑积水影响地铁设备运行,保障地铁运营的畅通安全。

6.5.2 施工计划

本次专项施工治理试验以上所述基坑积水拟快速进行。首先对上述转辙机坑2202进行治理试验,第一步用电铲清理道床水沟内钙化物以及堆积的翻浆冒泥的泥砂;第二步对清理好的水沟用切割机开槽,槽深3~5 cm、槽宽10~15 cm,开槽长度约70 m;第三步用电镐凿除切割好的水沟水槽内混凝土;第四步用电铲将水槽底部修理平整。本次施工以排水为主,主要目的为降低转辙机坑内积水高度,使积水高度低于转辙机设备高度,避免转辙机设备浸泡在积水中,降低设备安全隐患,但不能从根本上解决上述基坑的积水。

6.5.3 施工配备

1)人员准备

本次专项治理作业拟配备7人(不含各专业保障配合人员)。其中,每次施工设施工负责人1名,专职安全员1名,负责现场施工4人,负责现场清理、垃圾搬运1人。

2)机具、物资准备

本次专项治理工作组织简单,机械化程度不高,主要为人工体力劳动,需配备以下工器具及防护用品:

①个人防护:手套、口罩、护目镜、手电筒、工作灯、荧光衣等。

②工器具:电锤、线盘、电镐、切割机、注浆机、电铲等。

③消耗料:编织袋、扫帚、水不漏、针头、环氧树脂等。

6.5.4 施工步骤及具体措施

1)施工工艺

(1)渗漏水治理

裂缝渗漏水→在裂缝两侧打眼→安装针头→水不漏封堵缝隙→注浆,裂缝处理示意图如图6-5所示。

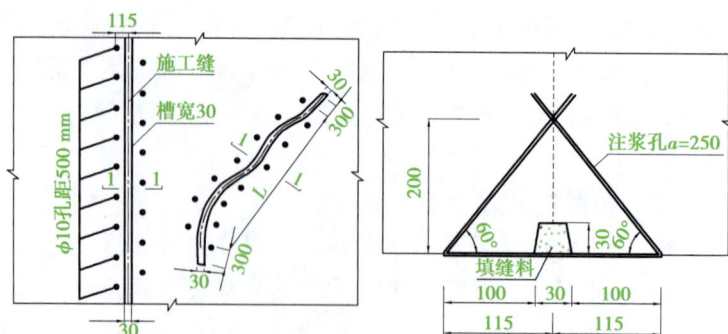

图 6-5 裂缝处理示意图

（2）道床水沟开槽

清理道床水沟垃圾→切割机开槽→电镐凿除混凝土→电铲槽底找平。

2）施工步骤

第一，根据运营公司的销点安排，确定专项施工的具体人数，并对当天进行施工的人员明确分工。

第二，进入施工区域严格按照人员分工进行施工，施工区域由带班人员 1 人、安全员 1 人负责施工及相应区域内的施工，施工完成后方由带班人员 1 人、安全员 1 人安排人员将相应区域内的垃圾装袋搬运。

6.5.5　安全技术保障措施

①必须提前办理好施工销点手续，得到站内许可后方可进入施工现场。

②施工作业前，必须进行安全教育，班前培训。

③搭设脚手架前，检查脚手架架板抠爪是否完好，严禁使用缺爪、脱焊脚手架及其架板。

④作业时必须做好相关安全防护措施，服从管理。

⑤工人进入现场必须佩戴好安全帽、荧光衣、手套等劳动防护用品。

⑥严禁施工人员用手中的工具敲击施工区域的电器设备，照明灯具等。

⑦每天施工作业必须快速进行，不能影响地铁运营，完工后要即时清点人数，并向站内销点后方可离开。

6.6　某地铁一号线某站 D 口卷帘门更换

6.6.1　故障概况

某站 D 口卷帘门由于门体自身质量问题,帘片和副轴多处变形、断裂,经过多次加固,无法解决故障频发现象,所以经过多方协调,决定由原厂家对门体进行更换。

6.6.2　门体更换工艺流程

工器具、人员到位→销点→安全、技术交底→划定作业区域→拆卸装饰面板→切割装饰面板龙骨→切割导槽→导出旧门体→导入新门体→调试卷帘门→接焊导槽→接焊装饰面板龙骨→安装装饰面板→工器具、人员清场→销点→移交车站→回复维调。

6.6.3　施工方案

1)工器具、人员到位及销点
(1)主要工器具

电焊机 1 台、切割机 1 台、打磨机 1 台、接线盘 1 个、灭火器 2 个、人字梯 1 个。

(2)主要人员

房建技术 1 名、工班员工 1 名、施工单位现场负责人 1 名、电工 1 名、焊工 1 名、普工 1 名。

2)销点、安全、技术交底、划定作业区域
(1)工班员工进行销点

(2)安全、技术交底

首先工班对施工人员进行安全交底,主要为登高、用电、动火等注意事项;在此技术对施工人员进行技术交底,主要为装饰面板拆卸注意事项、成品保护;支撑龙骨、导槽的切割及焊接注意事项;导出旧卷帘门、导入新卷帘门、调试运行状态等技术标准。

(3)划定作业区域

卷帘门正下方前后 2 m 范围内为作业区域,施工器具等均安置在作业区域内。

3)拆卸装饰面板
①剔除装饰面板之间的胶剂。

②采用手动电钻拆卸自攻丝。

③拆除装饰面板并平放置好。

4)切割装饰面板龙骨、切割导槽、导出旧门体

①切割装饰面板龙骨 80 cm。

②切割导槽 60 cm。

③导出旧门体。

5)导入新门体、调试卷帘门

①导入新门体。

②调试卷帘门。

6)接焊导槽、接焊装饰面板龙骨、安装装饰面板

①接焊导槽。

②接焊装饰面板龙骨。

③安装装饰面板。

7)工器具、人员清场、销点、移交车站、回复调度

6.7　某地铁二号线某站 C、D 出入口卷帘门自落故障

6.7.1　故障情况

①2019 年 2 月 28 日 15 时 45 分,结构房建工班人员接维调故障通知:某站 D 出入口卷帘门缓慢自落,之前在 2 月 20 日有相同情况发生,但电动控制开启后恢复正常。当晚 23 时,房建委外人员对该卷帘门电机进行了检查,结果为电路、机械运行正常。

3 月 1 日 8 时 30 分,房建专业对此未完全处理的该项故障做了分析、研究,其他地铁、商场有相同状况的案例,原因是附近卷帘门或其他设备的控制频率与此卷帘门控制频率相近,故导致一定的影响、干扰;或卷帘门感应器程序故障。为了解决此问题,初步决定 3 月 1 日停运后对该卷帘门的感应器、遥控器整套进行更换。

3 月 1 日 22 时 30 分,在某站车控室进行销点、登记,并进行了安全教育,23 时 10 分开始作业,维修人员登高后,对卷帘门内部进行了检查,拆除原感应器,并更换为质量较好的高档感应器。次日零点 20 分维修完毕,进行销点、配套新遥控器移交、车站确认。

②2019 年 3 月 26 日 11 时 40 分,结构房建工班人员接维调故障通知;某站 C 出入口卷帘门自落,情况与之前发生的类似,故决定对感应器与配套的遥控器进行更换。

6.7.2　原因分析

①卷帘门感应器质量较差,之前因下雨使感应板受潮,板电路紊乱。

②不排除附近卷帘门或其他设备的控制频率与此卷帘门控制频率相近而导致的可

能性。

③部分遥控器感应距离较长,故应妥善保管,运营时间内应将其锁好,避免其他人触碰。

④原施工单位多数对接报故障采取拒绝维修或无法保证地铁运营特殊性的时间内响应。

⑤据调查,使用人员未按规定要求进行操作,即在开关卷帘门的过程中,使用人员未在卷帘门1~2 m范围内操作,待卷帘门开启或关闭完全后再离开,导致该类设施故障较多。

6.7.3 采取措施

①此故障虽已排除,但应继续进行动态观察,今后出现类似情况,可参照此次处理方法执行。

②2019年4月计划对全线卷帘门感应器进行排查,主要检查感应器电路板是否正常,有无湿渍。

③作为典型案例对结构房建工班全员进行培训、学习。

④对新线工程,介入人员应尽可能认真地检查卷帘门的各项质量参数,针对质量较差的电机、感应器应做好记录、资料的收集,及时上报部门。

⑤结构房建工班应按要求执行技术组安排的各项作业,必要时进行跟岗与技术支持。

⑥虽在2018年6月与11月以文件形式通知使用部门,但仍有个别使用不规范的现象出现,请规范使用、爱惜该设施。

6.8 地铁雨棚渗漏水整治

6.8.1 雨棚渗漏水整治内容

割除原有的胶体、拆除破损的外装饰铝板,重新注胶并安装板材,并做淋水试验。

6.8.2 计划工期

每个出入口胶体割除需1日,并做好防护,密封注胶与铝板安装各2日,各站做试验各需1日。

6.8.3　人员组织

委外人员 2 名:现场割除旧胶体、注胶、拆装铝板;工班配合人员 1 名:现场安全卡控、质量验收。

6.8.4　技术要求

①硅酮建筑密封胶:幕墙嵌缝用的硅酮密封材料,即耐候胶。

②硅酮结构密封胶:用于板材与金属构架、板材与板材、板材与玻璃肋之间的结构用硅酮黏结材料,简称硅酮结构胶。

③相容性。黏结密封材料之间或与其他材料接触时,不发生影响黏结密封材料黏结性的物理、化学变化的性能。

6.8.5　技术措施

①密封部位的清扫和干燥,采用甲苯对密封面进行清扫,清扫时应注意不要让溶液散出到接缝以外的场所,清扫用纱布脏污后应常更换,以保证清洁效果,最后用干燥、清洁的纱布将溶剂蒸发后的痕迹拭去,保证密封而干燥。

②贴防护纸胶带,打胶前应在胶缝两侧贴好纸胶带,要求平直、不遗漏。

③打胶、注胶应均匀、密实、饱满,注胶完后应对胶缝修整,即用小铲沿注胶方向用力施压,将多余的胶刮掉,表面要求光滑、平直流畅形状,呈指甲圆状。

④清除纸胶带,胶缝修整好后,应及时去掉保护胶带,撕下的胶带应妥善收集,严禁污染玻璃板面。

⑤细部装饰包封,按照要求对周边及层间密封进行装饰包封。

⑥清洁时先用浸泡过中性溶剂(50%水溶液)的湿纱布擦去污物,然后用干纱布擦干净;清除灰浆、胶带残留物时,宜使用竹铲、合成树脂铲等仔细刮去;禁止使用金属清扫工具,不得使用粘有砂子、金属屑的工具;禁止使用酸性或碱性溶剂。

⑦各出入口雨棚顶面必须做淋水试验,覆盖整个顶部,并持续观察。

⑧其他。

a.选用合格硅酮耐候密封胶,注胶应均匀无流淌。

b.施工中要注意及时擦净余胶。

c.在大风和下雨时不能注胶。

d.玻璃幕墙结构胶和密封胶的打注应饱满、密实、连续、均匀、无气泡。

e.幕墙的密封胶缝应横平竖直、深浅一致、宽窄均匀、光滑顺直。

6.9　某地铁某段洗车库 16 道折叠门故障治理

6.9.1　故障情况

2019 年 8 月 11 日 22 时 10 分，房建委外调度人员接到工电部生产调度报送故障信息：某段洗车库东大门无法电动开启。

22 时 20 分房建委外维修人员，房建技术人员到达现场，经调查：洗车作业完成后，由于门体未完全开启到位，电客车由西向东行驶过程中，造成第一节车厢门底部遭到剐蹭。

6.9.2　原因分析

经现场检查发现，折叠门电机状态良好，但控制南半侧折叠门的电路已跳闸，且多次尝试均无法复位，南半侧折叠门停滞位置上部导槽内部无杂物但存在轻微变形。将电机与门体连接的连杆拆除后，配电柜内电源闸刀可复位，再次操作时电源不跳闸。

经分析，造成此次故障的原因为：因南半侧折叠门上部导槽变形，使折叠门在运行至变形位置时出现阻力突然增大，电机负载突然变大，超出电机最大荷载值，触发电机自动保护功能，最终引起配电柜内向南半侧折叠门送电的电路跳闸，进而无法完全启闭。

6.9.3　存在的问题

①此次故障究其根本原因是工班、委外在折叠门半年检时检查保养不到位、不仔细，使得导槽变形问题在半年检时未被及时发现与整改，遗留至今，对车辆造成了剐蹭。

②专业技术人员对工班、委外的日常管理不到位，对折叠门半年检项目没有引起足够的重视，《折叠门半年检检修记录表》内容粗泛，仅有检查项目，却没有各项目明确的检查标准，无法起到对工班、委外检修时的实际指导作用。

③自二号线开通以来，通过参考其他地铁运营维保经验，制订折叠门检修周期为半年检，但通过西安地铁运营 5 年来的实际经验，由于场段折叠门开关频率较高，且对车辆出入运行有直接影响，故应对该项目的检修周期进行调整。

6.9.4　整改措施

①针对本次故障，审报计划于 8 月 19 日对此次故障的洗车库东门南半扇折叠门变形导槽进行更换，更换完成后对门体、限位进行调试，保证门均能开至最大位置，调试完成。

②本月对场段折叠门重新进行一次保养，保养要彻底、细致，同时在保养时对导槽有无变形、脱焊、位置偏移等要着重进行检查，发现问题要及时整改，杜绝此类事件发生。

③每次折叠门保养后，工班巡检小组对折叠门保养情况进行复查，并完成相关记录，保证折叠门保养质量。

④联合供电对一、二号线场段所有折叠门控制柜进行一次专项检查，对发现的问题做好记录，对现场能解决的问题立即解决，如需厂家维修或涉及原件、控制箱更换的，做好统计，统一打报告上报公司进行更换。联系折叠门厂家对委外、工班人员进行折叠门电机、控制柜维修等相关培训，提升委外、工班人员的维修能力。

⑤专业技术对《折叠门检修记录表》进行修订、细化，明确各检修项目的具体检修标准、要求、保养材料的用量等内容，使检修有据可依。

⑥技术对《设备设施检修规程》重新进行修订，将折叠门检修周期从半年检变更为季度检。

6.10 某地铁纺织城某站端门封堵抹灰层脱落故障治理

6.10.1 故障情况

2019 年 5 月 21 日 7 时 53 分，一号线结构房建工班员工接报维修调度故障："某站下行头司机立岗处掉混凝土块"。

8 时 18 分结构房建工班员工到达车站，于车站销点后查看发现从接报故障位置的上方端门封堵处掉落约 1 cm 的水泥砂浆块，并于 8 时 32 分回复维调"周边无松动、不影响设备，计划 5 月 21 日晚处理，由白班继续观察"。

工班立即申报当晚 A2 类临时补充计划，于 5 月 22 日 2 时将该封堵周边的水泥砂浆掉块完全清除，并回复维修调度。

混凝土掉块如图 6-6 所示。

图 6-6 混凝土掉块

6.10.2 原因分析

本次故障响应、回复时间满足要求，未造成人员、设备损伤，但在分公司内部造成一定的影响，原因分析如下所述。

①直接原因：某站下行头端屏蔽门上方砖墙封堵处，由于原施工单位的该处施工质量

较差,即砂浆抹灰层与基层结合不牢固。

②间接原因:该位置抹灰层长时间受到较高风压、列车振动等因素影响,致使不密实的水泥砂浆抹灰层脱落。

③其他原因:由于水泥砂浆脱落的位置较为隐蔽,在风管上方(需借助于检修梯查看),工程质量验收时发现该问题也较为困难,给运营阶段带来一定隐患。

6.10.3　整改措施

①车间组织对一、二号线所有车站的屏蔽门端门封堵处抹灰层情况进行全面排查。

②报 A2 类日补充计划,对问题进行整改。

③为了减少该问题隐患,每半年定期对屏蔽门端门封堵情况进行排查、处理,列入《房建检修规程》当中。

④加大车间各级人员的检查力度,对检修质量落到实处,发现问题及时安排维修,以消除问题隐患。